AF233029

FACULTÉ DE DROIT DE PARIS

DROIT ROMAIN

DE LA

DÉLÉGATION

DROIT FRANÇAIS

DE LA

SAISIE-ARRÊT

THÈSE POUR LE DOCTORAT

PAR

Paul DODO

AVOCAT A LA COUR D'APPEL

PARIS
LIBRAIRIE NOUVELLE DE DROIT ET DE JURISPRUDENCE
ARTHUR ROUSSEAU, ÉDITEUR
14, RUE SOUFFLOT ET RUE TOULLIER, 13

1889

THÈSE
POUR LE DOCTORAT

DROIT ROMAIN

DE LA
DÉLÉGATION

DROIT FRANÇAIS

DE LA
SAISIE-ARRÊT

THÈSE POUR LE DOCTORAT

L'ACTE PUBLIC SUR LES MATIÈRES CI-APRÈS
Sera soutenu le Jeudi 9 Mai 1889, à 2 heures 1/2 du soir

PAR

Paul DODO

AVOCAT A LA COUR D'APPEL

Président : M. GLASSON.

Suffragants :
MM. GARSONNET,
RENAULT,
PLANIOL, *agrégé.*
} *professeurs.*

PARIS

LIBRAIRIE NOUVELLE DE DROIT ET DE JURISPRUDENCE
ARTHUR ROUSSEAU, ÉDITEUR
14, RUE SOUFFLOT ET RUE TOULLIER, 13

1889

A MON PÈRE

A MA MÈRE

A MA TANTE ADELINE

DE LA DÉLÉGATION

NOTIONS GÉNÉRALES.

Un texte d'Ulpien le fragment 11 Dig. (46.2) nous présente une définition du mot *delegare* pris au sens étroit et précis (1) qui doit nous occuper : pr. *Delegare,* nous dit ce texte, *est vice suâ alium reum dare creditori vel cui jusserit. — § 1. Fit autem delegatio vel per stipulationem vel per litis contestationem.* Sauf à rectifier, à compléter tout au moins cette formule nous pouvons la prendre comme point de départ de notre travail.

Laissons pour un moment de côté les mots *vel cui jusserit* et décomposons l'opération : *Primus* est débiteur de *Secundus,* au lieu de le payer directement, il lui donne satisfaction en lui procurant un nouveau débiteur *Tertius* qui va sur l'ordre de *Primus* s'engager à sa place. Cette analyse nous amène aux observations suivantes :

---

(1) Les jurisconsultes romains emploient l'expression *delegare* dans une acception plus large, ils disent non seulement : *delegare aliquem* comme nous le montre le texte cité, mais encore : *delegare aliquid* et emploient ce terme comme synonyme de *committere, mandare* au sens de remettre, confier une mission à quelqu'un ; c'est ainsi qu'ils disent notamment : *delegare tutelam* f. 3, § 3, D. (26, 7)..., *arbitrium* f. 32, § 16. D. (4, 8)..., *jurisdictionem* f. 1. D (39, 2).

1° La délégation met en jeu trois personnes : celui qui donne l'ordre, c'est le *délégant*, celui qui s'engage en vertu de cet ordre, c'est le *délégué*, celui qui bénéficie de l'opération, c'est le *délégataire*. De ces expressions : *délégant, délégué, délégataire*, la troisième n'est pas romaine et date du XVIII° siècle, les deux premières : *delegans* et *delegatus* sont employées par les jurisconsultes romains, mais ils disent plus volontiers : *is qui delegavit*, pour désigner le délégant, *is qui delegatus est* pour désigner le délégué (1).

2° La délégation renferme deux éléments, l'un que l'on voit, l'autre qu'on ne voit pas : le premier c'est l'engagement pris par le délégué envers le délégataire, le second c'est l'ordre, dont cet engagement émane et qu'il met à exécution, la C°ⁿ 2 au Code (4. 10) met bien en lumière les deux éléments de la délégation, l'ordre du délégant : *...quamvis nec delegatio præcesserit*, l'acte qui le réalise : *...nec litis contestatio subsecuta sit*. Or (et c'est une vérité qu'on rencontre souvent dans l'étude des Sciences morales), c'est l'élément interne et invisible qui donne à l'opération sa valeur caractéristique, son cachet propre ; aussi les mots *delegare, delegatio*, sont-ils très souvent employés pour le désigner (2), et c'est beaucoup plus rarement qu'ils s'appliquent à l'élément extérieur de la délégation ou à l'opération dans son ensemble (3).

3° Des effets multiples vont se produire : Dans notre espèce, *Primus* est libéré envers son créancier *Secundus*, lequel a changé de débiteur, quant à *Tertius*, il est obligé envers *Secundus*, et à l'égard de *Primus*, il est, ou un dé-

(1) de Salpius: Novation und Delegation. Berlin 1864, p. 42.
(2) D. f. 21 pr. (39, 5). fr. 17 et 33 (46, 2).
(3) Fᵘ Vᵃ 263. D. f. 77, § 18 (31).

biteur qui se libère, ou un prêteur qui fait une avance, ou un donateur qui fait une libéralité.

La fin du proemium de notre texte : ...*vel cui jusserit* nous montre que la délégation peut mettre en jeu plus de trois personnes : Sur l'ordre de *Primus, Tertius* s'engage non plus envers *Secundus*, mais envers une quatrième personne que *Secundus* désigne. Un seul acte va servir à réaliser plusieurs délégations, et *Secundus* remplit un double rôle, délégataire dans la première délégation, il est délégant dans la seconde (1).

Nous entrevoyons déjà que la délégation se prête aux usages les plus divers, et de fait, les textes nous en révèlent de nombreuses applications, nous allons immédiatement parcourir les principales, cet examen préliminaire étant indispensable pour arriver à définir la délégation, à en étudier la nature et en grouper les effets.

(1) D. f. 18, § 1 (39, 6). Si... debitorem tuum creditori meo delegaveris.

CHAPITRE PREMIER.

APPLICATIONS ET DÉFINITION DE LA DÉLÉGATION.

Première hypothèse : Le délégué est débiteur du délégant et veut se libérer. Le délégant au lieu de se faire payer directement peut déléguer son débiteur soit à son créancier, soit à son futur débiteur, soit à son donataire ; dans les relations entre le délégant et le délégataire, la délégation aboutira donc ou à un paiement, ou à un contrat réel, ou à une donation ; on pourra par là : *solvere, credere, donare*, c'est-à-dire réaliser les trois termes auxquels se ramènent toutes les transactions humaines (1). C'est ce que nous montre le f. 49 D. (46. 3.) ...*Si jussu ejus alii solvitur, vel creditori ejus, vel futuro debitori, vel etiam ei cui donaturus erat :*...

1) *Creditori ejus.* Le délégant débiteur lui-même du délégataire se substitue le délégué, une double libération s'opère et un déplacement de fonds tient lieu de deux (2).

2) *Futuro debitori.* Le délégant au lieu de fournir lui-même la prestation qui doit le rendre créancier charge le délégué de la fournir, la créance est néanmoins acquise au délégant (3).

(1) Gide. Etudes sur la Novation, Paris 1879, p. 305.

(2) D. f. 64 (46, 3). Cum jussu meo id quod mihi debes solvis creditori meo : et tu a me, et ego a creditore meo liberor.

(3) D. f. 15 (12, 1)... Si tibi debiborem meum jussero dare pecuniam, obligaris mihi...

D. f. 32 (12, 1). Si et me... mutuam pecuniam rogaveris et ego meum debitorem promittere jusserim,...

3) Ei cui donaturus erat. Le délégant veut faire à un tiers donation de l'émolument qu'il peut retirer de sa créance, il lui déléguera son débiteur (1). En particulier, cette donation réalisée par délégation pourra revêtir le caractère d'une constitution de dot (2).

Deuxième hypothèse. Le délégué ne doit rien au délégant. La délégation dans les rapports du délégant avec le délégué ne réalisera plus un paiement comme dans la première hypothèse, mais si l'on ne peut plus *solvere,* on pourra *credere* ou *donare* en même temps qu'on atteindra l'un de ces trois buts vis-à-vis du délégataire. Cette deuxième hypothèse se dédouble donc :

a) Le délégué veut faire une avance au délégant *(credere):* le délégant au lieu de recevoir directement la valeur qui va le constituer débiteur, donne ordre à son futur créancier de la prester :

1) ou à son créancier, vis-à-vis duquel il se libérera,

2) ou à son futur débiteur, il acquerra ainsi une créance contre le délégataire (3).

3) ou à son donataire, et en particulier à celui auquel il voudra faire une constitution de dot (4).

b) Le délégué a voulu faire une donation au délégant *(donare)* : le délégant au lieu de recevoir directement l'objet de la donation, charge le délégué de la fournir :

(1) D. f. 21, § 1 (39, 5)... Si debitorem meum tibi donationis... causa promittere jussi,...

D. f. 34. § 7 (46, 3). Si debitorem meum jussero pecuniam Titio dare, donaturus ei...

(2) D. f. 56 pr. (23, 3). Si is qui Stichum mulieri debet in dotem delegatus sit ;...

D. f. 31, § 1, i. f. (46, 2). Si... mulier fundum jusserit doti promittere viro.

(3) D. f. 9, § 8 (12, 1)... Cum quotidie credituri pecuniam mutuam ab alio poscamus, ut nostro nomine creditor meus et futuro debitori nostro.

(4) D. f. 5, § 8 (23, 3). Si filiusfamilias mutuatus creditorem delegavit ut daret pro filia dotem ;...

1) ou à son créancier qui recevra ainsi le paiement à lui dû (1),

2) ou à son futur débiteur contre lequel il va par ce moyen acquérir une créance (2),

3) ou à son donataire : une double donation se réalisera (3).

Tels sont les principaux cas de délégation que nous fournissent les textes, nous voyons par là que la définition d'Ulpien est incomplète car :

1° Elle ne vise qu'une série d'hypothèses, celles où le délégant est débiteur du délégataire et se libère en se substituant un autre débiteur, or, il se peut, nous l'avons vu, que le délégant veuille non pas se libérer, mais faire une donation ou acquérir une créance.

2° Elle suppose en outre que le délégué s'oblige envers le délégataire et cependant les textes précités nous montrent que le délégué peut ne pas s'obliger envers le délégataire, mais lui faire un transport de propriété, constituer à son profit un droit réel, en un mot faire une *datio*. La délégation peut aussi bien être un *jussus dandi* qu'un *jussus promittendi*. Ainsi le délégant voulant se libérer envers le délégataire charge le délégué de s'obliger envers lui, c'est l'hypothèse prévue par Ulpien, le délégant donne alors un *jussus promittendi* ; mais il peut aussi charger le délégué de payer le délégataire et pour cela de lui trans-

(1) D. f. 41, pr. (42, 1)... Si te donaturum mihi delegavero creditori meo;...
D. f. 21, pr. (39, 5). Ut mihi donares creditori meo delegante me promisisti;...
D. f. 33 (46, 2).

(2) D. f. 59, pr. (23, 3)... Cum etiam promissura viro dotem possit delegante eo alteri promittere :...

(3) D. f. 2, § 2 (39, 5) Cum vero ego Titio pecuniam donaturus, te, qui mihi tantumdem donare volebas, jussero Titio promittere, inter omnes personas donatio perfecta est.

D. f. 33, § 3 (39, 5), 41 pr. (42, 1).

mettre la propriété de la chose payée, le délégant donne alors *un jussus dandi*. L'objet de l'ordre donné sera aussi bien la constitution d'un droit réel que la création d'un droit de créance. Et même, nous rencontrons des textes qui nous montrent la délégation consistant en une *acceptilatio* faite par le délégataire au délégué sur l'ordre du délégant (1).

3° Elle laisse dans l'ombre un élément essentiel de la délégation, à savoir que les effets de l'acte intervenu entre le délégué et le délégataire rejaillissent directement sur le délégant. Ce résultat nous est nettement affirmé par les textes cités plus haut (2).

Le texte d'Ulpien ne nous présente pas une définition, mais un cas délégation, d'ailleurs les jurisconsultes romains aiment généralement mieux pour faire connaître l'institution qu'ils étudient en montrer par des exemples l'application pratique que de la définir en elle-même.

Nous pouvons cependant essayer une définition de la délégation d'après les données mêmes des textes romains et dire : « *Déléguer* c'est donner l'ordre d'accomplir un acte créateur ou extinctif de droits, les effets dudit acte devant rejaillir directement sur celui qui donne cet ordre. » Le mot *délégation* exprime soit l'ordre donné, soit l'opération toute entière.

Mais il ne suffit pas d'avoir ainsi défini la délégation en elle-même ; pour en préciser davantage la notion, il nous faut la distinguer des faits juridiques qui l'avoisinent, la

---

(1) D. f. 36 (23, 3). Debitor mulieris jussu ejus pecuniam viro expromisit, deinde vir acceptam eam jussu mulieris fecit.

(2) D. f. 64 (46, 3). Et tu a me et ego a creditore meo liberor.

D. f. 15 (12, 1)... obligaris mihi.

D. f. 2, § 2 (39, 5)... inter omnes partes donatio perfecta est.

côtoient et avec lesquels elle se trouve plus ou moins mê-
lée. Rapprochons-la donc successivement de :

1°) La Novation. La novation est la transformation
d'une obligation préexistante au moyen du contrat verbal
de stipulation. Il peut y avoir novation sans délégation,
car celle-là peut se produire *inter easdem personas* et ne
mettre que deux personnes en cause, tandis que celle-ci en
met nécessairement trois. Quand un vendeur par exemple
stipule *animo novandi* de son acheteur ce que celui-ci lui
doit *ex empto*, il n'y a pas là trace de délégation ; mais il
peut se faire que la délégation se réalise par une novation
et c'est précisément un cas de ce genre que prévoit Ulpien
au fragment que nous avons cité plus haut. Quand un
tiers vient s'obliger à ma place et sur mon ordre par la
formule *ad hoc*, nous sommes en présence d'une novation,
le débiteur primitif est remplacé par un autre, c'est une
novation *mutato debitore*. D'autre part, si sur l'ordre du
créancier un tiers stipule ce qui est dû à ce créancier, c'est
encore une délégation réalisée par novation et cette fois
par une novation *mutato creditore* (1).

Cette possibilité de réaliser la délégation par la novation a produit une confusion que le langage des jurisconsultes romains eux-mêmes a rendue très excusable. En
effet, nous trouvons accolées les deux expressions *novatio*
et *delegatio* aux rubriques mêmes des titres du Digeste et
du Code (2) qui traitent de la matière, la définition d'Ulpien qui nous a servi de point de départ identifie la délégation avec la novation *mutato debitore*, et dans d'autres
textes, nous rencontrons la même assimilation (3). Et

---

(1) Gaïus, C. II, § 38... opus est ut jubente me, tu ab eo stipuleris.

(2) De Novationibus et Delegationibus, D. (46. 2) C. (8, 42).

(3) C. C. 1 (8, 42). Delegatio debiti nisi consentiente et stipulante promittente
debitore jure perfici non potest.

ceci nous prouve qu'en droit romain la délégation tout en
ayant la portée générale qui nous a été révélée par l'examen des textes revêtait un sens plus étroit, plus spécial
et désignait alors la novation par changement de débiteur.

Nous verrons plus loin pourquoi cette confusion s'est
localisée pour ainsi dire dans la novation *mutato debitore*
et n'a pas embrassé la novation *mutato creditore*.

Quoi qu'il en soit, les glossateurs ont envisagé la délégation comme une espèce de novation (1).

Cujas nous dit : « *...Perficitur autem delegatio secutâ
novatione* (2) » et Pothier : « *Delegatio est species nova-
tionis quæ fit interventu novæ personæ quæ debitum sus-
cipiat* (3). »

Il suffit pour écarter cette assimilation, en tant du moins
qu'elle embrasserait toute délégation, de se souvenir :

1° Que la délégation peut intervenir sans qu'un rapport
de droit quelconque soit du délégant avec le délégué soit
du délégant avec le délégataire préexiste, or cette préexis-
tence d'un rapport de droit est une condition indispensable
pour qu'il y ait novation, il peut donc y avoir délégation
sans novation, de même que nous avons vu plus haut
qu'il pouvait y avoir novation sans délégation.

2° Que la novation s'opère par un procédé unique la stipulation ; or nous savons déjà que la délégation peut se
réaliser non seulement par la stipulation mais encore par
d'autres moyens notamment une *datio*, une *acceptilatio*.

---

(1) Gl. ad. rub. Dig. (46, 2). Nota quod per delegationem fit novatio. Ideo
tamen posuit genus et speciem.

Gl. ad, C. Con 3 (8, 42). Delegatio præsupponit novationem et sic ubicumque
est delegatio, est novatio.

(2) Commentaire sur le Code (8, 42).

(3) Pandectes de Justinien mises dans un nouvel ordre. Traduct. Bréard,
Neuville, tome XIX.

Terminons ces observations par la remarque suivante :
La novation *mutato debitore* ne peut être assimilée à la délégation qu'au cas où elle intervient sur l'ordre de l'ancien
débiteur, mais il peut arriver que spontanément, l'on
prenne dans une obligation la place du débiteur, et cela
même à l'insu de ce dernier, même malgré lui : on aura
voulu faire une donation ou une gestion d'affaires ; c'est
qu'en effet l'acte intervenu aboutira à une libération, or
on peut libérer quelqu'un même à son insu, même malgré
lui (1). Quelques interprètes (2) donnent à cette espèce de
novation le nom particulier d'*expromissio*, mais dans les
textes du droit romain les expressions : *expromissio, ex-
promittere, expromittorem dare* désignent non seulement
les cas où l'on s'oblige spontanément à la place d'autrui,
mais encore tous ceux où une obligation fait place à une
autre, qu'elle émane du débiteur primitif ou non (3). Quoiqu'il en soit, cette novation émanée spontanément du nouveau débiteur n'est point une délégation ; sans doute, elle
a pu produire un effet libératoire vis-à-vis de l'ancien débiteur, mais ce n'est point par son ordre qu'elle est intervenue, il est resté complètement étranger sinon à l'effet du
moins à la réalisation de cette obligation nouvelle.

2º) La Cession. L'idée de cessibilité du droit d'obligation envisagé soit au point de vue actif, soit au point de vue
passif n'est pas étrangère au droit romain, le savant et
regretté M. Gide l'a victorieusement démontré (4). Or nous

----

(1) D. f. 91 (46, 3). Debitorem tuum etiam præsentem, etiam invitum liberare
ita poteris, supponendo a quo debitum novandi causa stipuleris ;...

(2) Accarias, II, p. 701, n. 1, éd. 1882.

(3) D. fr. 19, § 4 (39, 5). Si qui servo pecuniam crediderit, deinde is liber
factus eam expromiserit, non erit donatio sed debiti solutio.

D. f. 8, § 8 (16, 1). Si convenerit cum debitore ut expromissorem daret...

(4) Gide, op. cit., p. 235 sq.

allons rencontrer la délégation comme moyen de réaliser soit une cession de créance, soit une cession de dette.

Envisageons d'abord la cession de créance. Dans le principe, la convention pure et simple était impuissante à faire passer une créance sur la tête d'un tiers, on arrivait au résultat cherché, soit par la novation : sur l'ordre du cédant, le débiteur s'engageait envers le cessionnaire, soit par le contrat *litteris* au moyen de la *transcriptio a persona in personam* (1), soit au moyen de la *procuratio in rem suam* suivie de *litis contestatio*, le cessionnaire exerçait contre le débiteur des poursuites dont il gardait pour lui le bénéfice. Plus tard on eut recours au pacte de *constitut*. Or, tous ces procédés de cession impliquaient une délégation dans laquelle le cédant jouait le rôle de délégant, le débiteur cédé celui de délégué et le cession· naire celui de délégataire (2). Ils nécessitaient en conséquence le concours des trois intéressés, notamment du délégué, et ceci est vrai même en ce qui concerne la *litis contestatio*, car il faut bien se rappeler que les Romains ne connaissaient pas la procédure par défaut et qu'en prononçant au profit du demandeur l'envoi en possession des biens du débiteur récalcitrant, le magistrat avait un moyen indirect mais très énergique de le forcer à lier l'instance, et, à ce point de vue, si la *litis contestatio* n'est point un acte purement volontaire et gracieux de .sa part, elle nécessite néanmoins son intervention et son consentement (3).

(1) Gaïus, C. III, § 130.

(2) Aussi céder une créance se dit soit *delegare nomen* D. f. 1, § 12 (37, 6), f. 9, (19, 5), soit *delegare actionem* C. C⁰. 1 (5, 58), cette seconde formule faisant allusion à la cession réalisée au moyen de la *litis contestatio*.

(3) Ihering. Esprit du droit romain, t. I. p. 173. — Gide op. cit. p. 323. — Cujas faisant allusion à la délégation par *litis contestatio* dit : *Invitus debitor delegatur* C⁰. sur le Code C. 2 (2, 3).

Mais la nécessité du concours du débiteur cédé apportait une entrave à la facile circulation des créances, aussi la législation se transforma par étapes successives et la cession put s'opérer *solo consensu,* par le simple accord des volontés du cédant et du cessionnaire. Dès lors, la cession de créance put se passer de la délégation qui en avait été jusque là l'indispensable instrument. Sans doute, la délégation pouvait encore intervenir pour réaliser une cession de créance, et l'on a justement fait remarquer que la délégation (prise au sens étroit, c'est-à-dire consistant dans la substitution d'une obligation à une autre par novation ou *litis contestatio*) et la cession avaient des fonctions identiques, bien qu'elles eussent une structure anatomique différente (1). Mais il est à supposer que l'application de la délégation à ce point de vue devint de plus en plus rare, on ne se sert plus d'un instrument grossier, quand on a sous la main un instrument perfectionné. Toutefois, lorsque l'on avait employé la délégation, le débiteur cédé, lié directement au cessionnaire, ne pouvait pas exciper de l'ignorance de la cession, par exemple pour faire valider un paiement par lui fait au mépris de celle-ci entre les mains du créancier primitif, seulement on arrivait au même résultat en signifiant la cession au débiteur (2).

Résumons-nous et disons : la délégation peut être un mode de cession de créance et pendant une assez longue période du Droit romain ce mode a été unique, la cession de créance nécessitait absolument une délégation.

Il faut examiner maintenant la cession de dette. Nous avons examiné plus haut le cas où le créancier changeait

(1) Ihering. op. cit. t. I, p. 51.
(2) Gide, op. cit., p. 374.

de débiteur sans le concours du débiteur primitif, supposons maintenant que le débiteur mette lui-même en branle l'opération, c'est lui qui veut faire passer sur la tête d'un autre l'obligation dont il est tenu. Le procédé en usage, Ulpien nous l'a dit (1), c'est la délégation réalisée par la novation *mutato debitore* ou bien par *litis-contestatio ;* mais ici nous ne rencontrerons pas la même évolution qu'en matière de cession de créance. Si (en droit tout au moins) il est indifférent à un débiteur d'avoir tel ou tel créancier, il n'est pas du tout indifférent à un créancier d'avoir tel ou tel débiteur. En conséquence, si pour la cession de créance on est arrivé à se passer du consentement du débiteur, pour la cession de dette on n'a jamais pu se passer du consentement du créancier, le concours des trois intéressés a toujours été indispensable, et la cession de dette n'a jamais pu se réaliser autrement que par une délégation. C'est là pourrait-on dire le domaine propre de celle-ci, car si d'autres combinaisons juridiques ont pu comme dans la cession de créance, en usurper les fonctions et la supplanter ; si, d'autre part, elle n'est pas le seul moyen d'atteindre les buts divers que nous avons parcourus plus haut (paiements, prêts, donations) ; ici au contraire, nous la rencontrons nécessairement et elle nous apparaît comme le seul procédé capable de réaliser une cession de dette. Ceci nous explique la confusion signalée plus haut entre la délégation et la novation *mutato debitore* qui est avec la *litis contestatio* et le contrat *litteris* le moyen pratique de la réaliser.

3° La *Datio* avec charges. Les textes prévoient l'hypothèse suivante : *Primus* transfère à *Secundus* la propriété d'un objet en le chargeant de la transmettre à son tour à *Ter-*

____
(1) D. f. 11 (46, 2).

tius, il veut par ce moyen faire une donation par personne interposée (1) ou un paiement (2). Sans doute s'il s'agit d'une donation, les rapports de donateur à donataire vont bien s'établir entre *Primus* et *Tertius*, ou bien s'il s'agit d'un paiement *Primus* va se trouver libéré vis-à-vis de *Tertius*, mais nous ne sommes pas en présence d'une délégation, c'est-à-dire d'un acte unique mettant trois personnes en jeu, nous rencontrons deux actes successifs produisant chacun ses effets propres et reliés seulement dans l'esprit des parties qui ont voulu les faire servir à un but unique.

Il se peut aussi dans le même ordre d'idées que *Secundus* soit un simple instrument de transmission et ne donne à l'opération intervenue entre *Primus* et *Tertius* qu'un concours purement matériel. Ces deniers que *Primus* veut faire parvenir à *Tertius*, *Primus* en donne à *Secundus* la détention matérielle seulement, il en garde par devers lui non seulement la propriété mais encore la possession (car il peut posséder *corpore alieno*) jusqu'au moment où ils arrivent à destination. *Secundus* aurait parfaitement pu être suppléé dans cet office par un animal bien dressé. Là nous n'avons que deux personnes en cause et non trois, nous ne sommes pas en présence d'une délégation (3).

4° Le mandat. Les explications que nous avons à fournir à ce sujet seront mieux placées dans la seconde partie de notre travail.

(1) D. f. 4 (39, 5). Etiam per interpositam personam donatio comsummari potest.

D. f. 5, pr. (24, 1). Si sponsus sponsæ donaturus, tradiderit Titio ut is sponsæ daret...

(2) D. f. 22 (16, 1). Si mulieri dederim pecuniam ut eam creditori meo solvat...

(3) Gide, op. cit., p. 402.

CHAPITRE II

I

NOTIONS GÉNÉRALES

Nous avons dans les pages qui précèdent essayé de nous faire une idée claire et une idée distincte de la délégation, il nous faut maintenant en étudier le mécanisme et les effets.

La délégation consiste, avons-nous dit, dans un acte juridique intervenant sur l'ordre d'un tiers. Le délégué et le délégataire ne se connaissent pas, s'ils traitent ensemble, c'est en vue de leurs relations respectives avec le délégant, c'est dans ces relations qu'il faut aller chercher non seulement le motif économique, mais encore la cause juridique de l'opération intervenue, elles en sont le support et la raison d'être. Entre le délégant et le délégué d'une part, le délégant et le délégataire de l'autre, nous trouvons deux *negotia juris* bien déterminés et nettement caractérisés : paiement, donation, contrat. Mais regardons ce qui se passe entre le délégué et le délégataire, l'acte qui les relie n'est point un *negotium* se suffisant à lui-même, mais une *res* abstraite (1), venant s'ajouter pour les accomplir et les parfaire tous deux du même coup aux deux *negotia* qui en sont le *substratum*.

(1) Salpius, op. cit.. p. 61.

Alors deux questions se posent tout naturellement :

1° Comment cet acte juridique produira-t-il effet entre le délégué et le délégataire, puisqu'il tire toute sa raison d'être de relations qui n'existent pas entre eux ?

2° Comment produira-t-il effet vis-à-vis du délégant qui n'y est intervenu que par une simple manifestation de volonté ?

Examinons donc successivement les relations entre le délégué et le délégataire, les relations entre le délégant et le délégataire d'une part, le délégant et le délégué de l'autre.

II

RELATIONS ENTRE LE DÉLÉGUÉ ET LE DÉLÉGATAIRE

L'acte dont nous cherchons à expliquer les effets peut être (les textes nous l'ont révélé) soit une *promesse*, soit une *datio*, soit une *libération ;* la première se réalisera soit par une stipulation, novatoire ou non suivant que les parties auront voulu ou non éteindre un rapport d'obligation préexistant, soit par le contrat *litteris*, soit par le pacte de *constitut ;* de la stipulation nous devons rapprocher la *litis contestatio* que les textes nous présentent comme une quasi-novation (1) ; la seconde se réalisera par une *mancipatio*, une *in jure cessio* ou une *traditio ;* la troisième par l'*acceptilatio* et sans doute aussi malgré le silence des textes par le pacte *de non petendo.* Or, tous ces actes sont des actes abstraits, tirant toute leur énergie en tant qu'actes créateurs ou extinctifs de

____

(1) Inchoatis litibus actiones novavit Fa Va, 263.

droits de formalités extérieures dont ils réclament l'accomplissement, et qui une fois remplies entraînent forcément et fatalement le résultat juridique qu'elles sont destinées à atteindre. Sans doute, la volonté des parties va jouer un rôle, mais sur quoi devra-t-elle porter pour que l'acte produise effet ? Sur la forme et non sur le fond, sur le côté extérieur de l'acte intervenu, non sur la partie intime et cachée. Vous avez volontairement prononcé la formule de la stipulation, mais croyant vous obliger d'une façon vous vous êtes obligé d'une autre sous l'empire de manœuvres dolosives, peu importe, vous êtes lié suivant la rigueur du droit sauf l'exception de dol qui vous compète (1). La formule sacramentelle de l'*acceptilatio* est prononcée, la libération du débiteur en résulte nécessairement. Vous avez en connaissance de cause prononcé les paroles solennelles, célébré les rites qui constituent la *mancipatio* ou l'*in jure cessio*, voilà la propriété transférée ; le même résultat se produira s'il s'agit d'une tradition pourvu qu'il y ait *justa causa*, c'est-à-dire volonté réciproque d'acquérir et d'aliéner, peu importe le désaccord sur le fond même et la cause de l'aliénation (2). — Nous appliquerons les mêmes idées au pacte de *constitut* ou au pacte *de non petendo*, en observant seulement qu'ici, les formules solennelles et sacramentelles sont écartées.

A la question posée : « Comment expliquer les effets qui se produisent entre le délégué et le délégataire » nous pouvons donc répondre : en vertu de ce principe qu'en droit

(1) D. f. 36 (45, 1). Si quis, cum aliter cum convenisset obligari, aliter per machinationem obligatus est, erit quidem subtilitati juris obstrictus, sed doli exceptione uti potest ;..

(2) D. f. 36, i. f. (41, 1)... Si pecuniam numeratam tibi tradam donandi gratia, tu eam quasi creditam accipias, constat proprietatem ad te transire, nec impedimento esse, quod circa causam dandi atque accipiendi dissenserimus.

romain, les actes destinés à créer ou à éteindre les droits, se suffisent à eux-mêmes et produisent leurs effets, tous leurs effets indépendamment des rapports économiques et juridiques auxquels ils se réfèrent et dont ils sont la mise en œuvre.

Voici donc un résultat bien acquis : le délégué se trouvera obligé envers le délégataire, il lui aura transféré la propriété, il l'aura libéré, sans qu'on ait égard aux relations du délégant avec le délégataire et le délégué.

Toutefois, si ces relations sont sans influence sur la formation même du lien qui va unir désormais le délégué au délégataire, elles peuvent en avoir une grande sur les effets mêmes de ce lien ; à ce point de vue, les auteurs allemands distinguent deux espèces de délégation, la délégation *pure* et la délégation *qualifiée* (1). La délégation est dite *pure* lorsque la prestation fournie par le délégué (promesse ou *datio*) est absolument indépendante dans son objet des rapports qui lient le délégant au délégué, le délégant au délégataire, elle est dite *qualifiée* dans le cas contraire, c'est-à-dire dans le cas où la prestation renferme tout ou partie des éléments qui caractérisaient ces rapports.

Prenons des exemples : Sur mon ordre, vous promettez 100 à *Primus*, ou bien les 100 que vous me devez ou que je dois moi-même à *Primus*, nous sommes en présence d'une délégation pure ; car, malgré l'indication d'un rapport de droit que renferme la seconde formule, vous avez promis 100, c'est 100 que vous devrez sans qu'on ait en aucune manière à tenir compte du rapport de droit qui nous unit ou qui m'unit à *Primus*.

(1) Salpius, op. cit., p. 75 : *reine* et *titulirte*.

Sur mon ordre vous promettez à *Primus* ce que vous me devez, ou ce que je dois moi-même à *Primus*, ici nous avons affaire à une délégation qualifiée, car pour connaître l'objet de votre prestation et en déterminer l'étendue et les effets il faut se référer au rapport visé, en analyser les termes, en apprécier les qualités bonnes et mauvaises car c'est sur ce rapport que va se mesurer exactement votre obligation. Cette distinction repose sur les textes qui nous fournissent la preuve que les deux procédés étaient conjointement employés (1).

Tel est le fondement de la distinction entre la délégation pure et la délégation qualifiée, suivons-en maintenant les conséquences, ce qui nous aménera à étudier les effets de la délégation entre le délégué et le délégataire.

Au cas de délégation pure, le lien formé entre le délégué et le délégataire ne sera nullement entaché des vices qui peuvent affecter les rapports de droit unissant le délégant au délégué et au délégataire. Ainsi je veux vous faire une donation, et à cet effet vous me déléguez à votre créancier au moyen d'une délégation pure, si je vous avais fait la donation directement, j'aurais pu invoquer contre vous l'exception de compétence qui résulte de nos rapports de donateur à donataire, eh bien ! cette exception je ne pourrai

(1) D. f. 8, § 4 (46, 2). Si decem quæ mihi Titius debet aut decem quæ Seius debet a Tertio stipulatus fuero....

D. f. 8, § 2 (46, 2). Si quis ita stipulatus a Seio sit quod a Titio stipulatus fuero dare spondes ?

D. f. 19 (46, 2)... Non facile scire petitor potest quid inter eum qui delegatus est et debitorem actum est, aut etiam si sciat, dissimulare debet, ne curiosus videatur. Le cas ici prévu est bien un cas de délégation pure, dans lequel, pour étudier les effets produits entre le délégué et le délégataire, on n'a nullement à s'inquiéter d'un rapport de droit préexistant. « Ne serait-il pas absurde, dit M. Gide (op. cit., p. 256) de qualifier de trop curieux le créancier qui avant de stipuler ce qui vous est dû voudrait savoir si l'on vous doit quelque chose, ou si l'on ne vous doit rien. »

pas l'invoquer contre le délégataire (1). Il en est de même du cas où la donation projetée entre nous tombe sous le coup de la loi *Cincia* et dépasse le taux fixé par elle, l'exception que j'aurais contre vous ne me compétera pas contre le délégataire (2).

Si au contraire, la délégation est qualifiée, le délégué viendra puiser dans le rapport de droit qui l'unissait au délégant les exceptions qu'il pourra opposer au délégataire, par exemple c'est le premier mari qui promet au second ce qu'il doit à sa femme à titre de dot, il a promis *tanquam debitor mulieris* et par conséquent la délégation est qualifiée, il avait contre la femme l'exception de compétence, il pourra l'opposer au second mari délégataire (3).

Remarquons que, même au cas de délégation qualifiée, le délégué ne peut opposer au délégataire toutes les exceptions qui le protégeaient contre le délégant, il faut, pour qu'il puisse le faire, que l'exception soit attachée à la créance et non à la personne même du créancier ; en un mot, les exceptions *rei cohœrentes* appartiendront au délégué mais non les exceptions *personœ cohœrentes*. Ainsi le délégué pouvait opposer au délégant l'exception de dol, il ne pourra pas l'opposer au délégataire même au cas de délégation qualifiée, car il est de principe que le dol crée des relations purement personnelles entre l'auteur du dol

---

(1) D. f. 33 (46, 2). Si Titius donare mihi volens delegatus a me creditori meo stipulanti spopondit, non habebit adversus cum illam exceptionem ut quatenus facere potest condemnetur...

(2) D. f. 21, § 1 (39, 5). Sed si debitorem meum tibi donationis immodicœ causâ promittere jussi an summoveris donationis exceptione necne tractabitur ? Et meus quidem debitor exceptione te agentem repellere non potest.

(3) D. f. 32 (24, 3). Si prior maritus posteriori dotis nomine tanquam debitor mulieris dotem promiserit, non plus quam id quod facere potest dotis futurum esse.

et sa victime. Ce que nous venons de dire de l'exception de dol devrait être appliqué à l'exception qui naît du sénatus-consulte Macédonien (1).

Il est bien entendu que le délégué pourrait opposer au délégataire les exceptions qui entachent le rapport de droit qui s'établit entre eux, notamment lui opposer le dol dont il aurait pu se rendre coupable à son égard (2).

En sens inverse, même au cas de délégation pure, nous allons voir apparaître des restrictions au principe que nous avons posé, à savoir que le délégué et le délégataire sont liés par l'acte qui intervient entre eux sans qu'on ait à s'inquiéter des *negotia* qui en sont le point de départ ; des principes antagonistes entrent en scène et viennent empêcher notre principe de produire son plein et entier effet.

1) La dette du délégué envers le délégant était imaginaire, et c'est par erreur que le délégué a promis ou payé ce qu'il ne devait pas, si notre principe seul était en jeu il faudrait refuser au délégué la *condictio indebiti* (3) contre

(1) D. f. 19 (46, 2). Doli exceptio quæ poterat deleganti opponi, cessat in persona creditoris cui quis delegatus est.

D. f. 4, § 20 (44, 4). Item quæritur si debitor meus te circumveniebat, teque mihi reum dederit, egoque abs te stipulatus fuero, deinde petam : an doli mali exceptio obstat ? Et magis est ut non tibi permittatur de dolo debitoris mei adversus me excipere, cum non ego te circumvenerim, adversus ipsum autem debitorem meum, poteris experiri. — Comme on le voit par la fin du texte. le délégué désarmé vis-à-vis du délégataire peut agir contre le délégant, mais ce recours même lui est refusé, s'il s'est laissé déléguer connaissant l'exception qui le protégeait, il est alors censé y avoir renoncé. D. f. 12 (46, 2). Si quis delegaverit debitorem qui doli mali exceptione tueri se posse sciebat, similis videtur ei qui donat, quoniam remittere exceptionem videtur.

(2) D. f. 4, § 19 (44, 4). Mandavi Titio ut a te stipularetur, deinde Titius Seio ; et stipulatus a te Scius est et judicium edidit : ait Labeo excipiendum esse tam de meo quam et Seii dolo.

(3) Ou l'exception du dol qui en est la forme passive, D. f. 156, § 1 (50, 17). Cui damus actiones eidem et exceptionem competere multo magis quis dixerit.

le délégataire et la lui donner seulement contre le délégant, eh bien! ce n'est pas là la solution que donnent les
jurisconsultes ; partant de cette idée que l'octroi ou le refus
de cette action est une pure question d'équité (1), ils y
soumettent ou en exonèrent le délégataire suivant qu'il
pourra exciper ou non d'un intérêt légitime, qu'il se sera
ou non enrichi injustement.

Ainsi, le délégataire est-il un créancier qui poursuit son
dû, un mari qui réclame une dot à lui promise, le délégué
ne pourra lui opposer l'erreur dont il a été victime. Pourquoi ? Est-ce parce que la prestation se suffit à elle-
même, qu'on doit ne pas remonter au-delà pour ainsi dire,
sans doute, mais ce n'est pas cette raison que nous
trouvons sous la plume des jurisconsultes, ils nous fournissent un motif de fait, une raison d'équité tirée des circonstances particulièrement favorables au délégataire. *Qui-
a ille suum recepit* (2) ; *suum enim negotium gerit* (3),
nous disent-ils. Remarquons à ce propos que les textes du
Droit romain qui nous sont parvenus ne renferment pour la
plupart que des décisions d'espèces, c'est qu'en effet les
jurisconsultes les plus éminents étaient en même temps
les plus déliés praticiens, et le Droit romain doit à la com-
binaison de ces deux forces qui ne doivent jamais être
séparées : la science et la pratique, une grande partie de sa
souplesse, de son caractère progressif et de sa beauté.

Que si au contraire, le délégataire est un donataire ou

(1) D. f. 66 (12, 6) Hæc condictio ex bono et œquo introducta,... c'est à ce
point que nous la voyons accordée indifféremment contre le créancier prétendu ou son *procurator*, et que l'action intentée contre celui-ci n'empêche
pas de recourir au besoin contre celui là : D. f. 57, § 1 (12, 6)... Indebiti
cum eo qui delegavit erit actio... quæ non videtur perempta si frustra cum
procuratore lis fuerit instituta.

(2). D. f. 12 (46, 2), f. 1 § 10 (44, 5).

(3) D. f. 9 § 1 (12, 4).

un créancier simplement apparent (comme le délégant lui-même vis-à-vis du délégué), il n'a alors aucun intérêt légitime et respectable à mettre en avant pour conserver ce qui lui a été livré ou promis par erreur, aussi le délégué pourra user contre lui soit de la *condictio indebiti* s'il a payé, soit de l'exception de dol s'il ne s'est pas encore dessaisi, c'est ce que prévoient et c'est en ce sens que statuent des textes formels au cas où le délégataire est un donataire (1) et au cas où c'est un créancier apparent (2) et le délégué pourrait même avant tout paiement et toute poursuite intenter la *condictio* contre le délégataire pour obtenir sa libération immédiate.

2) D'autres fois, ce sera pour atteindre à tout prix un but déterminé que la loi romaine écartera le principe de l'énergie propre des actes juridiques ; et, si derrière ces actes se cache une cause sur laquelle elle veuille avoir prise, elle n'hésitera pas à faire rejaillir cette cause sur l'acte en question, nous trouvons une application de cette idée dans la matière du sénatus-consulte Velléien et celle des donations entre époux.

a) C'est une femme qui en jouant dans une délégation le rôle de délégante ou de déléguée n'a pas fait sa propre affaire, mais a agi dans l'intérêt d'un tiers, c'est là une *intercessio* et cet acte va tomber sous le coup du sénatus-

---

(1) D. f. 2, § 3 (39, 5)... Si pecuniam quam me tibi debere existimabam jussu tuo spopondcrim ei cui donare volebas, exceptione .. doli mali tueri me potero ; et præterea incerti condictione stipulatorem compellam ut mihi acceptum faciat stipulationem.

D. f. 7. pr. (44, 4).

(2) D. f. 2, § 4 (39. 5). Item si ei quem creditorem tuum putabas, jussu tuo pecuniam, quam me tibi debere existimabam promisero, petentem doli mali exceptione summovebo : et amplius incerti agendo cum stipulatore consequar ut mihi acceptum faciat stipulationem.

D. f. 7, § 1 (44, 4).

eonsulté Velléien, en voici la conséquence : l'acte n'est pas
nul, mais il peut être rétracté par la femme tant qu'il reste
imparfait et incomplet, tant que l'appauvrissement contre
lequel on veut protéger la femme n'est point consommé en
droit et en fait. La femme s'est obligée, elle s'est appauvrie
en droit mais non en fait; elle aura pour paralyser les
poursuites du créancier délégataire l'exception du sénatus-
consulte Velléien (1) ; si l'acte est accompli en droit et en
fait, si le paiement est effectué, l'acte est valide, mais il
faut pour cela que le paiement ait été fait en connaissance
de cause sinon la femme aura à sa disposition la *condictio
indebiti* pour rentrer en possession de ce qu'elle a payé
au mépris du sénatus-consulte qui la protège (2). Remarquons que non seulement la femme déléguée pourra se
retrancher derrière le sénatus-consulte Velléien pour se
soustraire aux effets de son *intercessio*, mais encore le
même droit est donné à celui qu'elle a délégué (l'*intercessio* émane non plus du délégué mais de la femme délégante) si lui-même avait à sa disposition une exception
que de droit commun il n'aurait pas pu invoquer, par
exemple sa dette envers la femme était imaginaire (3).
Comment expliquer ceci? Comment se fait-il que l'exception du délégué se trouve en quelque sorte vivifiée par
l'exception donnée à la femme et dont elle seule devrait
être appelée à profiter? C'est parce que, s'il en était au-

(1) C. f. 19 (46, 2). Diversum est (dans la première partie du texte, le jurisconsulte a prévu des cas où le délégué ne pouvait pas opposer ses exceptions
au délégataire), in muliere quæ contra senatusconsultum promisit, nam et
in secunda promissione intercessio est.

(2) M. Gérardin à son cours.

D. f. 8, § 3 (16, 1). Interdum intercedenti mulieri et condictio competit,...

(3) D. f. 8, § 4 (16, 1). Sed si is qui a muliere delegatus est debitor ejus non
fuit, exceptione senatus consulti poterit uti.

D. f. 8, § 6 (16, 1).

trement, si le délégué était irrémédiablement tenu envers le délégataire, il aurait contre la femme sa créancière apparente la *condictio indebiti*, elle perdrait ainsi le bénéfice de la protection que la loi lui accorde, car si la délégation a été faite par elle en connaissance de cause, c'est là un acte définitif contre lequel elle ne peut plus revenir.

b) La loi romaine frappe de nullité radicale et absolue tout acte ayant pour but de réaliser une donation entre époux. Les formalités constitutives de l'acte d'aliénation ont été exactement remplies, il y a eu volonté réciproque d'acquérir et d'aliéner, de devenir créancier et débiteur ; extérieurement, l'acte est irréprochable et devrait produire effet, mais s'il cache une donation entre époux, il est réputé inexistant (1).

c) Le patron est muni contre l'affranchi qui agit en fraude de ses droits d'une action révocatoire spéciale appelée l'action favienne, pour attacher à cette action une efficacité aussi grande que possible, elle sera donnée non seulement contre le donataire de l'affranchi, mais encore contre celui auquel ce donataire aurait par une délégation attribué le bénéfice de l'opération (2).

Observons qu'il n'y a point un abime infranchissable entre la délégation pure et la délégation qualifiée ; tout au contraire des nuances variées ménagent la transition entre les deux. Ainsi, vous devez 100 à *Titius* qui veut donner cette créance en dot en vous déléguant à l'intéressé. Ce dernier pourra employer différentes formules. Il pourra

---

(1) D. f. 5, §§ 3 et 4 (24, 1). Si debitor viri pecuniam jussu mariti uxori promiserit, nihil agitur. Si uxor viri creditori donationis causa promiserit... neque virum liberari, neque mulierem obligari... Julianus ait,... perindeque haberi ac si nihil promisisset.

D. f. 39 (24, 1)... Respondi inanem fuisse eam stipulationem.

(2) D. f. 5, pr. (38, 5). Tenetur faviana actione tam is qui accepit ipse quam qui jussit alii dari id quod ipsi donabatur.

par exemple stipuler en ces termes : *Id quod Titio debes spondesne ?* ou : *Id quod Titio debes dotis nomine spondesne ?* Dans ces deux cas, nous sommes en présence d'une délégation qualifiée. Vous pouvez, en conséquence, opposer au-délégataire les exceptions qui vous couvraient à l'égard de *Titius*, au moins en principe et sous les distinctions examinées plus haut ; et au cas où la promesse a été faite *dotis nomine*, vous pourrez encore tirer parti de cet élément, la constitution de dot est soumise à la condition tacite *si nuptiæ secutæ sint*, au cas où le mariage serait rompu, votre promesse tombera avec lui. Si l'on a simplement dit : *Id quod Titio debes spondes ne ?* Vous ne pouvez vous emparer des moyens particuliers, mettre en jeu les exceptions que vous offrait cette circonstance qu'il s'agissait d'une constitution de dot. Le délégataire a-t-il stipulé en ces termes ; *Centum dotis nomine spondes ne ?* (1) vous aurez à votre service la seconde catégorie d'exceptions et non la première. Ce sont là des nuances de la délégation qualifiée. Le délégataire a-t-il dit : *Centum dare spondesne ?* nous sommes alors en présence d'une délégation pure. Les rapports du délégué avec le délégataire changent, on le voit, avec la formule employée, or cette formule pouvant varier à l'infini pour ainsi dire, les rapports qui en dépendent varieront, eux aussi, à l'infini, et l'on passera de la délégation pure à la délégation qualifiée par une longue série de degrés.

Il nous faut maintenant compléter ces idées générales en examinant de près les divers actes qui servent à réaliser la délégation.

Laissons de côté les cas où la délégation se réalise par

______

(1) D. f. 48 (23, 3). Tali facta stipulatione, decem in anno proximo dotis nomine dare spondes ?

une *acceptilatio* ou un pacte *de non petendo*, les documents étant extrêmement rares sur ce point, et bornons-nous aux cas où la délégation consiste en une promesse ou une *datio*.

L'objet de cette promesse ou de cette *datio* est des plus variables, ce peut être de l'argent, *certa pecunia*, ou un objet individuellement déterminé comme un esclave (1), un fonds de terre en pleine propriété (2) ou bien en usufruit (3) les *operæ* (4) d'un affranchi, les *operæ fabriles* tout au moins. Il faut, remarquons-le, que la prestation, objet de la promesse ou de la *datio* puisse de sa nature être l'objet d'une délégation, et pour cela, il faut que rien n'empêche qu'elle puisse être faite au profit d'un tiers, ainsi, la restitution d'un fidéi-commis, en vertu du Sénatus-consulte Trébellien ne peut, suivant Marcellus, en ce qui concerne les créances contenues dans l'hérédité être faite qu'au fiduciaire lui-même et non point au délégataire de celui-ci, ou du moins, c'est à grand'peine que le Jurisconsulte admet dans ce cas la possibilité de la délégation (5), tandis que la question ne semble pas avoir fait difficulté en ce qui concerne les choses corporelles (6).

(1) D. f. 56 (23, 3). Si is qui Stichum mulieri debet in dotem delegatus sit.

(2) D. f. 14 (23, 5). Si mulieris nomine quis fundum in dotem dederit.

(3) D. f. 4 (46, 2). Si ususfructus debitorem meum delegavero tibi...

(4) D. f. 9, § 1 (38, 1). Operæ fabriles... ejus generis sunt ut a quocumque cuicumque solvi possint. Sane enim si in artificio sint, jubente patrono et alii edi possunt.

Les *operæ fabriles* sont considérées comme des choses fongibles. Comme elles consistent en services, ne serait-il pas plus logique d'y voir un *factum* que l'objet d'une *datio*, la délégation pourrait donc consister parfois en un *jussus faciendi*.

(5) D. f. 59, § 1 (23, 3). Ex asse heres institutus, rogatusque mulieri dodrantem hereditatis restituere... mulieri in hoc tenetur ut hereditatem restituendo transferat actiones et quas habet et quibus est obstrictus, quas transferre ad alium quam cui debet fideicommissum non potest... delegatione propter nimiam subtilitatem et casus necessitatem minime obtinente.

(6) D. f. 65, § 4 (36, 1). Si singulæ res ab herede traditæ sunt jussu meo ei cui eas vendiderim, non dubitabimus mihi intelligi factam restitutionem.

Quant à la forme de la promesse ou de la *datio*, elle est aussi très variable; nous l'avons entrevu déjà, la délégation peut se réaliser soit par le contrat *litteris*, la stipulation (novatoire ou non), la *litis-contestatio*, le pacte de *constitut* modes de créer des obligations, soit par la *mancipatio*, *l'in jure cessio*, la tradition, modes de transférer les droits réels. Examinons successivement chacune de ces formes.

1° Le contrat *litteris*. *A persona in personam transcriptio fit,* nous dit Gaïus (1), *veluti si id quod mihi Titius debet, tibi id expensum tulero, id est si Titius te delegaverit mihi.* Voici comment les choses vont se passer. Supposons d'abord, comme Gaïus l'indique lui-même, qu'un rapport d'obligation préexiste entre les trois parties qui vont concourir à la délégation : *Primus* doit 100 à *Secundus*, et ce même *Primus* est créancier de *Tertius* pour la même somme, *Primus* veut donner en paiement à *Secundus* la créance qu'il a contre *Tertius* ; pour cela, il va lui déléguer *Tertius* et alors les intéressés vont inscrire sur leurs *codices* respectifs les mentions suivantes :

Primus écrit : *Expensum Secundo centum,* et *Secundus : Acceptum a Primo centum,* ainsi se trouve détruite l'obligation existante entre *Primus* et *Secundus.*

Tertius écrit : *Expensum Primo centum* et *Primus : Acceptum a Tertio centum,* ainsi est détruite l'obligation qui existait entre *Primus* et *Tertius.*

Les obligations qui précèdent seront détruites par un paiement fictif et non par une novation, le contrat *litteris,* en effet, n'entraîne pas novation.

Secundus écrit : *Expensum Tertio centum* et *Tertius : Acceptum a Secundo centum,* ainsi *Tertius* deviendra débiteur de *Secundus* aux lieu et place de *Primus.*

(1) C⁴ III, § 130.

Chacun des intéressés a fait une *transcriptio a persona in personam.*

Primus est débiteur de *Secundus* ; pour se libérer, il peut lui déléguer, non plus son débiteur, mais son futur créancier ou son donateur, les mentions seront absolument les mêmes, seulement la seconde *transcriptio* aura été faite non plus *solvendi,* mais *credendi* ou *donandi causâ.*

Il se pourrait qu'aucun lien de droit ne préexistât entre les parties, *Primus* n'est pas débiteur de *Secundus,* mais il veut lui faire un prêt ou une donation, et pour cela il lui délègue ou son futur créancier ou son donateur, ici encore les mentions seront les mêmes mais toutes seront faites ou *donandi* ou *credendi causâ* (1).

Ce procédé ne pouvait servir qu'à la délégation pure, les formalités ci-dessus relatées nous le montrent, le délégataire devient créancier de la somme portée à son *codex* purement et simplement sans que les relations préexistantes entre les parties aient sur la manière d'être de cette créance la moindre influence. Il avait l'avantage de pouvoir être utilisé *inter absentes.*

2° La stipulation. — Le plus grand nombre des textes qui traitent de la délégation se réfèrent à celle qui_ se réalise par voie de stipulation. On ne s'en étonnera pas, si l'on se rappelle le caractère particulièrement souple de la stipulation, et comment les Romains en ont fait l'instrument favori de leurs transactions (2). Supposons que la délégation intervienne à la suite d'un rapport de droit qu'elle va servir à détruire, le résultat obtenu va dépendre de la formule employée. Par exemple, *Primus* doit 100 à

(1) Salpius, op. cit., p. 91, sq.
(2) Gide, op. cit., p. 17.

Secundus, ce même *Primus* est créancier de *Tertius* pour la même somme et veut, pour éteindre sa dette envers *Secundus* lui déléguer *Tertius :*

1) *Secundus* dira à *Tertius: Id quod Primo debes spondesne ?* L'obligation qui liait *Primus* à *Tertius* va se trouver novée par une novation *mutato creditore,* c'est là une délégation qualifiée et, en principe tout au moins, *Tertius* pourra opposer à *Secundus* les exceptions qu'il avait contre *Primus ;* quant à la dette de *Primus* envers *Secundus,* elle n'est point novée, car elle n'a pas été *deducta in stipulationem,* elle est éteinte par une *datio in solutum.*

2) *Secundus* dira : « *Id quod Primus mihi debet spondesne?* » Ici c'est la dette de *Primus* envers *Secundus* qui se trouve novée par une novation *mutato debitore ;* c'est encore une délégation qualifiée, l'engagement de *Tertius* se mesurera sur celui de *Primus* auquel il succède, il passe aux mains de *Tertius* muni de toutes ses qualités bonnes et mauvaises, quant à la dette de *Tertius* envers *Primus,* elle est éteinte par une *datio in solutum.*

3) *Tertius* dira : « *Centum spondesne?* ou bien *Centum quæ Primo debes spondesne?* » ou encore : « *Centum quæ Primus mihi debet spondesne ?* » Ici nous sommes en présence d'une délégation pure et le délégué est tenu envers le délégataire sans que sa dette ressente le contre-coup des obligations préexistantes lesquelles sont éteintes non par novation car la formule employée est purement abstraite et ne contient pas lesdites obligations, elle est donc impuissante à nover, mais par deux dations en paiement (1).

______

(1) Gldc. op. cit. p. 425.

Si aucun rapport de droit n'existait entre les parties avant la délégation, nous ne pourrions certainement être en présence que d'une délégation pure ; et quant à la novation elle se rattache nécessairement à un rapport d'obligation préexistant.

La stipulation peut donc servir à réaliser suivant les cas une délégation pure ou une délégation qualifiée, elle peut ou non aboutir à une novation ; elle est donc, à raison de la variété des situations auxquelles elle peut se prêter comme aussi de la simplicité de sa formule, l'instrument par excellence de la délégation, elle a un seul inconvénient celui de ne pouvoir se conclure *inter absentes*.

3° La *Litis contestatio*. Voici comment cet acte judiciaire va servir à réaliser la délégation : sur mon ordre vous poursuivez mon débiteur — sur mon ordre vous vous laissez poursuivre par mon créancier. Cette poursuite va aboutir à la *litis contestatio* laquelle forme une sorte de contrat entre les parties en cause ; ce lien nouveau qui se forme entre elles a été fort justement comparé à celui qui résulte de la stipulation novatoire bien que, malgré l'analogie des deux choses (2), la *litis contestatio* n'entrainât pas une véritable novation. Comme elle est dans son principe un acte nécessaire et forcé — nous avons vu plus haut dans quel sens cette formule est exacte, — elle conserve son caractère même au cas où, détournée de son application primitive, elle sert à réaliser une délégation, et voici les conséquences qui découlent de cette idée : les qualités et accessoires de la créance que la stipulation aurait pû faire disparaître par un judicieux emploi de la formule, la *litis contestatio* les respecte, le créancier ne perdra point les

____

(2) Inchoatis litibus actiones novavit, Fa., Va., 263.

privilèges, les hypothèques, les cautions dont il était armé,
le débiteur ne perdra point ses exceptions (1). Ceci nous
montre que la *litis contestatio* ne pouvait servir qu'à réaliser une délégation qualifiée, « elle ne saurait, dit
M. Gide (2) avoir pour but de créer des obligations nouvelles, mais seulement de transporter en les déduisant en
justice des obligations préexistantes. » Elle a l'inconvénient
d'exiger la présence simultanée des parties et l'intervention
du magistrat.

4° Le pacte de *constitut*. Sur mon ordre, vous faites
avec mon créancier un pacte de *constitut* portant sur ma
dette, ou sur l'ordre de mon créancier je conclus ce pacte
avec un tiers ; dans ces deux cas, nous avons une délégation réalisée (3). Le pacte de *constitut* ne peut porter que
sur une dette préexistante, aussi ne pourra-t-il servir à
réaliser qu'une délégation qualifiée. Il n'entraîne pas novation (4), et *ipso jure* l'ancienne dette subsiste à côté de la
nouvelle, le débiteur primitif ne sera libéré qu'*exceptionis
ope* (5). L'intention des parties d'ailleurs a pû être de laisser subsister l'ancienne dette et de la cautionner par un
pacte de *constitut*, ici nous ne sommes plus en présence
d'une délégation, la dette primitive subsiste telle qu'elle
était sans subir d'atteinte dans les éléments essentiels qui
la composent, c'est une nouvelle dette qui vient se joindre
à l'ancienne dont elle est l'accessoire et à laquelle elle
ajoute simplement une qualité, mais sans exercer d'in-

(1) Gipe, op. cit., p. 323.
(2) Gide, op. cit., p. 431.
(3) C. C⁾ . 7 (8, 42). Si solvere tibi pecuniam delegatus Eucarpus dare spopondit, vel debitum constituit.
(4) Delegatio (au sens étroit vu plus haut de noyation mutato debitore) novat, constitutum non novat. Cujas C⁾ ad. leg. 3 Code (4, 10).
(5) Accarias, t. II, p. 779.

fluence sur son existence même. — Le pacte de *constitut*
a l'avantage de ne pas exiger pour sa formation de formules
sacramentelles.

Disons maintenant quelques mots de la *datio* employée
à réaliser la délégation. Cette *datio* consistera en une
mancipatio, une *in jure cessio* ou une tradition ; les deux
premières formes exigeront l'emploi de cérémonies et de
formules solennelles, et la troisième la simple remise de
la possession ; la première ne s'appliquera qu'aux *res man-
cipi*, les deux autres s'appliqueront à toutes sortes de
biens.

Si *Primus* débiteur de *Secundus* et créancier de *Tertius*
veut payer son créancier en lui déléguant son débiteur, la
datio faite par le délégué au délégataire éteindra les deux
dettes par un paiement unique mais à double effet. Si
l'ordre de *dare* a été donné non plus *solvendi,* mais *credendi* ou *donandi causâ*, la *datio* réalisera l'élément matériel et réel du contrat de prêt ou de la donation.

Par la nature même des choses, la *datio* en tant qu'elle
produit un effet translatif se suffisant toujours à elle-
même sans qu'on ait rien à rechercher en dehors d'elle
pour en mesurer les effets, elle ne pourra jamais réaliser qu'une délégation pure.

Voilà résolue notre première question, et à cet égard les
principes ordinaires du droit romain, nous ont fourni les
éléments de la solution cherchée.

III

EFFETS DE LA DÉLÉGATION VIS-A-VIS DU DÉLÉGANT

Abordons notre seconde question : comment l'acte intervenu entre le délégué et le délégataire peut-il rejaillir

3

sur le délégant ? Sans doute, c'est sur son ordre qu'il se produit, en donnant cet ordre, il a eu en vue les relations qui le liaient, d'une part avec le délégué, et d'autre part avec le délégataire, il a voulu vis-à-vis d'eux se libérer, soit devenir créancier ou débiteur, soit devenir donateur ou donataire, et c'est pour réaliser à son égard un paiement, un prêt ou une donation, que le délégué et le délégataire sont entrés en rapport ; mais il ne participe point à l'acte lui-même, aux formalités qui le constituent, or, la représentation n'étant pas admise en droit romain, l'énergie de cet acte se concentre sur ceux qui y ont pris part, et reste absolument inefficace pour celui qui, matériellement et expressément du moins, n'y est pas intervenu. Et cependant, cet acte va produire effet vis-à-vis du délégant, comment rendre raison de cette apparente anomalie ? Étudions d'abord les effets produits, nous chercherons ensuite à les expliquer.

Nous savons qu'en traitant ensemble, le délégué et le délégataire ont eu en vue leurs relations respectives avec le délégant, eh bien ! les effets produits vis-à-vis de ce dernier sont les mêmes que si la prestation émanée du délégué avait été faite au délégant, et que si cette prestation reçue par le délégataire lui avait été faite par le délégant.

1° La prestation est considérée comme faite par le délégant, entre celui-ci et le délégataire les mêmes rapports vont s'établir que si elle émanait effectivement de lui. Cette prestation aura pour but de réaliser soit un paiement, soit une donation, soit un contrat, parcourons successivement ces diverses hypothèses.

a) Paiement. Un grand nombre de textes nous montrent qu'en faisant une délégation au profit de son créancier, le délégant va se trouver libéré comme s'il avait payé lui-même et directement (1). Comment sa dette sera-t-elle éteinte? Il faut distingner : si le délégué a fait une *datio*, ce sera un paiement ou une *datio in solutum*, suivant que l'objet de cette *datio* sera ou non l'objet de la créance. Le délégué a-t-il fait une promesse, ici, nous le savons déjà, l'énergie libératoire de cette promesse dépendra de la formule employée, Le délégataire a-t-il dit : *Id quod Titio debes spondesne ?* la dette se trouvera éteinte par novation s'il a dit : *Id quod Titio debes spondesne?* ou *Centum spondesne?* Alors la créance du délégataire contre moi *Titius* n'est pas *deducta in stipulationem* elle n'est pas novée, elle est éteinte par *datio in solutum*. L'intérêt pratique de cette distinction est que la dette éteinte par paiement ou novation est éteinte *ipso jure*, et il ne faut pas oublier que comme effet libératoire, la novation est aussi énergique que le paiement (2), s'il y a eu au contraire une *datio in solutum*, l'école sabinienne admet la même solution, mais l'école proculienne donne seulement au *solvens* l'exception de dol si le créancier désintéressé le poursuit de nouveau ; ajoutons que dans le dernier état du droit romain, c'est l'opinion sabinienne qui triompha (3).

---

(1) D. f. 8 § 3 (16, 1)... Solvit et qui reum delegat — f. 37, § 4 (38, 1). Solu-tionis vicem continet — f. 51, i. f. (15, 1). Delegatio pro justa præstation est. — §. 64 (46, 3). Cum jussu meo id quod mihi debes solvis creditori meo, ...ego a creditore meo liberor.

Seneca. de Beneficiis : Nam et pecuniam dicimus reddidisse quamvis... non intervenerint nummi, sed delegatione et verbis perfecta solutio fit.

La délégation libère tellement le délégant que si elle est faite par un fidé-jusseur, elle l'autorise comme le paiement lui-même à recourir immédiate-ment contre le débiteur principal, D. f. 18 (46, 1).

(2) D. f. 31, § 1 (46, 2).. Novatione quoque liberare eum ab altero poterit, cum id specialiter agit, eo magis cum eam stipulationem similem esse solutioni exis-timemus.

(3) Accarias, II, p. 696.

La dette éteinte, le délégataire supporte seul et définitivement les risques qui peuvent menacer sa nouvelle créance contre le délégué (insolvabilité du délégué, impossibilité fortuite d'exécution) et perd tout recours contre le délégant, son ancien débiteur. S'il y a eu novation, cela ne saurait faire aucun doute, puisqu'il est de l'essence de la novation d'éteindre la créance qui en est l'objet, pour la remplacer par une autre (à moins cependant que le consentement du délégataire n'ait été surpris (1)). Mais ceci n'est vrai que jusqu'à Justinien, sous ce prince, en effet, la novation n'est plus une question de formule, mais une question d'intention, et l'ancien débiteur ne sera libéré que si les parties l'ont expressément déclaré (2). S'il n'y a pas eu novation, mais *datio in solutum*, il nous semble qu'une distinction s'impose : le créancier a-t-il accepté d'une manière définitive et à forfait le mode de libération à lui offert, le délégant sera absolument libéré et à l'abri de tout recours, que si le créancier, au contraire, a subordonné l'extinction de son droit à la solvabilité du délégué, il pourra au besoin se retourner contre son ancien débiteur. Cette distinction nous paraît résulter de la nature même des choses, mais nous devons ajouter que les textes supposent toujours que le délégataire créancier en acceptant un nouveau débiteur renonce par cela même à poursuivre l'ancien (3). Revenons au cas de novation : nous savons qu'en

(1) D. f. 22, § 2 (24, 3). Si mulier, soluto matrimonio, egentem reum dotis per novationem decepta accipiat : nihilominus actio dotis ei manebit.

(2) Code C™. 8 (8. 42)... Anteriora stare et posteriora incrementum illis accedere nisi ipsi specialiter remiscrint quidem priorem obligationem... C'est là l'origine de l'article 1275 de notre Code civil. Gide, op. cit., p. 457.

(3) D. f. 26 § 2 (17, 1). Abesse intelligitur pecunia fidejussori, etiam si debitor ab eo delegatus sit creditori : licet si solvendo non fuerit, quia bonum nomen facit creditor qui admittit debitorem delegatum. — f. 12, § 15 (17, 1) — f. 19 (27, 3).

principe, le délégataire en acceptant le délégué pour débiteur perd tout recours contre le délégant, mais il peut se
ménager ce recours, soit en faisant une novation conditionnelle, subordonnée à la condition de la solvabilité du
délégué (comme nous avons vu qu'il pouvait accepter sous
cette condition seulement la *datio in solutum* à lui offerte), soit en obligeant le délégant par un contrat de mandat accolé à la délégation, à le garantir des risques qui
peuvent menacer sa créance, le délégant fait alors la délégation *periculo suo* (1), seulement, ce n'est pas son ancienne action que le délégataire utilisera, mais l'action
mandati contraria, issue du rapport de droit qui vient de
s'établir. Cette responsabilité d'ailleurs, le délégant pourra
s'en dégager, si c'est par sa propre faute que le délégataire
n'a pas obtenu satisfaction (2). Donc, nous pouvons poser
une règle : « Le délégataire, en acceptant le délégué pour
débiteur, assume les risques de sa nouvelle créance, sans
recours contre le délégant, » et une exception : « il a ce
recours au cas où il se l'est réservé expressément, et si l'on
ne peut lui reprocher aucune faute. »

Au cas d'une constitution de dot faite par la femme à
son mari au moyen d'une délégation, on s'est demandé
s'il fallait appliquer au mari la règle ou l'exception ? On
pense généralement (3), que le mari a le bénéfice de l'exception, en d'autres termes, il ne sera pas responsable en
principe des risques qui peuvent menacer la créance à lui

______

(1) D. f. 45, § 7 (17.1). Quod mihi debebas a debitore stipulatus sum periculo
tuo : posse me agere tecum mandati in id quod minus ab illo servare potero...,
c'est là un cas où le mandat intervient dans l'intérêt du mandat et du mandataire. Inst. L. III, T. 26, § 2.

(2) D. f. 35 (12, 1). Periculum nominum ad eum cujus culpa deterius factum
probari potest pertinet.

(3) Pellat. Revue de Droit français et étranger, 1846, t. III, p. 879. Gide, op.
cit., p. 418, n° 2. Accarias, op. cit., t. II, p. 721, n° 2.

déléguée à titre de dot. C'est, qu'en effet, en suivant l'idée
qui nous a servi de point de départ, la prestation faite par
le délégué est censée émaner de la femme elle-même ; or,
si la dot avait été constituée par la femme, certainement,
c'est elle qui en aurait assumé les risques, sauf dol ou
faute de la part du mari. De plus, quelle raison invoquer
pour distinguer le cas où la dot consiste en une créance
du cas où elle consiste en objets corporels dont le mari
devient propriétaire (1) ?

Le mari ne sera donc responsable que s'il y a eu faute
de sa part ou s'il accepte les risques, et il est présumé les
avoir acceptés notamment quand au moment de la délégation il connaissait l'état d'insolvabilité du débiteur (2),
quand il a poursuivi le débiteur en paiement des intérêts (3), quand il a fait novation avec lui (4).

On objecte à cette théorie le fragment 6 au Digeste

(1) D. f. 56 (23, 3). Si is qui Stichum mulieri debet in dotem delegatus sit,
et antequam solveret debitor, Stichus decesserit... periculo mulieris Stichus
morietur.

D. f. 33 (23, 3) — f. 41, § 3 (23, 3). Si a debitore mulieris sub conditione
dos promittatur, et postea, sed antequam maritus petere posset, debitor solvendo esse desierit, magis periculum ad mulierem pertinere placet : nec
enim videri maritum nomen secutum eo tempore quo exigere non poterit. —
Même en acceptant notre solution (Accarias, loc. cit.) on estime que ce texte
présente une dérogation aux règles générales de la délégation et que le délégataire quel qu'il soit ne supporte pas les risques de la délégation conditionnelle. Mais le texte ne s'applique pas au délégataire en général, il s'applique
seulement au mari et la solution qu'il donne découle de cette idée que le
mari en principe ne supporte pas les risques de la dot.

D. f. 71, (23, 3). Cum dotem mulieris extraneus promisit mulieris periculum est.

(2) D. f. 41, § 3, i. f. (23. 3). Quod si jam tunc debitor cum sub conditione
promitteret solvendo non fuerit, periculum viri esse...

(3) D. f. 71, i. f. (23, 3). Sed si maritus, nomen secutus, usuras exegerit, periculum ejus futurum respondetur.

(4) D. f. 33 (23, 3). Dotem a patre vel a quovis alio promissam, si vir mo-
randi causa stipuletur, cœpit viri esse periculum : cum ante mulieris fuisset.

(23. 4) (1) qui suppose une convention formelle mettant les risques à la charge de la femme. Si, dit-on, il a fallu une clause spéciale pour entraîner sa responsabilité, c'est donc qu'en principe elle ne lui incombe pas. Ceci peut parfaitement s'expliquer avec notre théorie, la convention à laquelle il est fait allusion aura pour but en effet de faire supporter les risques à la femme, même dans les cas exceptionnels où, nous venons de le voir, les risques doivent être supportés par le mari. D'ailleurs la fin de ce texte peut être invoqué à l'appui de notre opinion : elle nous montre en effet une convention formelle faisant passer les risques sur la tête du mari, raisonnant comme nos adversaires nous dirons : Puisqu'une clause formelle est nécessaire pour faire passer les risques sur la tête du mari c'est qu'en principe il ne doit pas les supporter. La vérité est que ce texte ne nous donne pas de lumières sur la question mais nous montre seulement que des conventions spéciales peuvent au gré des parties faire reposer les risques de la dot sur l'un ou sur l'autre époux.

Le paiement, avons-nous dit, doit être considéré comme fait par le délégant lui-même, nous en tirerons les conséquences suivantes :

Le délégant est un émancipé qui doit la *collatio bonorum*, il se libérera de son obligation aussi bien en faisant une délégation qu'en faisant lui-même la *collatio* (2).

C'est par erreur que la délégation a été faite, le délégant croyait être débiteur et ne l'était pas en réalité, ou bien il

---

(1) D. f. 6 (23, 4). Pomponius ait maritum non posse pacisci... quamvis pacisci possit ne sit periculo ejus nomen debitoris qui ei dotem promisit : nam et ut sit dos periculo mulieris pacisci eum posse probat et per contrarium ut ea dos, quæ periculo mulieris est, sit periculo mariti.

(2) D. f. 1, § 12 (37, 6)... Dicendum est emancipatum satis coutulisse videri. Idem et si nomen paterni debitoris delegaverit.

pouvait opposer une exception perpétuelle, peu importe, il aura contre le délégataire la *condictio indebiti* comme s'il eût payé lui-même (1) ; d'ailleurs si le délégataire a reçu l'indu sciemment, sa mauvaise foi le rend coupable d'un *furtum* (2) et le délégant pourra exercer contre lui les actions qui en dérivent (3).

b) Donation. C'est entre le délégant et le délégataire que vont se produire les relations de donateur à donataire (4) ; l'objet de la promesse ou de la *datio* excède-t-il le taux prescrit par la loi *Cincia* (si d'ailleurs la donation est faite entre personnes *non exceptœ)* le donateur pourra agir contre le délégataire pour lui réclamer l'excédant *(5)*.

(1) D. f. 1, § 11 (44, 5). Si libertus debitorem suum patrono delegaverit... libertus a patrono per condictionem hoc repetet. — Dans cette espèce, le débiteur pouvait opposer l'exception *onerandœ libertatis causa.*

(2) D. f. 18 (13, 1). Quoniam furtum sit cum quis indebitos nummos sciens acceperit.

(3) D. f. 44, pr. (47, 2), Si jussu debitoris ab alio falsus procurator debitoris accepit, debitor iste tenetur furti et nummi debitoris erunt.

(4) D. f. 2, § 2 (39, 5), Cum vero ego Titio pecuniam donaturus, te, qui mihi tantumdem donare volebas jussero Titio promittere inter omnes personas donatio perfecta est.

(5) D. f. 21 § 1 (39, 5). Sed si debitorem meum tibi donationis immodicœ causa promittere jussi, an summoveris donationis exceptione necne tractabitur. Et meus quidem debitor exceptione te agentem repellere non potest... Sed ego (si quidem pecuniœ a debitore meo nondum solutœ sint) habeo adversus debitorem meum rescissoriam in id quod suprà legis modum tibi promisit : ita ut in reliquum tantummodo tibi maneat obligatus ; sin autem pecunias a debitore meo exegisti, in hoc quod modum legis excedit habeo contra te condictionem. — Suivant M. Gérardin. (Cours de Pandectes 1885-1886), ce texte serait interpolé et serait en désaccord avec la théorie de la loi Cincia, telle qu'elle résulte notamment des F V n" 310 et 311. Voici quel est, d'après notre savant maître, le mécanisme de la loi Cincia : la donation excessive produit en droit pur tout son effet (de même que l'acte accompli par la femme au mépris du sénatusconsulte Velléien) mais tant que le donateur n'aura pas perdu toute relation avec la chose donnée, il aura le droit de se rétracter et de refuser entièrement l'exécution de la donation ; mais, s'il s'est dépouillé en droit et en fait, la donation est totalement irrévocable. Ce procédé laisse au donateur le temps de la réflexion. Quant à notre texte on a voulu le mettre d'accord avec la théorie de l'insinuation qui, elle consacre une nullité partielle n'ayant d'effet que pour ce qui excède le taux légal.

Ici, contrairement à l'économie générale de la loi Cincia, le donateur est muni d'une *condictio*. Comment expliquer cela ? C'est que la promesse ayant été faite par un tiers le donateur se trouve désarmé, tandis qu'au cas où la promesse émane de lui l'exception lui suffit. Au cas où la promesse n'est pas encore exécutée, le délégant a immédiatement action contre le délégué pour faire réduire son obligation vis-à-vis du délégataire, c'est que la loi *Cincia* ne procédait qu'avec une extrême timidité et un grand respect pour les donations ; elle consacrait ce moyen préventif et détourné plutôt que de laisser s'exécuter la promesse quitte à permettre ensuite au délégant d'actionner le donataire ; d'ailleurs il nous semble que l'exercice de cette *condictio* donnée au délégant contre le délégué devait nécessiter la mise en cause du délégataire puisque le résultat était d'atteindre la créance acquise par ce dernier contre le délégué, on ne peut pas être dépouillé d'une créance malgré soi ou du moins sans être appelé au débat dont sortira la réduction de cette créance.

Cette donation peut revêtir le caractère d'une constitution de dot, eh bien ! que la dot soit constituée par la femme ou celui qui agit par son ordre, l'objet donné ou promis sera dotal (1), c'est à la femme que la restitution sera faite à la dissolution du mariage ; et le débiteur de la femme délégué par elle pourra comme la femme elle-même s'engager envers le mari par voie de *dotis dictio* (2).

Cette donation a été faite entre époux, par exemple un mari *donandi causâ* délégue son débiteur à sa femme, le

______

(1) D. f. 14, § 1 (23, 5). Si mulieris nomine quis fundum in dotem dederit, dotalis fundus erit.

(2) Ulpien, Reg. VI, § 2.

débiteur est censé avoir payé sa dette au mari et le mari
avoir ensuite versé les deniers à la femme ; les donations
entre époux étant prohibées, cette *datio* du mari à la femme
n'a pu transférer la propriété, le mari est resté propriétaire
et répétera contre la femme la somme à elle versée par le
délégué, c'est donc bien entre le délégant et le délégataire
que vont s'établir les relations issues de la donation (1).

c.) Contrat. Nous appliquerons le même principe : le
contrat qui va naître dépendra dans sa formation et ses
effets des relations existant entre le délégant et le délégataire, comme si le délégant avait fait lui-même la prestation destinée à le rendre créancier.

J'ai voulu faire un prêt d'argent, et à cet effet je vous ai
délégué une tierce personne, c'est moi qui deviens votre
créancier, c'est contre vous que j'ai la *condictio* comme si je
vous avais livré moi-même les deniers (2).

J'ai voulu conclure avec vous un contrat innommé, je
puis vous faire par l'intermédiaire du délégué la prestation qui va engendrer à mon profit contre vous l'action
præscriptis verbis.

Vous m'avez demandé la concession d'un précaire, je
vous l'octroie, en faisant exécuter par mon délégué la *datio*
nécessaire, le précaire se forme, les relations qui en naissent vont nous lier, et j'ai contre vous l'interdit *de precario* (3).

---

(1) D, f. 3, § 12 (24, 1)... nummos factos mariti non uxoris.

(2) D. f. 9, § 8 (12, 1)... nec dubitari quin si meam pecuniam tuo nomine voluntate tua dedero, tibi adquiratur obligatio.

D. f. 15 (12, 1)... Si tibi debitorem meum jussero dare pecuniam, obligaris mihi, quamvis meos nummos non acceperis.

D. f. 34 (17, 1)... Si a debitore meo jussero te accipere pecuniam, credita fiat, id enim benigne receptum est.

(3) D. f. 8 (43,26)... Ab illo precario habes, ostendunt ei demum competere interdictum a quo quis precario rogavit, non cujus res est.

2° La prestation faite par le délégué au délégataire est considérée comme faite au délégant. Ceci nous amène à étudier les relations du délégué avec le délégant comme nous venons d'étudier les relations du délégant avec le délégataire. La prestation considérée à ce point de vue servira encore à réaliser soit un paiement, soit une donation, soit un contrat.

a.) Paiement. Sur mon ordre vous faites au délégataire une *datio* ou une promesse *solvendi causâ*, le paiement est censé fait à moi-même (1). Comment va s'opérer cette libération ? Il faut rapporter ici les distinctions que nous avons présentées plus haut, au cas de *datio* nous aurons un paiement ou une *datio in solutum*, au cas de promesse, si le délégataire a stipulé en ces termes : *Id quod Titio debes spondesne ?* ce sera une novation, c'est bien en effet la dette du délégué envers le délégant qui se trouve *deducta in stipulationem*, avec toute autre formule ce sera une *datio in solutum*.

Si c'est par erreur que je me suis laissé déléguer, croyant vous devoir et ne vous devant rien en réalité, je suis sans doute irrévocablement tenu envers le délégataire, mais contre le délégant, je suis armé de la *condictio indebiti* soit pour me faire restituer les deniers versés, soit au cas où ils ne l'auraient pas encore été, pour poursuivre ma libération (2).

---

(1) D. f. 49 (46, 3). Solutam pecuniam intelligimus si numerata sit creditori. Sed et si jussu ejus alii solvitur absolvi debet.

D. f. 64 (46, 3). Cum jussu meo id quod mihi debes solvis creditori meo, et tu a me et ego a creditore meo liberor.

(2) D. f. 13 (46, 2). Si non debitorem quasi debitorem delegavero creditori meo, exceptio locum non habebit, sed condictio adversus eum qui delegavit competit.

D. f. 12 (46, 2)... Is qui delegavit, tenetur condictione, vel incerti si non pecunia soluta esset, vel certi si soluta esset.

Le délégant était un pupille, c'est à lui que le paiement est censé fait et de même que s'il avait été fait directement entre ses mains, si l'*auctoritas tutoris* n'est point intervenue, il pourra réclamer un second paiement à moins qu'on ne prouve que le premier lui ait profité (1).

Un héritier me doit la restitution d'un fidéi-commis, si sur mon ordre il la fait à un tiers, c'est à moi qu'est censée faite la restitution (2).

b) Donation. Les relations de donateur à donataire vont s'établir entre le délégué et le délégant. Si le *modus legitimus* a été dépassé, le délégué fera réduire la donation en exerçant la *condictio* contre le délégant (3).

Cette donation est-elle une constitution de dot, le délégant est censé recevoir la dot et le délégué la constituer, l'objet de la *datio* ou de la promesse aura le caractère dotal bien qu'il n'entre pas directement dans le patrimoine du mari, et celui-ci en devra la restitution comme s'il avait été livré à lui-même (4).

Liberatio est res incerta quia incorporalis quæ sub sensum non cadit nous dit Cujas Cⁿⁱ ad h. l.

V. aussi : f. 9, § 1 (12, 4) et f. 78, § 5 (23, 3).

(1) D. f. 15 (46, 3). Pupillo solvi sine tutoris auctoritate non potest, sed nec delegare potest.

D. f. 66 (46, 3). Si pupilli debitor jubente eo sine tutoris auctoritate pecuniam creditori ejus numeravit, pupillum quidem a creditore liberat, sed ipse manet obligatus, sed exceptione se tueri potest.

V. aussi le f. 16 (44, 4), qui applique au furiosus la même règle et le f. 4, § 26 (44, 4), qui a trait au pupille et au furiosus,

(2) D. f. 65, § 4 (36, 1). Si singulæ res ab herede traditæ sunt jussu meo ei, cui eas vendiderim : non dubitabimus mihi intelligi factam restitutionem.

(3) D. f. 5, § 5 (44, 4). Si eum qui volebat mihi donare supra legitimum modum delegavero creditori meo.. condictione tenetur debitor qui delegavit... ut vel liberet debitorem, vel si solvit ut pecunia ei reddatur. — Nous avons vu plus haut pourquoi la *condictio* était ici nécessaire.

(4) D. f. 19 (23, 3). Etiamsi alii, jussu mariti, dos detur nihilhominus maritus de dote obligatur.

D. f. 39 (h. t.)... de dote virum teneri.

D. f. 14 pr. (23, 5). Si nuptura Titio voluntate ejus fundum dotis nomine Mævio tradit, dos ejus conditionis erit cujus esset si ipsi Titio fundum tradidisset.

c) Contrat. Le délégué a voulu faire au délégant un prêt d'argent, mais au lieu de lui verser les deniers, il les a promis ou versés au délégataire, peu importe, le délégué a contre le délégant la *condictio ex mutuo* (1).

Une vente a été conclue entre nous, mais au lieu de recevoir moi-même livraison de la chose vendue, je vous charge de faire cette livraison à un tiers à qui par exemple j'ai revendu cette chose, eh bien! les effets de la vente vont se produire entre nous comme si j'avais reçu moi-même livraison de la chose, et au cas d'éviction j'aurai action contre vous (2).

C'est un contrat innommé qui est intervenu entre nous, par exemple sur mon ordre vous livrez votre chose à Titius qui me l'a demandée en précaire, c'est comme si vous l'aviez livrée à moi-même et vous avez contre moi l'action *præscriptis verbis* (3).

Donc, aucun doute sur ce point, la délégation produit effet vis-à-vis du délégant ; comment expliquer cet effet ? c'est ce qui nous reste à voir.

Et d'abord comment le délégant intervient-il ? c'est par un ordre, un *jussus* qui vient se souder à l'acte reliant le délégué au délégataire. De par notre définition en effet, la délégation contient deux éléments : un ordre, un acte qui le réalise. Lequel de ces deux éléments va nous fournir l'explication cherchée ? Étudions d'abord l'ordre donné par le délégant.

---

(1) D. f. 19, § 3 (14, 3)... Cui pecuniæ creditæ contrà eum qui delegavit actio quæsita est.

(2) D. f. 61 (21, 2). Si quod a te emi et Titio vendidi voluntate mea Titio tradiderim, de evictione te mihi teneri, sicuti si acceptam rem tradidissem placet.

(3) D. f. 8 (43, 26). Dicendum est in factum dandam actionem. Gide, op. cit., p. 410, n° 2.

A qui cet ordre s'adresse-t-il ? Au délégué et au délégataire, il faut bien en effet qu'ils sachent que l'acte passé par eux a trait aux relations qui lient chacun d'eux avec le délégant et à raison desquelles est intervenue la délégation. Mais ceci n'est point absolu, l'ordre peut très bien n'être adressé qu'à l'une des parties. Et, en effet, on ne peut se passer du consentement et du concours du délégué d'où émane la prestation, promesse ou *datio*, qui forme l'élément extérieur de la délégation, et ceci est vrai, nous l'avons vu, quand même elle se réaliserait par *litis-contestatio*; au contraire le consentement du délégataire peut parfaitement faire défaut. Nous savons que vis-à-vis de lui, la délégation peut réaliser un contrat, un paiement ou une donation, or si pour le contrat le consentement des parties est expressément requis (1), il n'en va plus de même pour le paiement ni la donation qui n'exigent pas le consentement de celui qui en bénéficie (2). On peut donc être délégataire sans le vouloir et sans le savoir, et le *jussus* alors ne s'adressera qu'au délégué. Ceci suppose d'ailleurs que l'acte réalisant la délégation n'implique pas non plus le concours du délégataire, s'il s'agit d'un paiement, le *jussus dandi* se résoudra en un ordre de faire des offres suivies de consignation, si c'est une donation, on peut supposer que le délégué a fait la *datio* ou la promesse non plus au délégataire mais au créancier de celui-ci.

Sous quelle forme se produit cet ordre et quels en sont les caractères ? Il n'est soumis à aucune forme déterminée (3), et les jurisconsultes romains emploient pour le

---

(1) Hoc enim nisi inter consentientes fieri non potest.

(2) D. l. 23 (46, 3). Inviti et ignorantes liberari possumus.

D. l. 69 (50, 17). Invito beneficicium non datur.

(3) D. l. 17 (46, 2). Delegare scriptura vel nutu, ubi fari non potest, debitorem suum quis potest.

définir les expressions les plus diverses : *voluntas* (1), *permissus* (2), *jussus* (3), *delegatio* (4). Il peut précéder ou accompagner l'acte, il peut même intervenir après coup (5). Il consiste dans une simple manifestation de volonté unilatérale (6), aussi n'engendre-t-il aucun rapport obligatoire entre celui qui le donne et celui qui le reçoit, le délégué n'est point tenu de l'accomplir (7), le délégant peut le révoquer à son gré (8), et sa mort en arrêtera les effets (9).

Le *jussus* du délégant se rapproche, on le voit du *jussus* donné par le *dominus* à son esclave, ou par le *paterfamilias* au fils de famille. Ils ont pour caractères communs d'être révocables (10) et de ne pas être obligatoires pour celui qui les reçoit (11) et pour effet commun de réagir sur celui qui les donne. Mais pourquoi le *jussus* réagit-il sur le *paterfamilias* ou le *dominus* dont il émane ? Le voici : c'est que le fils ou l'esclave ne sont que des extensions de la personnalité juridique du *jubens*, et que

(1) D. ff. 61 (21, 2). 33, § 3 (39, 5).

(2) D. f. 106 (46, 3).

(3) D. ff. 59 § 1 (23, 3). 49 (46, 3).

(4) D. f. 21, pr. (39, 5).

(5) D. f. 22 (46, 2). Si quis absente me a debitore meo stipulatus est novandi animo, ego postea ratum habuero, novo obligationem.

(6) On l'a à ce point de vue comparé à l'*interpellatio* ou mise en demeure laquelle produit effet par la simple manifestation de volonté de celui de qui elle émane indépendamment de toute acceptation de celui à qui elle s'adresse. Il nous semble ressembler surtout à la *pollicitation* en matière de conventions.

(7) C. 6 Code (8, 42) Nec creditoris creditori quisquam invitus delegari potest.

(8) D. f. 38, § 1 (46, 3). Si debitorem meum jusserim Titio solvere, deinde Titium vetuerim accipere.

(9) D. f. 108 (46,3)... Ei autem cui jussi debitorem meum post mortem meam solvere, non recte solvitur. — D. f. 19, § 3 (39, 5).

Il ne sera irrévocable et transmissible aux héritiers, qu'au cas où destiné à réaliser une cession de créance, le délégant était tenu de le donner. Gide, op. cit., p. 291 sq.

(10) D. f. 1, § 2 (15, 4).

(11) D. f. 21 (23, 2).

d'ailleurs les créances pouvant s'acquérir par l'intermédiaire des personnes *alieni juris*, il était naturel que corrélativement l'on pût par elles devenir débiteur. Mais le *jussus* du délégant ne saurait avoir la même vertu, il s'adresse en effet à une *extranea persona* et non à une personne en puissance par le canal de laquelle les droits et les obligations puissent venir rejaillir sur le délégant. On ne peut donc pas arriver à l'explication que nous cherchons en assimilant le *jussus* du délégant à celui du *pater* ou du *dominus*; mais une autre explication a été proposée qui s'appuie elle aussi sur les caractères du *jussus*, c'est la suivante :

La délégation a-t-on dit, est une espèce de mandat (1), dans lequel le délégant joue le rôle de mandant, le délégué et le délégataire le rôle de mandataires, et c'est en vertu de ce double mandat (2) que les effets de la délégation se produisent vis-à-vis du délégant. Ne rencontre-t-on pas souvent dans les textes le terme *mandare* pour caractériser la délégation (3) et si l'on objecte que l'expression *mandare* n'a pas en Droit romain un sens absolument technique, ne voyons-nous pas (ce qui est bien caractérisque) de nombreux textes sanctionner les rapports issus de la délégation au moyen des actions *mandati*. De plus, ne découvre-t-on pas entre le *jussus* et le mandat des traits communs (la révocabilité, l'extinction par la mort du mandant ou du *jubens*) qui doivent en faire présumer l'étroite connexité ?

Cette explication est inadmissible. Sans doute, le man-

<hr>

(1) Delegatio debitoris vel non debitoris species est mandati... Cujas C⁰ ad. l. 12, D. (46, 2).

(2) Accarias, op. cit., II. 717.

(3) D. II. 77, § 6 (31), 45, § 4 (17, 1). Code C⁰ 12 (8, 43).

dat comme la délégation met en jeu trois personnes, et même, il faut le reconnaître, il se pourra très bien que le mandat produise directement et immédiatement en la personne du mandant le même effet que la délégation vis-à-vis du délégant, par exemple : Je vous donne mandat d'acquitter ma dette envers mon créancier, vous faites le paiement et, bien que je n'y aie pas participé du moins d'une façon matérielle et effective, je serai immédiatement libéré. Est-ce par application des règles du mandat que ce résultat se produit ? En aucune façon, c'est par application des règles du paiement et en vertu de ce principe que satisfaction étant donnée au créancier, l'effet libératoire se produit vis-à-vis du débiteur (1). Il en sera de même, si au lieu d'un paiement, il s'agit d'une donation : pourvu qu'il y ait enrichissement d'un côté et appauvrissement de l'autre dans une intention libérale, il y a donation (2).

A cet égard, nous trouvons une ressemblance avec la délégation, mais non une délégation véritable, et voici pourquoi : c'est que, dans les espèces prévues, on n'a pas cherché à réaliser par un acte unique deux buts différents mais un seul, le paiement ou la gratification du tiers et c'est dans ce but unique que le mandat a été conclu entre nous. Le même raisonnement s'appliquerait si au lieu de charger mon mandataire de payer en mon nom je l'avais chargé de recevoir.

Voici encore une hypothèse où la délégation et le mandat se trouvent mêlés, mais sans se confondre : Vous êtes mon mandataire général et j'ai un compte avec vous, alors en vous chargeant de payer ou de recevoir pour moi, je

____

(1) D. f. 52 (46, 3). Satisfactio pro solutione est.

D. f. 53 (46, 3) Solvere pro ignorante et invito cuique licet.

(2) D. f. 5, § 8 (24, 1).

fais une véritable délégation, car alors deux buts sont atteints du même coup : le paiement, l'exécution du mandat, mais d'un mandat préexistant et non pas conclu en vue de ce paiement particulier (1).

Quant à la question de savoir si, en payant sur mon ordre, vous avez voulu être mon mandataire ou bien mon prêteur ou mon donataire auquel cas nous aurions une délégation, cela dépend bien évidemment de l'intention des parties, il s'agira alors d'interpréter la convention intervenue entre nous, le mandat étant un contrat purement consensuel.

Nous ne devons pas nous laisser surprendre par cette ressemblance entre les effets du mandat et ceux de la délégation, elle s'explique comme nous l'avons vu, par des considérations spéciales, et rien ne nous permet d'en inférer un rapport de genre à espèce entre les deux combinaisons juridiques qui nous occupent. Mais alors en quoi consiste la différence essentielle entre la délégation et le mandat? Elle consiste en ce que dans la première, nous l'avons constaté, les effets de l'acte intervenu rejaillissent directement sur le délégant sans avoir besoin d'intermédiaire ; dans le second au contraire, et dans la conception romaine du mandat ; l'acte que le mandataire passe avec le tiers est *res inter alios acta* pour le mandant, seulement le résultat de l'acte lui sera transféré au moyen de l'action issue du mandat, par exemple je vous charge d'acheter pour mon compte une maison, vous l'achetez comme si c'était pour vous, comme si vous deviez en rester toujours et définitivement acquéreur, rien à l'extérieur

---

(1) D. f. 45, §4 (17, 1). Sed si mandavero tibi ut creditore meo solvas, tuque expromiseris et ex ea causa damnatus sis, humanius est in hoc casu mandati actionem tibi competere.

D. f. 57, § 1 (12, 6). Creditor ut procuratori suo debitum reddetur mandavit.

ne montre que cette opération n'ait pas été pour votre compte personnel, et moi par l'*actio mandati directa* je vous demanderai de me transférer le bénéfice du contrat, et alors, remarquons-le, cette vente intervenue entre le mandataire et le tiers est en droit sinon en fait absolument indépendante du mandat, ils contractent dans les mêmes termes que s'ils agissaient tous deux pour leur propre compte, l'acte qui se passe entre eux est un *negotium* qui se suffit entièrement à lui-même. En matière de délégation au contraire, ce n'est pas un *negotium* qui intervient entre le délégué et le délégataire, mais un acte matériel, une *res* qui trouve son point d'appui et sa raison d'être dans les deux *negotia* qui relient le délégant et le délégué d'une part, le délégant et le délégataire de l'autre.

Si un *negotium juris*, un contrat consensuel par exemple est conclu entre deux personnes sur l'ordre d'un tiers, nous sommes en présence d'un mandat et non d'une délégation parce que l'effet de cet acte ne rejaillira sur celui qui l'a ordonné que par l'intermédiaire de l'*actio mandati* et non d'une façon directe.

Sans doute, le mandat peut, aussi bien que la délégation, avoir pour objet une *res*, mais alors le *negotium*, base de cette *res*, se produira elle aussi entre le mandataire et le tiers. C'est ce qui se passe au cas de *mandatum pecuniæ credendæ*. Je vous donne mandat de prêter de l'argent à un tiers, c'est entre vous et ce tiers que se passe l'opération toute entière, vous êtes le prêteur, il est l'emprunteur, quant à moi je n'ai aucune relation avec lui, aucun *negotium* ne nous rattache l'un à l'autre, je ne connais que vous à qui je suis uni par un rapport de mandat aux termes duquel je devrai vous indemniser des risques de votre opération et notamment vous garantir contre l'insolvabilité de l'emprunteur.

Le mandat est donc, en principe, impuissant par lui-même à faire réfléchir sur le mandant les effets de l'acte intervenu entre le mandataire et le tiers, la délégation qui produit justement l'effet inverse ne saurait donc être une espèce de mandat.

Mais comment expliquer les textes qui, dans des cas certains de délégation, octroient aux intéressés les actions de mandat. C'est que :

a) Il se peut, comme nous l'avons indiqué plus haut, que l'on fasse la délégation en vue précisément de mettre à exécution un mandat préexistant ; le *negotium juris* unissant le délégant, soit au délégué soit au délégataire, est précisément un rapport de mandat, mais il faut que ce mandat soit un mandat général et n'ait pas été conclu uniquement en vue de l'acte en question, nous n'aurions plus alors de délégation.

b) Il se peut que les parties, pour donner plus d'énergie à leurs droits, aient accolé à la délégation par eux faite, un mandat dont les effets iront compléter les effets de la délégation, par exemple : voulant faire des prêts à des tiers, je vous délègue à eux, je deviens immédiatement leur créancier *ex mutuo*, mais en même temps, si je vous ai donné une commission sur les opérations par vous réalisées, et qu'il y ait à cet égard compte à faire entre nous, j'aurai contre vous l'*actio mandati directa*, en même temps que la *condictio* contre les tiers (1). De même, si le délégataire a à rendre compte au délégant des sommes que lui a versées le délégué, le délégant aura contre le délégataire l'action *mandati directa* (2).

(1) D. l. 6, § 6 (17, 1).
(2) D. l. 57, § 1 (12, 6). — Salpius op. cit. p. 57.

Si le delégant peut être muni de l'action *mandati directa,* par une corrélation qui s'impose, il peut être soumis à l'action *mandati contraria.* Le délégué usera de cette action lorsqu'il aura payé à découvert et fait ainsi une avance au délégant, et qu'il voudra alors bénéficier de cette situation spéciale pour renforcer par une action de bonne foi la *condictio* qu'il a déjà.

Par exemple, le délégué ne devait rien au délégant, ou, du moins, il pouvait s'abriter sous une exception de dol : par erreur, il se laisse déléguer, il a la *condictio indebiti* contre le délégant pour réclamer, soit sa libération, soit les deniers par lui versés, mais en même temps, ayant fait une avance (*cum ipse præstiterit pecuniam*), l'action *mandati contraria* lui compète (1).

Le délégataire lui, aura l'action *mandati contraria* contre le délégant, lorsque celui-ci voulant garantir la solvabilité du délégué a intercédé pour lui au moyen d'un mandat, le délégataire a alors stipulé *periculo delegantis* (2).

Quant aux ressemblances signalées entre le *jussus* et le mandat, elles ne prouvent absolument rien, car elles se rattachent à des principes différents : le *jussus* est révocable et intransmissible parce que c'est une simple manifestation de volonté unilatérale, le mandat a les mêmes caractères non par cette raison car c'est un véritable contrat, mais parce qu'il implique la confiance comme élément essentiel (3).

---

(1) D. f. 12. i. f. (46. 2). Is qui delegavit tenetur condictione... et ideo cum ipse præstiterit pecuniam, aget mandati judicio.

(2) Voir les textes cités en note, page, 37, n° 1.

(3) Cujas qui, nous l'avons vu, appelle la délégation une espèce de mandat, dit dans un autre passage de ses œuvres: delegatio non est mandatum, C** ad. f. 11 (36, 1).

Le *jussus* du délégant ne doit donc être confondu ni avec le *jussus* du *pater* ou du *dominus* ni avec le mandat. Par conséquent, ce n'est pas dans les caractères particuliers du *jussus* qu'il faut chercher la solution du problème qui nous occupe. Ce *jussus* nous apparaît simplement comme une manifestation de volonté qui donne le branle à l'opération, en est un élément indispensable et dont il est impossible de faire abstraction sans faire évanouir du même coup la délégation elle-même. En effet, si par l'intermédiaire d'un tiers je dois devenir créancier ou débiteur mon *jussus* est absolument; requis car il n'y a pas de contrat sans consentement si je dois être libéré de ma dette ou devenir donataire, ici mon consentement n'est plus nécessaire, mais si nous n'avons plus de *jussus*, nous n'avons plus de délégation, car nous n'avons plus de délégant, de donneur d'ordre; mais cet élément si essentiel qu'il soit est impuissant à lui tout seul, nous l'avons vu, à transmettre à la personne du délégant les effets de l'acte intervenu entre le délégué et le délégataire, de cet acte qui forme le second élément de la délégation, c'est donc à ce second élément qu'il faut nous attacher pour résoudre notre problème.

Ici se présente l'explication proposée par M. Gide (1). Le savant auteur fait remarquer que la délégation ne peut aboutir qu'à l'un de ces trois résultats : *Solvere, credere, donare.* « Or, dit-il, toutes les fois que le débiteur a de manière ou d'autre par lui-même ou par autrui fourni une prestation qui satisfait le créancier, il y a *solutio re*, il y a paiement. Ce que la jurisprudence admit pour le paiement, elle devait aussi l'admettre pour le contrat... Ici

____

(1) Gide, op. cit., p. 447, sq.

cependant, le progrès n'a dû se réaliser que plus tard...
Quant aux donations, la jurisprudence pour en réprimer
l'abus devait considérer comme une donation tout acte
quel qu'en fût la forme qui entraînait l'enrichissement du
donataire et l'appauvrissement du donateur ».

Cette théorie est parfaitement admissible pour expliquer
la réalisation par délégation d'un paiement ou d'une donation (et même, en ce qui concerne le paiement tout au
moins, nous avons constaté plus haut que dans le mandat
l'effet libératoire se produisait immédiatement dans la personne du mandant sans qu'il fût besoin de recourir aux
actions *mandati*). Elle peut aussi très bien rendre compte
de la formation par délégation d'un contrat innommé, la
prestation qui en est l'origine n'ayant rien d'étroitement
limité ni dans son objet ni dans son mode d'exécution,
mais elle ne nous paraît pas pouvoir s'appliquer au prêt
d'argent ; c'est qu'en effet ici, la *res* n'a plus ce sens large
que nous lui avons attribué jusqu'à présent, ce n'est plus
simplement cet élément matériel qui se superpose au
negotium juris pour l'accomplir et lui donner la perfection ;
non, la *res* est ici un élément de forme qui supplée à la
stipulation et la remplace, mais qui en a conservé certains
caractères. La *res* n'est pas simplement un appauvrissement économique d'une part et un enrichissement corrélatif d'autre part, c'est quelque chose de plus strict et de
plus étroit, c'est la tradition des deniers du prêteur à l'emprunteur, sans elle, le contrat ne peut se former, eh bien !
allons-nous pouvoir à cette formalité essentielle, indispensable à la naissance même du contrat en substituer une
autre ; une promesse faite par mon débiteur à mon emprunteur va-t-elle constituer une *res* sous prétexte qu'il y
a appauvrissement d'une part et enrichissement d'autre

part ? Nous ne le croyons pas, quant à nous, parce que le caractère formaliste du contrat s'y oppose. M. Gide reconnaît lui-même que la possibilité de se servir de la délégation pour les contrats a dû constituer un progrès assez tardif, c'est que ce progrès rencontrait précisément dans le caractère formaliste que nous venons de rappeler un obstacle considérable. Nous allons voir comment il a été levé.

L'explication que nous cherchons, nous allons la puiser dans les textes eux-mêmes, nous avons dit plus haut que la prestation du délégué au délégataire était censée faite au délégant d'un côté et faite par lui de l'autre, eh bien ! ce n'est pas là une simple formule rendant plus facile le groupement des effets de la délégation vis-à-vis du délégant, non, cette formule résulte de l'explication même que nous donnent les textes et qui est celle-ci : la prestation du délégué au délégataire est censée faite au délégant, est censée entrer dans son patrimoine puis faite par celui-ci au délégataire ; la délégation en définitive s'explique par la fiction d'une double prestation. Des textes aussi nombreux que formels mettent cette fiction en relief soit qu'il s'agisse d'une *datio* (1), soit qu'il sagisse d'une promesse (2). Et dès lors, tous les effets de la délégation s'expliquent d'eux-mêmes :

Je vous délègue à celui dont je veux devenir le prêteur. Serons-nous en présence d'une *res* capable d'engendrer la

(1) D. f. 15 (12, 1)... Videatur mihi data pecunia et a me ad te profecta.

D. 3, § 12 et 13 (24. 1)... perinde enim habendum atque si ego acceptam et rem meam factam uxori meæ dedissem,

(2) D. f. 187 (50, 16). Verbum exactæ pecuniæ non solum ad solutionem referendum est verum etiam ad delegationem.

D. f· 21, § 1 (33, 5)... perinde sum quasi exactam a debitore meo summam et tu illam ci credideris.

condictio à mon profit? Non, si nous nous en tenons à la partie extérieure et apparente de l'acte ; oui, si en vertu de la fiction dont nous venons de parler la *res* émane bien de celui qui devient emprunteur. C'est au moyen de cette fiction que l'idée de *res* dans le *mutuum* a fini par s'assouplir et qu'en définitive, le préteur d'argent a été soustrait à la règle générale qui prohibe la représentation dans les actes juridiques (1).

Le délégué s'est obligé par erreur, il a la *condictio indebiti* non contre le délégataire mais contre le délégant, car il est censé avoir versé les deniers directement à celui-ci. C'est le délégant qui a fait la délégation par erreur croyant devoir au délégué et ne lui devant rien, il a la *condictio indebiti* contre le délégataire auquel il est censé avoir fait la prestation.

Un fonds de terre est constitué en dot, au moyen d'une délégation, il est dotal ; pourquoi ? Au cas où le mari joue le rôle de délégant, c'est parce qu'il est censé avoir reçu lui-même livraison, au cas où c'est la femme qui délègue c'est que l'objet est censé avoir passé par les mains de la femme, avoir traversé son patrimoine (2).

Je vous achète un fonds de terre, puis je le revends et je vous donne ordre de le livrer à mon acheteur pour exécuter cette seconde vente. Vous me devez garantie parce que je suis censé avoir reçu de vous ce fonds de terre et l'avoir ensuite livré moi-même à mon acheteur (3).

(1) Accarias, op. cit., II, p. 412.

(2) D. f. 14, pr. et § 1 (23, 5). Si nuptura Titio voluntate ejus fundum dotis nomine Mævio tradit, dos ejus conditionis erit, cujus esset, si ipsi Titio fundum tradidisset. — Si mulieris nomine quis fundum in dotem dederit, dotalis fundus erit, propter uxorem enim videtur is fundus ad maritum pervenisse.

(3) D. f. 61 (21, 2). Si quod a te emi et Titio vendidi voluntate mea Titio tradideris, de evictione te mihi teneri, sicuti si acceptam rem tradidissem placet.

M. Gide veut voir dans les expressions des jurisconsultes non pas une explication des effets produits par la délégation, mais simplement une image expressive destinée à en faire plus clairement ressortir les effets, et il oppose à la théorie que nous proposons des textes où cette fiction est écartée, mais ces exceptions aux principes s'expliquent par des considérations particulières et ne sauraient anéantir la règle ; nous avons vu plus haut des cas où les principes qui régissent les relations entre le délégué et le délégataire subissaient eux-mêmes échec dans certaines hypothèses spéciales. Quoi qu'il en soit, M. Gide fait observer ceci :

1° Au cas où la délégation a pour objet une promesse faite par erreur, si le délégué n'a pas encore payé, il pourra réclamer du délégant non pas les deniers qu'il n'a pas encore versés mais seulement sa libération. Cela est vrai : mais voici pourquoi, c'est qu'une fiction ne peut pas aller plus loin que la réalité à laquelle elle est destinée à suppléer, le délégué s'est simplement obligé envers le délégataire, la fiction nous fait dire : il est censé s'être obligé envers le délégant et non pas : il est censé l'avoir payé. Dans ce cas, nous avons une fiction de deux prestations et non de deux numérations.

Nous n'admettons donc pas (1) que si mon délégué pour se libérer envers moi s'oblige envers vous, il y ait fiction de paiement ; non, il y a une novation qui suffit à éteindre la dette, l'idée de fiction ici n'a pas à intervenir pour expliquer cette libération, la formule de stipulation novatoire employée y suffit parfaitement.

2° Au cas de constitution de dot, si le délégué est insolvable, le mari ne sera tenu que de ce qu'il aura pu recou-

____
(1) Cà. Salpius, op. cit., p. 112.

vrer. C'est qu'ici, et nous l'avons développé plus haut, il faut combiner les règles de la délégation avec celles qui régissent la constitution de dot : quand il nous faudra expliquer pourquoi la créance du mari est dotale, nous devrons recourir à notre fiction, mais s'agit-il de rechercher quelle est l'étendue de l'obligation de restitution imposée au mari, ici un autre principe entre en jeu, à savoir que le mari n'est tenu de rendre que ce qu'il a effectivement touché.

3° Si la délégation a eu pour objet une donation, et que celle-ci soit révoquée, le donataire ne rapportera que ce qu'il aura effectivement reçu et il en sera de même s'il s'agit de calculer sur le montant de la donation la légitime ou la quarte Falcidie. Ici encore notre fiction devra être écartée pour la même raison, c'est que la question de savoir ce que le donataire est tenu de rapporter est une pure question de fait subordonnée entièrement à ce qu'a réellement reçu ce donataire.

M. Gide objecte encore :

1° Le fgt. 39 Dig. (24. 1). C'est un mari qui pour faire une donation à sa femme ordonne à son débiteur de s'obliger envers elle ; si le débiteur a payé, il a action directement contre la femme et peut invoquer contre elle la nullité de la donation entre époux. A ceci nous répondons que les règles de la *condictio indebiti* ont pour fondement unique l'utilité et l'équité ; dans l'espèce, nous ne la voyons donnée au débiteur qu'à une condition, il faut que les deniers n'aient pas encore été consommés, *si pecunia exstat*, dans l'hypothèse contraire c'est le mari qui a action contre la femme, la prestation est donc bien censée avoir passé par les mains du mari.

2° Le fgt. 21, § 1 Dig. (39.5). Je veux vous faire une

donation, et à cette fin je vous délègue mon débiteur, si la
donation dépasse le *modus legitimus* et que le débiteur
n'ait pas encore payé j'ai action contre lui pour faire réduire
l'obligation qui le lie envers vous, le jurisconsulte dans le
cours de cette loi fait bien allusion à la fiction de double
prestation, mais ne la condamne-t-il pas aussitôt en donnant la solution que nous venons de voir? — Nous avons
déjà eu occasion de rencontrer ce texte et nous avons montré que cette solution tenait au caractère particulier de la
loi Cincia, et que d'ailleurs l'action du délégant devait être
donnée non seulement contre le délégué mais contre le
délégataire dont il s'agit de réduire la créance.

Nous avons donc résolu notre second problème. Les
effets de la délégation vis-à-vis du délégant s'expliquent par
la fiction d'une double prestation, cette prestation part du
délégué pour passer chez le délégant et arriver enfin chez
le délégataire. Cette fiction d'ailleurs, n'est-elle pas bien
conforme à l'intention des parties? Lorsque le délégué
s'oblige ou fait une *datio*, n'a-t-il pas en vue ses relations
avec le délégant et lorsque le délégataire acquiert du chef
du délégué une créance ou un droit réel, n'a t-il pas en vue
lui aussi ses relations avec le délégant, la fiction ne fait
donc que ramener l'apparence à la réalité.

Cette étude nous a montré la souplesse du génie juridique des Romains qui d'une idée simple ont su tirer les
applications les plus variées et les plus fécondes.

—

DE LA SAISIE-ARRÊT

INTRODUCTION

1. L'article 2092 du Code civil donne au créancier sur les biens de son débiteur un droit de gage général que le Code de procédure met en œuvre et dont il réglemente les applications. A cet égard, la loi entre dans de nombreuses distinctions inspirées par l'intérêt du crédit ou des considérations d'humanité : elle tient compte de la nature des biens dont il faut consommer la réalisation, elle cherche à concilier les exigences légitimes du créancier avec les égards dus au débiteur malheureux, elle tend à ne pas énerver outre mesure la poursuite du premier, mais en même temps à ne pas compromettre sans garanties sérieuses le crédit et la réputation du second ; c'est ainsi, par exemple, que le débiteur pourra toujours arrêter l'exécution forcée par l'exécution volontaire, que certaines conditions assez sévères seront exigées de la créance et du titre dont est muni le créancier, que tous deux auront devant le Président du Tribunal civil siégeant en référé un recours rapide pour la protection de leurs droits respectifs.

1.

Ces divers modes de réalisation que le Code de procédure organise au profit des créanciers se nomment *saisies*. Le terme général de *saisie* éveille l'idée de la mise sous la main de Justice d'un objet pour la garantie de celui qui invoque un droit sur cet objet, mais on ne peut avoir une idée nette des saisies sans les étudier chacune en particulier, car la réglementation dont elles sont entourées a forcément un caractère arbitraire et variable, dépendant des choses auxquelles elles s'appliquent et des conditions dans lesquelles elles se produisent.

2. Si le débiteur répond des dettes qui le grèvent sur tout son patrimoine, les objets qui lui sont dus par un tiers, ou sont détenus pour son compte par ce tiers vont comme ceux qu'il a sous la main pouvoir être frappés de saisie, car ils font bien certainement partie de son patrimoine ; cette saisie a pour caractère particulier d'être exercée vis-à-vis d'un tiers à l'encontre du débiteur, elle s'appelle la saisie-arrêt *lato sensu*. Nous nous proposons de l'étudier.

La procédure de saisie-arrêt sur laquelle l'ordonnance de 1667 était muette « n'était réglée sous l'ancien droit que par des usages et des traditions divers et incertains et était une source de vexations et d'abus » (1). Elle fait l'objet au Code de procédure du Titre VIIᵉ du Livre V : « de Saisies-arrêts ou Oppositions ». Ces deux expressions sont tout à fait synonymes, la Section de Législation du Tribunat le fit observer (2). Le terme *saisie-arrêt* est plus juste et plus technique, le terme *opposition* s'appliquant à d'autres actes qui n'ont rien de commun avec l'objet de

---

(1) V. l'Exposé des Motifs présenté au Corps législatif, par **M. Réal** — séance du 11 mars 1806, Locré, t. XXII, p. 553.

(2) Locré, t. XXII, p. 352.

notre étude, par exemple, l'opposition au jugement par défaut, l'opposition au mariage, l'opposition au partage.

3. La saisie-arrêt *stricto sensu*, c'est l'acte émané du créancier contenant défense au tiers débiteur de son débiteur ou qui détient des effets pour le compte de celui-ci de se dessaisir. Le créancier s'appelle le saisissant, le débiteur le saisi, le tiers le tiers-saisi. On désigne par montant des causes de la saisie-arrêt la somme dont le saisissant est créancier et dont il poursuit le recouvrement. La saisie-arrêt est signifiée au tiers-saisi par exploit d'huissier, elle est suivie d'une procédure dont nous allons esquisser les traits principaux : Dans la huitaine de la saisie-arrêt, le saisissant la dénonce au débiteur saisi et l'assigne devant le Tribunal de celui-ci pour s'entendre condamner au paiement de ce que le créancier lui réclame, au cas où il n'a pas encore de titre exécutoire contre lui ; et dans tous les cas pour entendre prononcer la validité de la saisie-arrêt. Si les conclusions du créancier sont justifiées, le Tribunal rend un Jugement condamnant le débiteur, validant la saisie-arrêt, et ordonnant, en conséquence, que le tiers-saisi se libérera (videra ses mains, suivant l'expression consacrée) entre les mains du saisissant en déduction ou jusqu'à due concurrence de la créance de celui-ci. Ce Jugement s'appelle le Jugement de validité et forme titre exécutoire contre le débiteur et contre le tiers-saisi. Le saisissant n'a plus qu'à l'exécuter contre ce dernier, mais il ne peut entamer ses poursuites avant de savoir s'il est véritablement débiteur et jusqu'à concurrence de quelle somme, et alors, sur l'assignation à cette fin délivrée par le saisissant, le tiers-saisi devra faire sa déclaration affirmative, c'est-à-dire faire connaître s'il est débiteur, et de combien, en appuyant cette déclaration de pièces justificatives. A défaut de déclaration, le tiers-saisi est considéré comme débiteur pur et simple des causes de la saisie-arrêt. Si la déclaration est faite et non contestée, le tiers-saisi ne devra au créancier que ce dont il s'est déclaré débiteur; si elle est contestée, c'est le Tribunal qui fixera l'étendue de l'obligation du tiers-saisi.

4. Cette esquisse présentée, nous pouvons distinguer de la saisie-arrêt ou opposition d'autres actes qui portent eux aussi le nom d'opposition mais qui n'ont le caractère de la saisie-arrêt ni dans leur objet ni dans leur résultat :

a) L'opposition à partage pratiquée par le créancier d'un copartageant. Art. 882, 1476, 1872 C. c.. Elle a pour but d'éviter que le partage ne soit fait en fraude des droits de ce créancier, la saisie-arrêt aura un résultat plus énergique, celui de lui faire attribuer la somme à lui due. La saisie-arrêt pourra donc se cumuler avec l'opposition à partage (1), et aussi avec l'instance en partage pratiquée par le créancier d'un communiste aux termes de l'article 1166, C. c., car cette instance vaut opposition à partage (2). Quant à la saisie-arrêt pratiquée entre les mains des débiteurs de l'indivision, la Jurisprudence décide qu'elle vaut opposition à partage si elle a été dénoncée à tous les copartageants (3).

b) L'opposition faite par un héritier aux mains des débiteurs de la succession pour empêcher ceux-ci de se libérer aux mains de ses cohéritiers, il n'agit pas comme créancier de ceux-ci, mais il veut empêcher que ce qui

---

(1) Jugement du Tribunal civil de la Seine, 2ᵉ Chambre, 22 février 1882. Le Droit 1882, nᵒ 163.

(2) Arrêt de la Chambre civile de la Cour de Cassation, 23 mars 1881. Dalloz, périodique 1881, 1ʳᵉ partie, page 417.

(3) Arrêt de rejet de la Chambre des requêtes, 24 janvier 1837. Sirey 1837, première partie, page 106. — Req. Rej., 19 novembre 1838. S. 30, 1, 309.

peut lui être dû à lui par l'effet du partage ne leur soit versé à son détriment (1).

c) L'opposition faite aux termes de la loi du 15 juin 1872 sur les titres au porteur perdus ou volés : ici encore l'opposant veut empêcher le paiement à un tiers de ce qui lui est dû à lui (2).

d) L'opposition faite par le porteur d'une lettre de change non acceptée entre les mains du tiré pour l'empêcher de se dessaisir de la provision existante entre ses mains, c'est une application de cette idée qu'en matière de lettre de change la provision appartient au porteur (3).

e) L'opposition faite par le créancier de la succession entre les mains de l'héritier bénéficiaire. Art. 808, C. c.. Elle a pour résultat d'imposer à celui-ci un mode spécial de liquidation.

f) L'opposition faite à la vente d'objets saisis-exécutés par celui qui s'en prétend propriétaire, Art. 608, Proc.. C'est le préliminaire de l'action en revendication de ces objets.

Tous ces actes d'opposition sont valables et sortiront à effet sans qu'il y ait lieu de suivre la procédure de la saisie-arrêt, notamment sans qu'il soit besoin de les dénoncer dans la huitaine.

5. Si la saisie-arrêt est d'ordinaire indispensable pour faire parvenir au créancier l'émolument attaché aux créances de son débiteur, il est toutefois des cas où d'autres actes y suppléent.

a) Le Jugement déclaratif de faillite dessaisit le failli de

---

(1) Dalloz alphabétique, v. Saisie-arrêt, n° 250.

(2) Jugement du Tribunal de commerce de la Seine, 21 mai 1887, le Droit 1887, 127.

(3) Cass., 1 juin 1858, D. 58, 1, 387.

ses droits et empêche ses débiteurs de payer valablement
entre ses mains, la saisie-arrêt en temps qu'elle a pour but
d'interdire au tiers débiteur de se dessaisir est donc inutile ; d'autre part, les poursuites individuelles sont suspendues, et l'exercice des droits des créanciers passe au
syndic. D'où, les saisies-arrêts mêmes pratiquées avant le
jugement déclaratif et quand même l'instance en validité
serait en état avant ce jugement doivent tomber (1). On a
même décidé que le jugement déclaratif entraînant de plein
droit mainlevée de la saisie-arrêt, les Tribunaux n'avaient
pas besoin de la prononcer (2). Le syndic se fera autoriser
par simple ordonnance de référé à toucher les sommes
saisies-arrêtées, toutefois il ne pourrait critiquer le dépôt
régulièrement fait desdites sommes (3).

Cette interdiction du droit de saisir-arrêter n'a pour but
que de concentrer les poursuites entre les mains du syndic
et de faciliter la liquidation, mais elle doit sauvegarder
entièrement les droits des créanciers, ainsi :

1) Les effets de la saisie-arrêt pratiquée par un créancier
seront maintenus à l'encontre d'un autre saisissant dont
la saisie-arrêt validée avant le jugement déclaratif n'a pu
être atteinte par ce jugement (4).

2) Le droit de saisir-arrêter est maintenu nonobstant
la faillite : *a)* aux créanciers qui ne subissent pas la loi
du dividende et conservent le droit d'exercer des poursuites
individuelles, c'est ainsi que le bailleur a, en cas de faillite du locataire, le droit de saisir-arrêter aux mains du
commissaire-priseur le prix du mobilier réalisé par ce

<hr>

(1) Seine, 3ᵉ, 28 mars 1878, le Droit 1878, 230.
(2) Civ. Cass. 14 novembre 1883, le Droit 1884, 65.
(3) Civ. Cass. 4 juin 1888, la Loi, 1888, p. 130.
(4) Civ. Cass. 5 août 1856, D. 56, 1, 336.

dernier (1) ; *b)* aux créanciers qui ont traité non plus avec le failli, mais avec la masse même des créanciers représentée par le syndic : ce sont les créanciers de la masse par opposition aux créanciers dans la masse (2).

3) Si la faillite est clôturée par insuffisance d'actif, les créanciers recouvrent le droit d'exercer des poursuites individuelles et par conséquent de pratiquer des saisies-arrêts (3).

Si le commerçant débiteur est déclaré non pas en faillite mais en état de liquidation judiciaire, aux termes de la loi du 4 mars 1889 (4), les poursuites individuelles ne sont pas suspendues et suivent leurs cours, le jugement qui ouvre la déclaration judiciaire ne vaut donc pas saisie-arrêt.

b) Aux termes de l'article 609, Proc., en cas de saisie-exécution, les créanciers du saisi ne peuvent former opposition que sur le prix de la vente et non à la vente elle-même. Cette opposition sera signifiée à l'officier public chargé de la vente et au créancier saisissant et il n'y aura pas lieu de la dénoncer au saisi (5) ; la loi n'a pas voulu imposer aux créanciers les formalités de la saisie-arrêt, la procédure de distribution par contribution qui s'ouvrira faute d'accord entre les parties devant donner satisfaction aux intérêts de chacun.

On s'est demandé si l'article 609 précité devait être appliqué aux ventes volontaires de meubles faites par le ministère d'un officier public, la Cour de Rennes a répondu oui par arrêt du 20 mars 1880 (6) et la Cour de Caen a ré-

---

(1) Rouen, 8 mai 1886, D. 88, 2, 111.
(2) Paris, 2 février 1835, S. 35, 2, 347.
(3) Roger. Traité de Saisie-arrêt, 1860, n° 222 bis.
(4) Journal officiel du 5 mars 1889, p. 1133.
(5) Paris, 5°, 12 mai 1887. Gazette des Tribunaux, 22 juillet 1887.
(6) Rennes, 20 mars 1880. S. 81. 2. 57.

pondu non par arrêt du 11 février 1884, confirmé par un arrêt de rejet de la Cour de Cassation du 3 février 1886 (1). Comment la question a-t-elle pu se poser? L'article 609 présente une dérogation au droit commun qu'on ne saurait, semble-t-il, étendre par analogie; de plus, en matière de vente volontaire, l'officier public qui y procède n'est pas investi d'un mandat de justice dans l'intérêt des créanciers, il est le mandataire du vendeur auquel, en cette qualité, il doit le prix de la vente. Comment l'empêcher de payer, autrement que par la saisie-arrêt? Ce qui a fait naître la controverse, c'est l'article 8 de l'ordonnance du 3 juillet 1816, relative aux attributions de la Caisse des Consignations. Cet article fixe le délai dans lequel le dépôt des sommes à verser à la Caisse sera effectué et fait une distinction entre les sommes saisies-arrêtées et les sommes frappées d'opposition provenant soit de ventes sur saisie, soit de ventes volontaires, mais si la loi met les deux espèces de ventes sur la même ligne, en ce qui concerne le dépôt, elle ne s'explique pas, en ce qui concerne la forme des oppositions produites sur le prix provenant des ventes volontaires, elle doit donc rester soumise au droit commun.

c) Aux termes de l'article 685 Proc., en matière de saisie-immobilière, les loyers et fermages sont immobilisés par la transcription de la saisie, et un simple acte d'opposition vaut saisie-arrêt aux mains des fermiers et locataires: c'est que ces loyers et fermages iront grossir le prix principal de l'immeuble adjugé sur saisie-immobilière et seront compris dans le règlement d'ordre que dressera le juge-commissaire, la procédure toute individuelle de la saisie-arrêt ne se comprendrait donc pas.

(1) Req. Rej., 3 février 1886, D. 86. 1. 438

d) Au cas où le débiteur saisi cède la créance déjà saisie-arrêtée, la notification que fait le cessionnaire aux termes de l'article 1690, C. c. vaut saisie-arrêt, le cessionnaire est tout au moins devenu créancier, et la signification qui émane de lui, manifeste son intention d'être payé (1). A l'inverse, la saisie-arrêt pratiquée par le cessionnaire aux mains du débiteur cédé ne pourrait suppléer à la signification prescrite par l'article 1690 C. c. (2).

e) Le jugement qui prononce la distraction des dépens. Art. 133, Pr. (3).

6. Il est d'usage de classer les saisies en deux catégories, les premières, dit-on, sont des mesures d'exécution, les secondes des mesures conservatoires ou de précaution. Les premières sont pratiquées en vertu d'un titre exécutoire, précédées d'un commandement, et aboutissent sans qu'il soit nécessaire de recourir à la Justice (en principe du moins) à la vente des objets saisis ; les secondes à l'inverse sont pratiquées soit en vertu de titres purement privés, soit même sans titre avec l'autorisation du Président du Tribunal accordée par ordonnance sur requête ; et elles n'aboutissent à la vente que par l'intermédiaire d'un jugement prononçant la validité desdites saisies. On fait rentrer sans conteste la saisie-exécution, la saisie-brandon, la saisie des rentes, la saisie-immobilière dans la première catégorie, et dans la seconde la saisie-gagerie, la saisie conservatoire, la saisie foraine et la saisie-revendication. Dans quelle catégorie classer la saisie-arrêt ? La question est débattue et présente beaucoup d'intérêts pratiques que nous rencontrerons au cours de nos développements.

(1) V. infrà.
(2) Tribunal de l'Empire d'Allemagne, 11 juillet 1881, S. 1882. 4. 33.
(3) V. infrà.

On admet très généralement que la saisie-arrêt est une mesure conservatoire. En effet, dit-on, par l'exploit de saisie-arrêt le créancier ne tend pas à réaliser à son profit la créance qu'il saisit, il se borne à faire défense au tiers-saisi de payer son créancier, c'est là une précaution et non une exécution ; sans doute à la fin de la procédure le créancier sera en droit de toucher lui-même ce qui était dû à son débiteur ; alors, mais alors seulement, la saisie-arrêt devient une mesure d'exécution (1). De plus, la saisie-arrêt peut être pratiquée sans titre exécutoire, en vertu de titres authentiques ou privés, ou même sans titre avec la permission du jugé et elle devra comme les saisies conservatoires énumérées plus haut aboutir à une instance en validité. On peut ajouter un argument tiré des travaux préparatoires. Au cours de la discussion de la loi, on avait demandé que la saisie-arrêt ne pût être pratiquée qu'en vertu d'un jugement et Treilhard répondit que cette saisie était un acte purement conservatoire, pour lequel par cette raison on n'avait jamais exigé l'intervention des Tribunaux (2). Mais si la saisie-arrêt, mesure conservatoire *ab initio* devient ensuite une mesure d'exécution, à quel moment précis de la Procédure se produit cette transformation ? Ici nous rencontrons de graves divergences. Les uns accordent à la saisie-arrêt le caractère de mesure d'exécution dès la demande en validité (3) ; d'autres, et la Cour de

---

(1) Leçons de procédure civile : Boitard, Colmet-Daage et Glasson, tome II, page 222.

(2) Procès-verbal de la séance du Conseil d'Etat du 5 prairial, an XIII, 25 mai 1805. Locré, t. XXII, page 304.

(3) Traité théorique et pratique de procédure civile. Garsonnet, III, § 635 ; Paris, 28 novembre 1879 et 11 mars 1880. S. 80. 2. 213. — Tribunal d'Annecy, 4 juin 1887, la Loi 1887, 756.

Cassation a consacré ce système, ne lui attribuent ce caractère qu'à partir du jugement de validité (1).

A notre avis, cette solution n'est pas bonne, nous croyons que dans la saisie-arrêt même envisagée *ab initio* il faut voir un acte d'exécution. Et en effet, si par l'exploit de saisie-arrêt, le créancier ne se fait pas remettre immédiatement tout au moins, les sommes dues par le tiers-saisi à son débiteur, il empêche celui-ci de les toucher et l'en prive aussi bien que s'il les encaissait. Nous le demandons, dans notre état économique, peut-on voir un acte conservatoire dans cette mesure qui en paralysant la rentrée des fonds du débiteur, en coupant les ressources nécessaires aux opérations industrielles, commerciales ou financières par lui entreprises va le conduire à la ruine d'une façon au moins aussi désastreuse que par la saisie-exécution ou la saisie-immobilière, d'autant plus qu'une créance minime pourra (nous le verrons plus loin) immobiliser des sommes considérables. Or, à quel point de vue faut-il se placer pour rechercher si une saisie est une mesure de précaution ou une mesure d'exécution et pour exiger dès lors du créancier telles ou telles garanties? C'est au point de vue du débiteur, c'est lui qu'il s'agit de protéger, il faut voir ce que celui-ci perd et non ce que le créancier gagne. Eh bien, la saisie-arrêt cause au débiteur le même préjudice qu'une mesure d'exécution proprement dite en le privant *hic et nunc* de l'argent ou des objets sur la rentrée desquels il a dû compter. Une mesure n'est véritablement conservatoire que si, tout en garantissant le droit de celui qui y recourt, elle laisse les choses en l'état et n'empire

____

(1) Roger, 2 — Bordeaux, 12 juillet 1880, D. 80. 2. 232. — Civ. Rej., 28 décembre 1880 et 10 août 1881. D. 82. 1. 307 et 377. — Tribunal de Chambéry, 29 janvier 1885, la Loi 1885, 517. — Seine, 6°, 9 juillet 1887, le Droit 1887, 170,

pas immédiatement la condition de celui qui la subit ; or, telle n'est pas la saisie-arrêt. Ceci n'est sans doute qu'une considération de fait ; la saisie-gagerie, surtout si elle frappe les marchandises d'un commerçant, la saisie organisée par l'article 417 Proc. et que la loi elle-même appelle conservatoire peuvent elles aussi tout en restant des mesures de précaution causer en fait au débiteur un préjudice redoutable, mais voici en notre faveur un argument plus juridique.

La saisie-arrêt nous semble être en elle-même une mesure d'exécution, parce que normalement et finalement elle aboutira à une exécution proprement dite, c'est-à-dire non seulement à priver le débiteur de ce qui lui est dû, mais encore à le faire attribuer au créancier. Pas n'est besoin que dès le premier acte de procédure, cette attribution soit consommée ; en matière de saisie-immobilière et de saisie-exécution, le premier acte, le procès-verbal de saisie, n'a lui aussi pour but que de mettre l'objet saisi sous la main de justice et d'en préparer la réalisation, dira-t-on que la saisie-immobilière et la saisie-exécution sont des mesures conservatoires jusqu'au jour où la vente est consommée ? En aucune façon. Dans une procédure de saisie on ne peut pas isoler ainsi le premier acte de ceux qui le suivent et viennent en consommer les effets, on est en présence d'un tout unique que l'on ne peut pas scinder et qu'il faut examiner dans son ensemble pour en apprécier le caractère. Mais, dira-t-on, toutes les saisies en sont là, la loi ne prévoit pas que le créancier reste les bras croisés, mais au contraire qu'il formera une demande en validité de la saisie par lui pratiquée et en définitive exécutera. L'article 417 Proc. le dit formellement pour la saisie conservatoire, l'article 824 Proc. pour la saisie-gagerie et la saisie foraine, et l'article 831 pour la saisie revendication ; mais dans ces hypothèses, aucun délai n'est imparti au créancier pour former cette demande ; et, à ce point de vue, ces espèces de saisies ne sont en elles-mêmes que des mesures de précaution, elles ne servent qu'à mettre les biens qu'elles frappent sous la main de justice et ne tendront à l'exécution effective que du jour où le créancier le jugera convenable, et, remarquons-le, le créancier en concluant à la validité de la saisie demandera précisément au tribunal de la convertir en saisie-exécution ; mais en matière de saisie-arrêt il n'en va pas ainsi : dans la huitaine de l'exploit d'opposition, doit se produire la dénonciation avec demande en validité, le créancier se trouve nécessairement engagé dans les rouages de la procédure, force lui est de la poursuivre à peine de voir tomber la saisie-arrêt par lui faite, et cette poursuite aboutira par elle-même à satisfaire le créancier, sans que le tribunal ait à en prononcer la conversion.

Ajoutons que les rédacteurs du Code de procédure civile ont placé la saisie-arrêt immédiatement après les articles qui, d'une façon générale, traitent de l'exécution forcée, et avant le titre de la saisie-exécution ; les saisies-conservatoires au contraire sont étudiées dans une autre partie du Code et ne peuvent pas plus au point de vue des textes qu'au point de vue rationnel être rapprochées de la saisie-arrêt.

Nous réfuterons l'argument tiré des observations de Treilhard au Conseil d'Etat par un argument historique. Oui, Treilhard déclare que la saisie-arrêt est une mesure conservatoire, mais on fait une confusion : dans l'ancien droit en effet, c'est Pothier (1) qui nous l'apprend on dis-

(1) Traité de procédure, part. 4, chap. II, section 4.

tinguait entre la saisie-arrêt et le simple arrêt. « Le simple arrêt, dit Pothier, est un acte judiciaire par lequel un créancier pour sa sûreté met sous la main de justice les choses appartenant à son débiteur pour l'empêcher d'en disposer. Il est bien différent de la saisie-arrêt, car la saisie-arrêt se fait aux fins de faire vider au débiteur arrêté les mains en celles de l'arrêtant, au lieu que le simple arrêt se fait seulement pour conserver les choses arrêtées et empêcher que le débiteur n'en dispose. » Pothier ajoute que la première se pratique en vertu d'un titre exécutoire, mais qu'une promesse non reconnue suffit ou la permission du juge obtenue aux risques, périls et fortune du créancier. Treilhard songe très probablement au simple arrêt ou du moins il suffit qu'il y ait doute sur ce point pour que l'argument soit sans valeur. D'ailleurs, il est bien certain que celle de ces deux institutions qui est passée dans notre droit et la saisie-arrêt proprement dite elle a conservé son nom et son caractère et, comme sous l'ancien droit, a pour résultat de faire vider les mains du tiers-saisi en celles du saisissant. De plus Treilhard commet une inexactitude en disant que l'intervention de justice n'est pas nécessaire, puisque le tribunal devra statuer sur la validité de la saisie-arrêt.

La saisie-arrêt, a-t-on dit, est une mesure d'exécution pour le débiteur, une mesure conservatoire pour le créancier (1). Il ne faut pas accepter cette formule, nous l'avons dit, et rien ne nous semble plus logique, c'est au point de vue du débiteur qu'il faut se placer pour savoir quel est le caractère d'une mesure prise contre lui. C'est ce point de vue qui nous fait reconnaître la gravité de la mesure et nous fera exiger même en la personne du créancier qui

(1) Grenoble, 26 mai 1882, D. 83. 2. 126.

l'entame les conditions destinées à le protéger lui-même d'une manière plus rigoureuse que s'il s'agissait d'un simple acte conservatoire.

Prenons donc pour point de départ l'idée suivante : *la saisie-arrêt est une mesure d'exécution ou du moins le premier acte d'une procédure d'exécution.* Quelques arrêts mais en petit nombre ont consacré ce système (1).

Nous tirerons de notre principe cette conséquence, que sauf exceptions expressément ou implicitement consacrées par la loi, il y a lieu d'appliquer à la saisie-arrêt les règles tracées pour les voies d'exécution.

Deux remarques complèteront ces préliminaires :

7. La saisie-arrêt est le mode normal pour le créancier de réaliser le droit de gage qu'il a sur les créances de sommes d'argent appartenant à son débiteur ; la loi n'a pas voulu qu'un titre de créance fût vendu aux enchères publiques à la manière des meubles corporels ; cela tient à ce que ceux-ci ne peuvent donner satisfaction au créancier qu'une fois convertis en argent et qu'au contraire, le créancier obtient la même satisfaction en recevant son paiement du tiers-saisi qu'en l'obtenant du débiteur lui-même. D'autre part, un titre de créance ne saurait être l'objet d'une vente aux enchères sans subir une dépréciation considérable, il règne une trop grande incertitude sur la solvabilité du débiteur. Sauf au cas où il s'agit d'une rente et où la loi permet la vente à titre exceptionnel, Art. 636 sq. Proc., on devra pour saisir une créance employer la voie de la saisie-arrêt. Cependant on a quelquefois permis au saisissant muni du jugement de validité de faire vendre la créance saisie-arrêtée

(1) Bordeaux, 13 août 1846. S. 47. 2. 461. Nîmes, 18 juin 1850, D. 50. 2. 158. Orléans, 7 juin 1855. D. 56. 2. 111. D. 1868. 1. 360, note de M. Griolet ; les conclusions de M. Baudoin, procureur général à Limoges. Arrêt du 29 juin 1885, D. 85, 2. 265.

au cas où elle est à terme (1). Ceci est à repousser, le système organisé par la loi se suffit à lui-même : après le jugement de validité, le créancier a pour débiteur le tiers-saisi et ne peut que le poursuivre en attendant bien entendu l'échéance de sa dette.

8. On sait que l'article 1166 C. c. donne aux créanciers la faculté d'exercer tous les droits et actions de leurs débiteurs à l'exception de ceux qui sont attachés à la personne. La saisie-arrêt a précisément pour but de mettre en œuvre cet article 1166 qui est une application du principe posé par l'article 2092 C. c.. Le moyen pour le créancier d'exercer les droits de créance de son débiteur sera de pratiquer une saisie-arrêt sur lui, il ne pourra pas poursuivre directement le débiteur de son débiteur (2). Il n'y aurait d'ailleurs aucun intérêt, en usant de l'article 1166 contre *Secundus* débiteur de *Primus* son propre débiteur, il n'ôte pas à *Primus* le droit d'agir et si ce dernier agit, le créancier doit s'arrêter ; de plus il sera obligé de prouver la créance de *Primus* contre *Secundus*, tandis qu'en matière de saisie-arrêt c'est le tiers-saisi qui prend les devants à cet égard en faisant la déclaration affirmative.

9. Ces préliminaires épuisés, abordons les détails de notre sujet. Dans une première partie nous étudierons les conditions de validité de la saisie-arrêt en recherchant :

1° Qui peut faire une saisie-arrêt ?

2° Sur qui peut-on faire une saisie-arrêt ?

3° Entre les mains de qui peut-on faire une saisie-arrêt ?

Nous étudierons dans une seconde partie la procédure et les effets de la saisie-arrêt.

Dans deux appendices nous dirons quelques mots des saisies-arrêts soumises à des règles spéciales et de la saisie-arrêt en droit international privé.

---

(1) Paris, 24 juin 1851, S. 51. 2. 365.
(2) Orléans, 3 juillet 1847. D. 47. 4. 343.

PREMIÈRE PARTIE

CONDITIONS DE VALIDITÉ DE LA SAISIE-ARRÊT

CHAPITRE PREMIER.

QUI PEUT FAIRE UNE SAISIE-ARRÊT.

10. Pour faire une saisie-arrêt, il faut être créancier, être investi d'une créance certaine, liquide et exigible, être muni d'un titre authentique ou privé, et, à défaut de titre, de la permission du juge. Reprenons successivement chacune de ces conditions.

§ I. — Qualités à requérir du créancier.

11. Il faut être créancier. « Tout créancier, nous dit l'article 557 Proc, peut... saisir-arrêter. » Cette qualité est nécessaire et suffisante, c'est ainsi que le créancier d'une rente viagère qui, dans les termes de l'article 1978 C. c., peut poursuivre son débiteur pour obtenir l'emploi de sommes suffisantes au service des arrérages, peut aussi bien user de la saisie-arrêt (1).

(1) Cass. Civ. 16 avril 1839. S, 39. 1. 511 ; Pau, 6 août 1861. S. 62, 2, 467.

2.

12. Il faut être véritablement créancier, c'est-à-dire qu'il faut une obligation personnelle entre le débiteur et le saisissant. Ainsi, le créancier hypothécaire ne peut saisir-arrêter sur le tiers-détenteur de l'immeuble hypothéqué, car celui-ci n'est pas tenu personnellement vis-à-vis de lui, mais seulement *propter rem*. Cependant, les fruits de l'immeuble étant immobilisés par la sommation de payer ou de délaisser, on admet, qu'à partir de cette sommation, le créancier hypothécaire pourra pratiquer des saisies-arrêts aux mains des locataires ou fermiers (1). Comment, en effet, sans une saisie-arrêt, assurer la conservation du gage et empêcher que les loyers ou fermages ne soient versés au mains du tiers-détenteur qui peut-être les dissipera ; mais d'un autre côté, il n'est pas débiteur de ces fruits, et la preuve c'est qu'on ne permettrait pas au créancier de saisir-arrêter aux mains d'autres débiteurs que les locataires ou fermiers. Le recours à la saisie-arrêt, dans ce cas, nous semble donc se justifier moins par des arguments d'une rigueur absolue que par des considérations pratiques : cela tient à ce que le créancier invoque un droit propre sur la créance saisie-arrêtée et a le droit d'empêcher qu'elle ne soit détournée à son préjudice, ce qui arriverait certainement si une saisie-arrêt ne venait rendre indisponibles les sommes dues à ce titre au tiers-détenteur. Nous avons vu plus haut des cas analogues, par exemple l'opposition réglementée par la loi du 15 juin 1872.

Voici une hypothèse que nous avons rencontrée dans la pratique et qui va mettre cette idée en relief. A la dissolution d'une société constituée entre deux personnes, les

____

(1) Garsonnet, op. cit., § 589.

associés nomment un liquidateur. Celui-ci pourra sans doute former une saisie-arrêt sur les débiteurs des associés, il use ainsi du droit propre dont il est investi comme liquidateur, mais il sera quelquefois prudent pour lui, surtout s'il y a lieu de se défier d'un des associés, de faire connaître sa qualité d'ayant droit et d'empêcher par une saisie-arrêt pratiquée entre les mains de ces débiteurs tout paiement fait à un associé au préjudice de la liquidation.

Mais en principe, un lien d'obligation personnelle doit exister entre le créancier saisissant et le saisi. Aussi, devons-nous critiquer la solution donnée par la jurisprudence à la question suivante : Dans les ventes judiciaires d'immeubles, un des articles du cahier des charges impose à peine de folle enchère à l'adjudicataire l'obligation de consigner les intérêts du prix d'adjudication par lui dus à partir de l'entrée en jouissance. Les créanciers hypothécaires peuvent-ils former saisie-arrêt sur l'adjudicataire pour le forcer à consigner ces intérêts? La Cour de Chambéry lui donne ce droit (1), et c'est à tort suivant nous, car il n'est pas débiteur personnel de ces intérêts vis-à-vis des créanciers hypothécaires, ils n'ont à leur disposition que la folle enchère dans les termes du cahier des charges. Mais l'adjudicataire devient débiteur personnel des créanciers hypothécaires qui peuvent dès lors saisir-arrêter sur lui dans les cas suivants :

a) Lorsque pour arriver à la purge il leur fait les notifications prescrites par l'article 2183 C. c. (2).

b) Lorsque les bordereaux de collocation sont délivrés à l'issue de la procédure d'ordre, l'article 770 pr. statue en effet qu'ils sont exécutoires contre l'adjudicataire (3).

(1) Arrêt du 23 mars 1886, la Loi 1886. 943.
(2) Bordeaux, 19 décembre 1832. S. 33. 2. 280.
(3) Civ. Rej. 1854. D. 54. 1. 396.

c) Lorsque l'adjudicataire est fol enchérisseur, car il est alors tenu de la différence entre son prix et celui de la revente sur folle enchère. Art. 740 Pr.

13. Au créancier nous assimilerons son successeur à titre universel ou à titre particulier et son mandataire (1), le successeur à titre universel, c'est-à-dire l'héritier, le légataire universel ou à titre universel, le successeur à titre particulier c'est-à-dire le légataire à titre particulier ou le cessionnaire.

Au cas où le légataire a besoin d'obtenir la délivrance de son legs, pourra-t-il saisir-arrêter avant de l'avoir obtenue? Nous ne le pensons pas, car avant d'avoir rempli cette formalité, le légataire est incapable de former une action quelconque relativement à la chose léguée, or la saisie-arrêt nécessite précisément une action en justice. Sans doute il peut prendre des mesures conservatoires, mais la saisie-arrêt n'est pas une mesure conservatoire (2).

14. Le cessionnaire est celui qui est investi du droit du créancier par un transport régulier. Il faut mettre sur la même ligne celui qui est subrogé au créancier dans les termes des articles 1250 et 1251 C. c.. La question s'est posée de savoir si la Compagnie d'Assurances contre l'incendie que sa police subroge aux droits de l'assuré par le fait du sinistre contre les garants de celui-ci, pouvait saisir-arrêter sur eux avant d'avoir payé l'indemnité au sinistré. La Cour de Cassation a vu dans cette opération non pas une subrogation conventionnelle nécessitant le paiement, mais une cession de droits éventuels que la seule arrivée du sinistre rend parfaite, aussi a-t-elle permis à la Compagnie d'assurances de saisir-arrêter avant

(1) Garsonnet, op. cit. § 535.
(2) Aubry et Rau, VII, p. 481. Bastia, 8 avril 1846. D. 46. 2. 79.

tout paiement sur les locataires garants de l'assuré (1). A l'encontre de cette solution que la Cour suprême n'appuie d'ailleurs sur aucun motif, M. Lyon-Caen fait très justement remarquer que cette clause n'a pour but que de suppléer par une subrogation conventionnelle à la subrogation légale refusée par la jurisprudence aux Compagnies d'assurances (2), et que, comme subrogation elle tire son énergie du paiement, qu'en outre, en admettant qu'il y ait cession, si l'assureur devient insolvable, avant d'avoir payé l'indemnité, l'assuré, ne pouvant plus agir contre son garant, puisqu'il a cédé la créance qu'il avait contre lui, n'aura plus qu'un dividende dans la faillite de l'assureur. Ajoutons que la cession impliquerait l'accomplissement des formalités prescrites par l'article 1690 C. c. et qu'il faudrait tout au moins notifier cette clause au garant avant de saisir-arrêter sur lui, sinon il pourrait méconnaître la cession et en conséquence arguer la saisie-arrêt de nullité (3).

15. Le mandataire du créancier sera conventionnel ou légal. S'agit-il d'un mandataire conventionnel, celui-ci devra rester dans les termes de son mandat à peine par lui d'engager sa responsabilité. S'il est investi d'un mandat général, il pourra pratiquer une saisie-arrêt, car la poursuite des débiteurs rentre dans les actes d'administration qui seuls n'excèdent pas les pouvoirs du mandataire général ; l'article 536 Proc. applique cette idée en permettant à l'huissier mandataire général de son client d'opérer toutes sortes de saisies et ne fait exception que pour la saisie-immobilière (4).

(1) Cass. civ. 3 février 1885. S. 86. 1. 273.
(2) S. 1878, 1. 413.
(3) Limoges, 20 avril 1887. S. 88. 2. 157, arrêt déféré à la Cour de Cassation
(4) Garsonnet, op. cit., § 536.

S'agit-il d'un mandataire légal, nous remarquerons que la saisie-arrêt implique nécessairement une action en justice (1), la saisie-arrêt à elle seule n'en est que le préliminaire, elle fait corps avec elle, et l'on ne peut à notre avis scinder la procédure en exigeant des pouvoirs différents suivant les phases qu'elle traverse. Nous réclamerons donc chez le représentant le pouvoir d'ester en justice ; s'il a besoin pour le faire de certaines autorisations, elles devront être obtenues non seulement avant la demande en validité, mais encore avant l'exploit même de saisie-arrêt (2). Le syndic pourra saisir-arrêter, sans formalité aucune, le jugement déclaratif de faillite ayant dépouillé le failli de l'exercice de ses droits pour le lui transférer. Il en sera de même du tuteur, soit du mineur, soit de l'interdit, car il peut intenter seul les actions mobilières. Art. 464 et 509 C. c. Nous donnerons la même solution pour le mari commun en biens investi par l'article 1428, § 2 des actions mobilières de sa femme. Mais nous n'admettrons pas que le maire d'une commune, le trésorier d'une fabrique qui peuvent, le premier, aux termes de l'article 122 de la loi du 5 avril 1884 ; le second, aux termes de l'article 78 du décret du 30 décembre 1809, prendre des mesures conservatoires, puissent pratiquer une saisie-arrêt avant de s'être munis de l'autorisation du Conseil de préfecture. Art. 121 Loi du 5 avril 1884. Art. 77 Décret du 30 décembre 1809 (3).

16. Il faut que le créancier s'il agit lui-même ait la capacité nécessaire. Ici encore, cette capacité sera celle d'ester en justice : le mineur émancipé peut intenter seul une

---

(1) Garsonnet, op. cit., § 537.
(2) Cà Garsonnet, op. cit., § 635.
(3) Cà Roger. 379 sq.

action mobilière, art. 482 C. c., il pourra donc pratiquer une saisie-arrêt. Quant à l'individu pourvu d'un conseil judiciaire et à la femme séparée de biens, ils ne peuvent ester en justice le premier sans l'assistance de son conseil, la seconde sans l'autorisation de son mari ou de justice. Art. 513 et 215 C. c. Ces formalités leur seront donc nécessaires pour saisir-arrêter (1). Nous refuserons au failli le droit de faire une saisie-arrêt bien qu'on lui reconnaisse celui de prendre des mesures conservatoires, la jurisprudence logique avec elle-même donne la solution contraire; et de plus, influencée par cette idée que nous signalions plus haut de l'indivisibilité de la procédure, elle lui permet de dénoncer et de contre-dénoncer la saisie-arrêt par lui faite (2). Le commerçant en état de liquidation judiciaire ne pourra former de saisie-arrêt sans l'assistance des liquidateurs et ici la question n'est pas douteuse en présence de l'art. 6 de la loi du 4 mars 1889 qui dispose en ces termes : « Le débiteur peut avec l'assistance des liquidateurs procéder au recouvrement des créances exigibles, faire tous actes conservatoires, intenter et suivre toutes actions mobilières ou immobilières. »

§ 2. Qualités à requérir de la créance.

17. Après avoir examiné les conditions requises en la personne du créancier, étudions les caractères que doit revêtir la créance. L'article 551 Proc. ne permet de procéder à une saisie et dès lors à la saisie-arrêt qu'en

(1) Cà Garsonnet, § 539, note 5.
(2) Paris, 3°, 24 déc. 1880, D. 81. 2. 203.

vertu d'une créance certaine, liquide et exigible ; mais en
notre matière l'article 559, § 2 Proc. permet de remplacer la
liquidité réelle par une liquidation provisoire faite par le
magistrat. La jurisprudence reconnaissant à la saisie-arrêt
le double caractère d'une mesure conservatoire et d'une
mesure d'exécution exige en principe tout au moins les
caractères que nous venons d'énumérer.

Il faut donc une créance certaine, liquide, exigible.

A. — *Créance certaine.*

18. Une créance est certaine lorsqu'elle existe véritablement et n'est pas susceptible d'être sérieusement contestée, nous ne disons pas incontestée, car un débiteur, pour
gagner du temps, contesterait l'évidence même. Il y a là
une question d'appréciation laissée au Tribunal appelé à
statuer sur la validité de la saisie-arrêt, c'est en appliquant
cette idée qu'on a pu permettre une saisie-immobilière en
vertu d'une créance contestée en fait (1), mais une créance
sérieusement contestée ne pourra pas légitimer une saisie-
arrêt (2).

19. Une créance n'est pas certaine lorsqu'elle est éventuelle, c'est-à-dire lorsque sa naissance dépend d'événe-
ments futurs et incertains, par exemple, la liquidation
d'une succession (3), d'une communauté (4), d'une société (5), le règlement d'un compte (6), surtout si les parties

---

(1) Poitiers, 28 janvier 1878, D. 78. 2. 145.
(2) Liège, 15 juin 1882. D. 83. 2. 138.
(3) D. A. v. cit. 4°.
(4) D. A. v. cit. 5°.
(5) Bordeaux, 15 juillet 1846, D. 47. 2. 45.
(6) Tribunal de Chambéry, 27 décembre 1884. Rousseau et Laisney. Recueil
de procédure civile, 1885, page 62. — Cass. Req. 27 juillet 1885, D. 86. 1. 191.
Bordeaux, 4° Ch., 13 mai 1887, Gazette des Tribunaux du 8 septembre 1887.

sont en instance pour le règlement de leurs comptes (1).
Cette liquidation serait-elle ordonnée par une décision
judiciaire, si elle n'en fait nullement préjuger les résultats,
on ne pourra pratiquer une saisie-arrêt ; s'il est certain
qu'il y a une liquidation à dresser, il n'est pas certain que
celui qui a obtenu cette décision sera définitivement
créancier (2).

Il faut considérer comme éventuelle la créance résultant
d'une condamnation à des dommages-intérêts par chaque
jour de retard dans l'exécution d'une obligation, tant que
le retard n'a pas été constaté (3).

Toutefois la Jurisprudence, s'inspirant toujours de cette
idée que la saisie-arrêt est une mesure conservatoire, a
parfois validé des saisies-arrêts faites en vertu d'une
créance purement éventuelle et non certaine (4). Elle a de
même admis que l'article 1180 C. c. permettant au créancier conditionnel de prendre des mesures conservatoires,
l'autorisait à pratiquer des saisies-arrêts (5). Cette solution
est à notre avis inexacte, car rien n'est moins certain
qu'une créance conditionnelle (6).

20. Une créance n'est pas certaine quand elle résulte
seulement d'une obligation légale, par exemple l'obligation
alimentaire ; celle-ci en effet ne prend corps que du jour
où elle a été fixée par les Tribunaux s'inspirant à cet égard
de la situation respective des parties et des circonstances
qui peuvent restreindre et annihiler même complètement

(1) Req . Rej., 22 août 1871, D. 71. 1. 228.
(2) Req. Rej., 10 décembre 1839. D. 40. 1. 74.
(3) Rousseau et Laisney. Dictionnaire de procédure, v. Saisie-arrêt, n° 60.
(4) Caen, 2° 20 août 1847, D. 49. 2. 21.
(5) Bordeaux, 29 mai 1840. S. 40 2. 358 ; Cass. Req. 15 décembre 1868, S.
69. 1. 84.
(6) Garsonnet, § 592, 2°.

cette obligation sinon en droit du moins en fait. La Jurisprudence est en ce sens (1).

21. Elle est beaucoup moins affirmative sur une question très voisine et qui doit, suivant nous, se résoudre par les mêmes principes : un contrat est intervenu entre deux personnes et l'inexécution de l'obligation qui lui incombe engage la responsabilité du débiteur à moins qu'il ne prouve le cas fortuit ou la force majeure. Cette présomption de responsabilité suffira-t-elle pour autoriser le créancier à saisir-arrêter sur lui? La question s'est posée notamment en matière de dépôt et en matière de louage : la chose déposée périt chez le dépositaire, un incendie éclate dans les lieux occupés par le locataire, lequel aux termes de l'article 1733 C. c. est présumé responsable. La créance, dit-on, est certaine, puisqu'elle résulte du contrat lui-même (que nous supposons incontesté), cette créance de dommages-intérêts n'en est que la suite et le développement, sans doute elle pourra disparaître devant la preuve contraire, mais jusque là n'existe-t-elle pas de par la loi elle-même? Au contraire, et ceci nous paraît plus exact, peut-on considérer une présomption comme une certitude? il y a autant de raisons pour voir cette créance de dommages-intérêts s'évanouir devant la preuve contraire que pour la voir y résister. Comme l'obligation alimentaire, cette dette de dommages-intérêts existe bien en puissance, mais peut très bien ne pas passer en acte, se réaliser effectivement si le débiteur fait triompher les fins de non recevoir qu'il invoque, cette créance est subordonnée à un débat sérieux, et n'est donc pas certaine. C'est cette seconde opinion qui a tout d'abord

---

(1) Douai, 9 mai 1853, S. 54. 2. 162. — Lyon, 5 février 1869, S. 69. 2. 250, — Orléans, 22 juin 1888, la Loi 1888, 153,

été consacrée par la Jurisprudence (1), plus tard elle a sanctionné la première (2), mais de récentes décisions sont revenues avec raison à la deuxième opinion (3).

22. C'est au moment où la saisie-arrêt est pratiquée que la créance doit être certaine (4). Si le créancier ne prouve pas que sa créance était certaine au moment où la saisie-arrêt a été pratiquée, celle-ci devrait être annulée sur le champ et il n'y aurait pas lieu de surseoir à statuer sur la validité jusqu'à ce que la certitude de la créance fût prouvée. La Jurisprudence a souvent consacré ce principe (5) : beaucoup d'arrêts motivent leur décision à cet égard ou en admettant que la saisie-arrêt est une mesure d'exécution (6), ou en faisant tout au moins prédominer le caractère de voie d'exécution sur le caractère conservatoire (7).

23. Si la créance doit être certaine au moment où la saisie-arrêt est pratiquée, cette certitude sera suffisamment justifiée par le jugement même de validité qui souvent en statuant sur la procédure de saisie-arrêt statue en même temps sur la créance. Cette créance une fois reconnue par le jugement est censée avoir toujours existé, car les jugements sont déclaratifs de droit. Aussi lorsque le Tribunal

---

(1) Bordeaux, 26 novembre 1845. S. 46. 2. 325. Roger, 54.

(2) En matière de dépôt : Orléans, 26 août 1858, D. 59. 2. 2 ; en matière de louage : Toulouse, 1 février 1877. D. 81. 2. 201 et S. 80. 2. 335 ; et Besançon, 2 décembre 1881. S. 82. 2. 28.

(3) Tribunal civil d'Angoulême, 29 novembre 1881, le Droit 1882, 4 ; Tribunal civil de Villefranche, 14 décembre 1887, le Droit 1888, 6.

(4) Tribunal d'Annecy, 31 décembre 1885, le Droit 1886, 228. Tribunal de Nice, 14 mars 1888, la Loi 1888, 120.

(5) Limoges, 6 février 1883. Rousseau et Laisney, Rec. périodique 1883, p. 154 ; Limoges, 7 mars 1883. Rousseau et Laisney. Rec. périodique 1884, p. 17 ; Loudun, 19 janvier 1884. Rousseau et Laisney. Rec. périodique 1884, p. 182 ; Amiens, 29 avril 1885, D. 86. 2. 212.

(6) Bordeaux, 15 juillet 1846. D. 47. 2. 43.

(7) Bordeaux, 26 août 1839. D. 40. 2. 219 ; Nîmes, 18 juin 1850, L. 50. 2. 158 ; Poitiers, 12 décembre 1876, D. 77. 2. 231,

en même temps qu'il déclare bonne et valable la saisie-arrêt adjuge au créancier le bénéfice de ses conclusions tendant à condamnation, la certitude de la créance se trouve démontrée et non seulement à l'époque du jugement, mais encore à l'époque de la saisie-arrêt (1).

Voici une hypothèse pratique qui va rendre ceci plus clair. Un incendie éclate dans un immeuble dont le propriétaire est assuré à une Compagnie d'assurances, et l'immeuble est loué à un locataire qui lui-même est assuré à une autre Compagnie, les choses vont se passer de la manière suivante : l'assureur du propriétaire se pourvoit devant le Président du Tribunal auquel il présente sa police d'assurances, et lorsque cette police le subroge par le fait seul du sinistre aux droits de son assuré vis-à-vis du locataire responsable, il obtient même sans paiement préalable l'autorisation de saisir-arrêter sur ce locataire aux mains de son assureur, puis la Compagnie assigne en validité et en paiement de l'indemnité de sinistre. Pour faire fixer cette indemnité, elle assigne le locataire en référé (celui-ci, le plus souvent, mettra en cause son assureur) pour voir nommer un expert avec mission d'évaluer l'indemnité : les opérations d'expertise se poursuivent, et l'expert dépose son rapport. Alors, la Compagnie procédant sur et aux fins de l'exploit d'assignation en validité assigne le locataire en entérinement de rapport et en paiement de la somme fixée par ledit rapport. Le Tribunal, par le même jugement, entérine le rapport, prononce la condamnation du locataire, et valide la saisie-arrêt, bien qu'en toute rigueur au jour où elle a été pratiquée elle reposât sur une créance incertaine, mais le Jugement ayant

(1) Cass. Req. 28 juin 1884, D. 82. 1. 161.

un effet déclaratif, le saisissant est réputé avoir été créancier dès le jour même de l'incendie.

24. La créance est-elle l'objet d'un débat, soit devant le Tribunal même saisi de la demande en validité, soit devant le Tribunal compétent pour statuer sur le fond, le Tribunal chargé de statuer sur la validité ne pourra pas la prononcer immédiatement, cela est incontestable, mais devra-t-il annuler sur-le-champ la saisie-arrêt ou bien surseoir à statuer jusqu'à l'issue de la contestation. A notre avis, la question ne comporte pas de solution absolue, et voici pourquoi : c'est qu'une créance contestée n'est point par cela même incertaine, c'est au Tribunal à se demander si le débat soulevé par le débiteur est sérieux, ou s'il n'est qu'un moyen dilatoire. Dans le premier cas, le Tribunal devra surseoir et ne pas annuler puisque la créance doit être considérée comme certaine, dans le second cas, il devra sur-le-champ faire main levée de la saisie-arrêt. Cette distinction concilie très bien les divergences de la Jurisprudence (1).

B. — *Créance liquide.*

25. Une créance est liquide lorsqu'elle est déterminée non seulement dans son existence mais dans sa quotité. Ici, par faveur pour le créancier, la loi se contente d'une liquidation provisoire faite par le Président du Tribunal. L'article 559, § 2, semble faire penser que cette liquida-

---

(1) Dans le sens du sursis : Paris, 5° 16 avril 1880, D. 81, 2. 66 ; Paris, 4° le Droit 1885, 100.

Dans le sens de l'annulation immédiate : Amiens, 4 janvier 1868, D. 69, 2. 144 ; Dijon, 12 mars 1874, D. 76. 2. 94 ; Paris, 2°, 7 août 1878. Gazette des Tribunaux, 12 octobre 1878 ; Seine, 2°, 21 décembre 1883, le Droit 1884, 80.

tion provisoire ne doit être demandée au Juge que si en même temps on lui demande, à défaut de titre, la permission de saisir-arrêter, la liquidation provisoire ne serait pas nécessaire si la saisie-arrêt était fondée sur un titre. Cette opinion est insoutenable : les travaux préparatoires montrent que la volonté du législateur a été de réclamer l'évaluation provisoire dans tous les cas où la créance n'est pas liquide, la rédaction primitive ne laissait aucun doute sur ce point et la modification introduite dans la rédaction n'a pas eu pour objet de changer le principe admis (1). Nous l'avons indiqué déjà : ne faut-il pas que le saisi puisse à chaque instant arrêter les poursuites dirigées contre lui en payant son créancier, et cela surtout en matière de saisie-arrêt où une créance minime peut immobiliser de grosses sommes ; et, comment pourra-t-il le faire si la créance n'est pas liquidée au moins provisoirement ?

Sera donc valable une saisie-arrêt pratiquée pour une créance dont la quotité est indéterminée alors qu'elle a été évaluée provisoirement par le juge (2). Sera nulle à l'inverse une saisie-arrêt faite pour une créance non liquide et non précédée d'une liquidation provisoire (3). A l'inverse de ce qui a été dit plus haut, quant à la certitude de la créance, le Tribunal n'annulera pas la saisie-arrêt sous prétexte que la créance évaluée provisoirement par le juge n'a été définitivement liquidée que postérieurement à la saisie-arrêt et même le Tribunal pourra surseoir à statuer sur la validité en ordonnant les mesures nécessaires pour

(1) Locré, t. 22, p. 266 et 390.
(2) Req. Rej., 19 mars 1879, le Droit 1879, 67.
(2) Douai, 10 décembre 1836, D. 38. 2. 81 ; Riom, 15 décembre 1846, D. 47. 2. 44.

arriver à la liquidation : compte, expertise, etc..., il ne
peut pas annuler la saisie-arrêt puisque la liquidité définitive n'est pas exigée, au moment où elle est pratiquée, et
d'ailleurs, s'il en était autrement, il ne tiendrait qu'au débiteur de presser l'instance en validité pour que le créancier qui n'aurait pas eu le temps de faire liquider sa
créance vit annuler une saisie-arrêt parfaitement légale (1).

26. Quel est le juge compétent pour faire cette liquidation provisoire ? La loi est muette sur ce point : il faut par
analogie décider que ce sera le juge compétent pour permettre la saisie-arrêt au cas où le créancier n'a pas de titre.
(Voir infrà). Si le juge refuse de liquider la créance et que
le créancier soit muni d'un titre, il pourra faire lui-même
cette liquidation sauf à la faire approuver par le tribunal (2).
Le juge peut d'ailleurs sans énoncer dans l'ordonnance le
montant de son évaluation s'en référer à celle que le créancier a formulée dans sa requête (3).

27. Si la créance porte sur autre chose que de l'argent,
on devra appliquer l'article 551 i. f. Proc. qui impose de
surseoir après la saisie à toutes poursuites ultérieures,
jusqu'à ce que l'appréciation de la créance ait été faite.

C. — Créance exigible.

28. C'est encore l'article 551 Proc. qui nous conduit à
exiger le caractère d'exigibilité. Qui a terme ne doit rien
en effet, et la saisie-arrêt aboutirait à enlever au débiteur

(1) Pau, 24 avril 1858, D. 60. 2. 81. Cass. Rcq. 27 juillet 1880, le Droit 1880,
190 ; Civ. Rej. 28 décembre 1881. D. 82. 1. 377 ; Chambéry, 3 août 1883. Rousseau et Laisney. Rec. période. 1884, p. 175 ; Seine, 3°, 29 août 1883, le Droit,
1883, 295 ; Annecy, 31 décembre 1885, le Droit 1886, 228.
(2) Garsonnet, § 593.
(3) Cass. Rcq. 16 mai 1882, D. 83. 1. 175.

le bénéfice du terme à lui concédé ; la jurisprudence guidée plutôt par le bon sens que par un logique absolument rigoureuse, car le créancier à terme peut certainement prendre des mesures conservatoires, fait prédominer ici dans la saisie-arrêt le caractère d'exécution et ne la permet pas pour une créance à terme (1).

29. Si le terme a été stipulé dans l'intérêt du créancier, si le débiteur en est déchu et c'est ce qui arrive notamment quand il a diminué les sûretés par lui données à son créancier, lorsqu'il est tombé en faillite. Art. 1188. C. c., ou en l'état de liquidation judiciaire. Loi du 4 mars 1889, art. 8 ; si le débiteur y a renoncé, la saisie arrêt pourra régulièrement procéder (2).

Le terme de grâce permettra-t-il la saisie-arrêt ? Oui, dit-on, car la saisie-arrêt fournit au débiteur le moyen de se libérer immédiatement sans bourse délier, de plus le terme de grâce ne fait pas obstacle à la compensation qui est un paiement abrégé (3). Nous ne croyons pas cette solution exacte : le terme de grâce. Art. 1244 du Code civil, a précisément pour objet de suspendre l'exécution. Quel avantage aurait le débiteur à obtenir un terme de grâce, si nonobstant cette faveur le créancier pouvait, par des saisies-arrêts, empêcher les rentrées sur lesquelles il compte ? La jurisprudence admet en général que le terme de grâce ne fait pas obstacle à la saisie-arrêt (4).

---

(1) Grenoble, 26 mai 1882. D. 83. 2. 126 ; Seine, 5ᵉ 2 août 1884, la Loi 1884, 1029.

(2) Angers, 20 juillet 1843, S. 43. 2. 183.

(3) Garsonnet, III, § 594.

(4) Seine, 1ʳᵉ, 15, 22 décembre 1877, le Droit 1878, 97 ; Liège, 15 juin 1882, D. 38. 2. 138 ; Seine, 1ʳᵉ 27 janvier 1885, le Droit 1885, 29. Ce jugement donne pour raison que la saisie-arrêt est une mesure conservatoire. Cà. Seine, 7ᵉ, 23 juin 1883, la Loi 1883, 956.

On admet aussi que le vendeur d'objets mobiliers et en particulier le vendeur d'un office ministériel peut, en cas de revente, et même avant l'échéance du terme former une saisie-arrêt sur son acheteur aux mains du sous-acquéreur. A l'échéance du terme il le pourra sans nul doute, avant cette échéance il le pourra aussi. C'est que, aux termes de l'article 2102 4° C. c. le vendeur de meubles est muni d'un privilège qui porte non seulement sur l'objet resté en la possession du débiteur d'après les termes formels de la loi, mais encore sur la créance du prix en cas de revente; et, ce n'est qu'au moyen de la saisie-arrêt que le créancier pourra faire valoir son privilège, sinon ce sous-acquéreur paiera et comment sur les deniers ainsi versés exercer un droit de préférence? (1)

30. Ce sont les Juges du fond qui constatent souverainement si la créance du saisissant est certaine, liquide et exigible, c'est du moins ce que la Jurisprudence a décidé quant à la certitude et à la liquidité (2).

§ 3. — Le créancier doit être muni d'un titre ou à défaut de titre de la permission du juge.

31. Il ne suffit pas que le créancier saisissant soit investi d'une créance remplissant en elle-même et indépendamment de sa manifestation extérieure les conditions que nous venons d'indiquer; il faut de plus que cette créance s'appuie sur un titre qui lui donne pour ainsi dire corps. Le titre c'est l'acte destiné à faire preuve de la créance. Sans cette exigence, un créancier impatient alléguerait une

____

(1) Roger, 118, Garsonnet, § 594 ; Poitiers, 4 avril 1881, S. 82. 2. 61.
(2) Cass. 13 décembre 1882. S. 83. 1. 80.

créance ayant les caractères que nous avons exposés, pratiquerait une saisie-arrêt et tiendrait le débiteur à sa merci jusqu'au moment où le Tribunal déclarerait la saisie mal fondée, la loi met ainsi un frein aux poursuites téméraires. Si le créancier n'a pas de titre, la loi permet d'y suppléer par l'autorisation du Juge. Art. 557 et 558 Proc. Sera donc nulle une saisie-arrêt pratiquée sans titre ni permission du juge (1).

A. — Le créancier doit être muni d'un titre.

32. C'est, nous l'avons dit, l'acte écrit destiné à faire preuve de la créance ; il doit être bien entendu opposable au débiteur, et il le sera s'il est émané de lui ou bien si c'est une décision judiciaire ou administrative.

33. On pourra donc saisir-arrêter en vertu de titres émanés du débiteur :

Titres sous seings privés : par exemple une reconnaissance, un billet. Il faudra nécessairement qu'il porte la signature du débiteur, ainsi l'on ne pourrait considérer comme un titre une traite non acceptée (2). — La section de Législation du Tribunat avait proposé d'assimiler celui qui a un titre privé non pas à celui qui a un titre authentique mais à celui qui n'a aucun titre : « Aux yeux de la justice, disait-elle, le titre privé n'a aucun caractère légal jusqu'à ce que l'écriture soit reconnue ou vérifiée ». Des raisons d'ordre pratique firent que l'on ne tint pas compte de cette observation (3). Si l'écriture est méconnue, la saisie-arrêt devra-t-elle être annulée ? Non, mais il faudra

---

(1) Tribunal civil d'Alger, 2ᵉ, 16 mars 1887. Gazette des Tribunaux, 13 mai 1887.
(2) Bordeaux, 4ᵉ, 13 mai 1887. Gazette des Tribunaux, 8 septembre 1887.
(3) Locré, t. XXII, p. 388 et 389.

surseoir à statuer sur la validité jusqu'à ce que la procédure de vérification ait suivi son cours. Sinon le débiteur aurait un moyen trop facile de faire tomber une saisie-arrêt très légitimement pratiquée. Nous l'avons vu plus haut, une contestation élevée par le débiteur ne suffit pas à elle seule à rendre une créance incertaine (1).

Titres authentiques : par exemple une obligation passée par devant notaire, une quittance notariée avec subrogation donnera à celui qui a payé le droit de saisir-arrêter aux mains des débiteurs de celui dont il a éteint la dette et contre lequel il a ainsi acquis un droit de recours (2). A fortiori de ce que nous avons dit pour la vérification d'écriture, l'inscription de faux n'annulera pas la saisie-arrêt. La procédure suivra son cours tant que la force exécutoire de l'acte n'est pas suspendue, c'est-à-dire en cas de plainte en faux principal jusqu'à la mise en accusation et, en cas de faux incident, jusqu'au moment où le tribunal aura suspendu la force exécutoire, article 1319 § 2 C. c. Mais, dès qu'elle est suspendue, on devra surseoir à statuer sur la validité jusqu'à ce que le débat sur la sincérité du titre soit vidé (3).

34. Si le titre était sérieusement contesté, il ne saurait être le fondement d'une saisie-arrêt, d'autant plus que la créance deviendrait alors incertaine (4). Il en serait de même d'un titre dont la résolution aurait été judiciairement prononcée (5) et d'un titre qui n'aurait qu'une valeur conditionnelle ; ainsi, la caution avant tout paiement

(1) Roger, 54, i. f. D. A., v. cit. n° 84.
(2) Riom, 16 mai 1851. D. 54. 2. 46.
(3) Roger, 132.
(4) Bruxelles, 2 mai 1829. D. 31. 2. 188.
(5) Alger, 29 janvier 1886. D. 87. 2. 169.

de sa part ne peut invoquer comme un titre vis-à-vis du débiteur principal, l'engagement souscrit par elle (1).

35. On pourra en outre saisir-arrêter en vertu d'actes émanés de l'autorité administrative ou judiciaire et formant titre contre le débiteur. A ce point de vue, mentionnons :

Le rôle des contributions directes (2).

La décision du jury d'expropriation revêtue de l'ordonnance du magistrat directeur (3).

Un état de frais taxé, s'il n'est pas taxé il faut l'autorisation du juge, l'intervention du magistrat peut seule le rendre opposable au débiteur (4).

Un bordereau de collocation à une contribution (5) ; la jurisprudence n'y assimile pas le bordereau de collocation à une faillite ; ainsi on ne pourrait pas s'en servir pour saisir-arrêter sur un débiteur qui n'est plus en état de faillite et après la clôture des opérations ; ce bordereau en effet n'emporte reconnaissance de la dette qu'à l'égard de la masse et ne forme pas titre contre le failli lui-même (6).

La régularité du titre doit être exigée au moment de la saisie ; celle-ci devrait être annulée, quand même le titre imparfait *ab initio* eût été régularisé postérieurement, par exemple, on a fait une saisie-arrêt en vertu d'un état de frais non taxé et sans la permission du juge, la saisie-arrêt devra être annulée quand même ultérieurement serait intervenue la taxe ou la permission du juge (7).

---

(1) Tribunal d'Albertville, 28 janvier 1882, le Droit 1883. 7.
(2) Cass., 26 mai 1886. S. 86. 1. 256.
(3) Colmar 1", 23 juillet 1841. D. 42. 2. 218.
(4) Seine 7°, 4 août 1887, le Droit 1887, 191.
(5) Seine 5°, 12 janvier 1877. D. 78. 3. 7.
(6) Seine 6°, 6 août 1878, le Droit 1878. 236.
(7) Tribunal de St-Marcelin, 11 avril 1867. D. 68. 3. 75.

36. Mentionnons enfin les jugements. Pour qu'un jugement puisse servir de base à une saisie-arrêt, il faut qu'il emporte condamnation, il ne suffirait pas que ce jugement ordonnât simplement une liquidation de compte (1) ; et cette condamnation elle-même ne sera bien certainement opposable au débiteur que s'il est partie au jugement qui la prononce (2). Il faut aussi que ce jugement soit régulier en la forme, c'est-à-dire enregistré et expédié, le dispositif du jugement inscrit sur la feuille d'audience et précédé des motifs ne forme pas le jugement tout entier, il faut que les qualités viennent s'y ajouter. Avant que toutes ces formalités ne soient remplies, le jugement n'existe pas véritablement comme titre (3).

37. Que déciderons-nous si la force exécutoire du jugement se trouve paralysée, soit par l'inaccomplissement des formalités à ce nécessaires, soit par l'effet des voies de recours ? Nous avons admis en principe qu'il fallait à ce point de vue se référer aux règles tracées par la loi sur l'exécution forcée à moins de dérogation formelle. Eh bien! nous allons appliquer cette idée. Sans doute, il pourra sembler étrange que la loi permette de saisir-arrêter en vertu d'une simple ordonnance du juge non signifiée au débiteur et immédiatement après l'avoir obtenue, et se montre bien plus sévère s'il s'agit d'un jugement, mais il n'en est pas moins vrai, d'autre part, que la loi a établi des règles minutieuses et précises sur l'exécution des jugements, et il nous paraît impossible de les écarter sous prétexte que l'application rigoureuse de ces règles serait de nature à jeter sur notre matière quelque disparate.

(1) Req. Rej., 10 décembre 1839. D. 40. 1. 74. — Bordeaux 1er, 26 août 1839. D. 40. 2. 219.
(2) Cass. Req., 19 novembre 1877. D. 78. 1. 486.
(3) Garsonnet, § 595, note 1.

38. Ainsi nous n'admettrons pas que l'on puisse saisir-arrêter en vertu d'un jugement non revêtu de la formule exécutoire, ou même revêtu de l'ancienne formule exécutoire, celle-ci n'ayant plus aucune valeur (1).

39. La signification doit être rigoureusement exigée (2). D'abord elle est une condition de l'existence même du jugement vis-à-vis du défendeur, c'est ce qu'on exprime par la formule bien connue : *Paria sunt non esse et non signi ficari*, de plus elle est le préliminaire obligé de l'exécution des jugements, qu'il s'agisse de jugements contradictoires (3) ou de jugements par défaut (4).

40. De plus, on devra attendre l'expiration du délai de huitaine pendant lequel le jugement ne peut pas être exécuté (5), mais la saisie-arrêt pourra être pratiquée en vertu du jugement exécutoire par provision avant l'expiration du délai de huitaine et nonobstant l'opposition ou l'appel (6).

41. Qu'arrivera-t-il si le jugement est attaqué au moyen d'une voie de recours ?

Lorsque le jugement en vertu duquel on a pratiqué la saisie-arrêt vient à être frappé d'appel, l'exécution se trouvant suspendue, le tribunal devra surseoir à statuer sur la validité de la saisie-arrêt jusqu'à ce que le recours ait

(1) Ca Périgueux, 24 novembre 1887, le Droit 1887. 281.

(2) Roger, no 86. Ca Paris, 28 novembre 1879 et 11 mars 1880. S. 80. 2. 213. Bordeaux, 12 juillet 1880. D. 80. 2. 232. Rennes, 21 août 1871. S. 74. 2. 72, cet arrêt a trait à la signification à avoué. Civ. Rej., 10 août 1881. D. 82. 1. 307.

(3) Ca Seine 6°, 9 juillet 1887, le Droit 1887. 170.

(4) Sic, Paris 6°, 24 novembre 1887, le Droit 1887. 284. Ca Paris 5°, 28 novembre 1879, le Droit 1880. 296. Etampes, 19 juin 1888, la Loi 1888. 151.

(5) Paris 2°, 23 juillet 1840. D. 40. 2. 241.

(6) Seine 5°, 4 janvier 1879, le Droit 1879. 132. Civ. Rej. 26, 27, 28 décembre 1881. D. 82. 1. 377 et Paris 11 mars 1880. S. 80. 2. 213. Ce dernier arrêt ne considérant pas la saisie-arrêt comme un acte d'exécution, admet à tort suivant nous, que la saisie-arrêt est valable même si l'on n'a pas fourni la caution à laquelle le jugement avait subordonné l'exécution provisoire.

été vidé. Mais la saisie-arrêt pourrait-elle être formée en vertu d'un jugement frappé d'appel et non exécutoire par provision? Nous ne le croyons pas quant à nous, car l'appel est suspensif de l'exécution et a pour effet d'ôter toute énergie à cet égard au jugement rendu (1). Sauf quelques dissidences, la Jurisprudence paraît fixée en sens contraire (2), mais elle admet bien ce qui est très raisonnable et très logique que le tribunal devra surseoir à statuer sur la validité jusqu'à la solution à intervenir devant la juridiction supérieure, la validité de la saisie-arrêt se trouve en effet subordonnée à la confirmation du jugement, et l'on ne saurait, même en admettant qu'on ne dût pas annuler sur-le-champ la saisie-arrêt, la valider *hic et nunc* (3).

Nous appliquerons les mêmes principes à l'opposition et nous déciderons qu'elle fait obstacle à la saisie-arrêt. Ici les documents de Jurisprudence que nous avons recueillis sont tous unanimes à refuser le droit de saisir-arrêter au créancier muni d'un jugement frappé d'opposition, en prenant pour point de départ cette idée que la saisie-arrêt est une mesure d'exécution ; en approuvant cette Jurisprudence nous devons reconnaître qu'elle est peu logique puisqu'elle donne sans motif aucun la solution contraire lorsqu'il s'agit de l'appel (4).

Quant au pourvoi en cassation, il n'est point suspensif

(1) Roger, 64. Bordeaux, 28 août 1827. D. 28. 2. 42. Tribunal de St-Etienne, 3 août 1887, la Loi 1887, 992.

(2) Rousseau et Laisney, Dictionnaire. V. cit., n° 120. Bordeaux, 24 mai 1869. S. 70. 2. 23. Paris 4°, 21 mai 1879, le Droit 1879. 233. Civ. Rej. 10 août 1881. D. 82. 1. 307. Seine 6°, 21 avril 1885, la Loi 1885. 878.

(3) Tribunal civil de Bastia, 20 mars 1858. D. 59. 3. 7. Tribunal de Chambéry, 29 janvier 1885, la Loi 1885. 517.

(4) Seine 7°, 18 juin 1884, le Droit 1884, 231. Seine 7°, 24 novembre 1884, Gazette des Tribunaux, 21 décembre 1884. Seine 6°, 17 décembre 1886, le Droit 1887, 45.

de l'exécution et ne saurait par conséquent faire obstacle à la saisie-arrêt; mais ceci n'est vrai qu'en matière civile, en matière pénale le pourvoi est suspensif (1); de plus, si à la suite du pourvoi la cassation est prononcée, il est hors de doute que la décision cassée ne pourra servir de base à une saisie-arrêt (2).

Si le jugement est attaqué par voie de tierce-opposition, le maintien ou l'annulation de la saisie-arrêt dépendront du tribunal qui peut à son gré suspendre ou non l'exécution. Articles 477 et 478. Proc.

La requête civile n'a pas d'effet suspensif. Article 497. Proc. (3).

42. Lorsque le titre du créancier se trouve ainsi paralysé, l'autorisation du juge ne pourra-t-elle y suppléer? Non, dit M. Bertin, l'article 558 ne permet de recourir à l'autorisation du juge qu'au cas où l'on n'a pas de titre (4). Il nous semble plus rationnel et plus exact d'admettre la solution contraire (5). Ne doit-on pas traiter aussi favorablement celui qui a tout au moins un germe de titre que celui qui en est dépourvu totalement, de plus n'avoir qu'un titre sans vigueur juridique cela n'équivaut-il pas à l'absence de titre?

*B. — A défaut de titre le créancier doit être muni de l'autorisation
du Juge.*

43. Si le créancier n'a pas de titre il peut y suppléer en obtenant du magistrat la permission de saisir-arrêter.

---

(1) Paris, 23 février 1854. D. 55. 2. 67.
(2) Bordeaux, 22 août 1854. D. 55. 2. 123.
(3) Roger, 82 et 82 *bis.*
(4) Ordonnances sur requête I, n° 173.
(5) Roger, 66.

Article 558 Proc. C'est là une faveur accordée au créancier, elle s'explique par les considérations suivantes : un créancier peut être investi d'une créance certaine et exigible, et n'avoir pas de titre pour la constater, le débiteur prévenu par les poursuites ne va-t-il pas mettre à profit le temps nécessaire à son créancier pour se procurer un titre, et anéantir ou tout au moins dénaturer le gage soit en recouvrant les sommes à lui dues, soit en aliénant ses créances (1).

En 1844 déjà, et ces considérations n'ont rien perdu de leur valeur, M. Debelleyme appréciait en ces termes le rôle du magistrat chargé d'autoriser la saisie-arrêt : « Cette attribution est l'une des plus importantes du Président, car les valeurs mobilières sont aujourd'hui très considérables, leur mouvement est fréquent, leur disponibilité est nécessaire au commerce et à l'industrie. Ces demandes présentent souvent de grandes difficultés ; un refus craintif compromet les droits d'un légitime créancier en laissant au débiteur le temps de soustraire le gage, une opposition juste prévient un procès en forçant le débiteur à se libérer ; une permission légère expose le saisi dont elle paralyse les ressources à suspendre ses paiements et aux chances d'insolvabilité de son débiteur et lui cause un préjudice souvent irréparable. L'erreur est facile quand on statue sur l'exposé d'une seule partie. Sans doute l'opposition est suivie d'une demande en validité, mais l'opposition est déjà une atteinte grave au crédit, et il faut du temps pour obtenir justice définitive. Sans la résistance éclairée du juge, l'opposition serait une contrainte pour obtenir des sacrifices sur des prétentions peu fondées, et presque

____

(1) Garsonnet, page 691.

toutes les instances commenceraient par cette exécution. »

Le juge investi de cette délicate mission devra examiner avec le plus grand soin si la créance remplit les conditions de certitude et d'exigibilité voulues par la loi — il en fera si besoin est la liquidation provisoire. — Au cas où la créance est l'objet d'un litige, il appréciera d'après les conclusions de l'adversaire si la contestation est sérieuse ou si elle ne se réduit pas à de pures chicanes ; le créancier est-il muni d'un jugement paralysé par une voie de recours en empêchant l'exécution, le magistrat examinera si cette voie de recours repose sur un fondement sérieux ou si elle n'est qu'un moyen dilatoire ; il refusera la permission demandée, si la saisie-arrêt régulière au point de vue du droit strict devait revêtir un caractère vexatoire eu égard à la position du saisi. La loi veut qu'aucune valeur ne soit attribuée aux actes présentés en justice qui ne seraient pas enregistrés, le titre en vertu duquel une saisie-arrêt est pratiquée doit donc porter la mention d'enregistrement ; le magistrat ne pourrait accorder la permission pour suppléer non au titre mais à l'enregistrement du titre, à moins toutefois que les droits d'enregistrement soient plus considérables que la créance même frappée d'opposition (1).

L'autorisation est demandée au moyen d'une requête que le magistrat répond par une ordonnance mise, suivant l'expression consacrée, au bas ou au pied de la dite requête (2)

Quelle est la nature de cette ordonnance sur requête, quel est le juge compétent pour la rendre ? Telles sont les deux questions que nous devons examiner.

(1) Garsonnet, page 696, note 42.
(2) Art. 77, § 2 du tarif civil.

I

NATURE DE L'ORDONNANCE SUR REQUÊTE

44. Il nous faut la dégager avec soin afin de déterminer aussi exactement que possible les pouvoirs du juge dont elle émane, l'étendue et les limites de ces pouvoirs.

Et tout d'abord, le juge qui autorise une saisie-arrêt par ordonnance sur requête ne fait pas un acte d'administration, comme au cas par exemple où il dirige les opérations du jury d'expropriation : il n'a pas en effet la liberté d'action d'un administrateur, il est sans doute investi d'un pouvoir très large d'appréciation, mais il portera (en principe tout au moins) sur le fond même d'un droit allégué et non pas simplement sur des circonstances et des intérêts ; aussi, il ne pourra pas s'écarter des règles précises que lui trace le législateur, il devra se conformer aux conditions auxquelles la loi subordonne sa mission et respecter les précautions dont elle l'entoure. Ainsi, dans notre hypothèse il ne devra donner son autorisation que si la créance du requérant remplit les conditions sur lesquelles nous nous sommes expliqué plus haut ; il doit être régulièrement saisi par l'intéressé, son ordonnance une fois rendue il ne peut la rétracter, *proprio motu* au moins et sans l'intervention du requérant ; il se rendrait coupable de déni de justice s'il refusait de statuer sur la requête à lui présentée, il fait donc bien acte de juridiction (1).

Mais il y a deux espèces de juridictions, la juridiction

(1) Bazot. Ordonnances sur requête, p. 12. Le rapport de M. de Peyramont sur l'arrêt de la Cour de cassation du 26 novembre 1867. S. 68, 1. 73.

contentieuse et la juridiction *gracieuse* ou *volontaire*. « Le juge, dit Henrion de Pansey, exerce la juridiction contentieuse toutes les fois qu'il prononce sur des intérêts opposés après débat contradictoire entre deux parties dont l'une a cité l'autre à son tribunal, tout ce qu'il fait sur la demande d'une seule personne ou de plusieurs d'accord entre elles et sans contradiction appartient à la juridiction volontaire. » L'ordonnance sur requête émane de la juridiction gracieuse, car c'est bien à la demande d'une seule personne et sans débat préliminaire qu'elle est rendue. Parmi ces actes appartenant à la juridiction gracieuse les uns « qui ne constatent que des solennités judiciaires exigées soit à cause de la gravité des circonstances soit à titre de garantie » (1) n'iront heurter aucun intérêt antagoniste, les autres pourront préjudicier aux droits de tiers en l'absence et à l'insu desquels a été rendue l'ordonnance. Comment justifier cette facilité avec laquelle la loi permet de faire ainsi grief à un tiers sans le mettre à même de se défendre? C'est que certaines mesures ne sont efficaces que si l'attention de celui qui les subit n'est pas préalablement éveillée, et en notre matière, l'intérêt est manifeste : s'il était prévenu, le débiteur n'aurait-il pas le temps de se mettre à l'abri des saisies-arrêts tentées par son créancier. Quoi qu'il en soit, que l'ordonnance nuise ou ne nuise pas à un tiers, peu importe, dès lors qu'elle n'est point précédée d'un débat contradictoire, elle appartient à la juridiction gracieuse laquelle est caractérisée non point par l'objet qu'elle poursuit, mais par la procédure au moyen de laquelle elle est exercée. Donc, sans hésitation, bien que la saisie-arrêt soit au premier chef une mesure

___

(1) V. la note de notre savant maître M. Glasson. D. 1883. 2. 97.

devant préjudicier au débiteur, nous dirons que l'ordonnance qui a autorisé cette saisie-arrêt est un acte de juridiction *gracieuse*.

Comment le juge exercera-t-il cette juridiction gracieuse ? Il est à cet égard investi d'un pouvoir *discrétionnaire*, c'est-à-dire qu'il est libre de refuser, ou d'accorder la permission à lui demandée, suivant les éléments de droit et jusqu'à un certain point les circonstance de fait dont il est souverain appréciateur, et il n'a pas à motiver sa décision. De consciencieux magistrats indiquent officieusement les raisons de leur refus en réclamant soit des justifications plus précises, soit même une rédaction meilleure et plus juridique de la requête, mais ils peuvent parfaitement se borner à répondre purement et simplement « qu'il n'y a lieu. »

Cette ordonnance sur requête est, avons-nous dit, un acte de juridiction : le juge, malgré le large pouvoir d'appréciation que nous lui avons reconnu, doit donc s'acquitter de sa mission dans les limites prescrites par la loi : d'après le principe : *latâ sententiâ judex desinit esse judex*, aussi vrai en matière gracieuse qu'en matière contentieuse, le juge est dessaisi par la décision qu'il donne, il ne peut pas en subordonner l'efficacité à telle ou telle condition. La solution inverse qui domine dans la jurisprudence et la doctrine nous semble d'ailleurs ouvrir la porte à l'arbitraire sous prétexte de respecter le pouvoir d'appréciation du juge. Que celui-ci accorde ou refuse la permission, qu'il l'accorde seulement en partie, rien de mieux, il est dans les limites de son pouvoir, mais il en sortira si par exemple il met à son autorisation la condition que le créancier fournira caution, s'il ordonne qu'outre les formalités prescrites par la loi, l'ordonnance devra être signifiée un certain nombre de jours avant la dénonciation avec assignation en validité, sinon que l'autorisation sera considérée comme nulle et non donnée. Il est inadmissible qu'un créancier investi par la loi du droit de saisir-arrêter, voie son droit entravé par des conditions auxquelles la loi ne l'astreint nullement et que le bon plaisir du juge lui imposerait. Nous examinerons plus loin la réserve de référé et la clause d'affectation spéciale.

45. On ne saurait se méprendre sur le caractère particulièrement grave de cette autorisation rendue sur simple requête et qui semble mettre sous le couvert du magistrat une mesure singulièrement dangereuse. N'y-a-t-il pas un moyen d'en corriger les effets ? La première idée qui se présente à l'esprit est que cette ordonnance comme toute autre décision de justice, peut être attaquée par les votes de recours organisés par la loi. Voici à cet égard le résumé des principaux systèmes qui se sont produits et qui dans le silence de la loi pour notre hypothèse spéciale divisent les interprètes et la jurisprudence.

46. Le saisissant dont la requête est refusée a-t-il un moyen de faire réformer la décision du juge ? Sans doute, nous l'avons indiqué déjà incidemment, il peut par un recours purement gracieux vaincre les légitimes scrupules du magistrat en lui apportant des explications et des justifications nouvelles, mais quand à une voie de recours proprement dite, la doctrine et la jurisprudence sont d'accord pour la lui refuser. Roger (1) a pourtant émis l'opinion contraire, alléguant la nécessité pour un créancier qui a le droit de pratiquer une saisie-arrêt de pouvoir user de ce droit, mais cette opinion pèche par la base, car le

____

(1) 1re édition. V. Roger, édition 1860. 146 sq.

créancier qui n'a pas de titre et demande au juge la permission de saisir-arrêter n'a pas de droit, ou du moins,
son droit dépend du pouvoir discrétionnaire du magistrat.

47. Mais en ce qui concerne le saisi, ne pourra-t-il pas
critiquer et faire annuler cette ordonnance dont il n'a point
été appelé à contester la légitimité, et qui par la mesure
qui la suivra va peut être lui causer un préjudice irréparable ? Ne semble-t-il pas bien naturel de lui ouvrir une
voie de recours ? Mais laquelle ? La loi est muette. Sur ce
point, les combinaisons les plus diverses se sont produites
dans la jurisprudence, et pour donner une idée suffisamment claire de celle-ci, nous recueillerons celles de ses
décisions qui ont trait non seulement aux ordonnances
sur requête autorisant la saisie-arrêt, mais encore aux
ordonnances sur requête autorisant d'autres mesures.

48. D'abord, des arrêts ont admis que le saisi pouvait
déférer directement à la Cour d'Appel l'ordonnance entachée d'incompétence ou d'excès de pouvoir (1). Mais le
point intéressant et délicat est celui de savoir si et comment l'ordonnance pourra être attaquée en alléguant simplement la fausse appréciation des droits sur lesquels le
juge a dû se prononcer par celui qui n'a point été appelé à
en contredire et à en contester la valeur. Une objection
décisive se dresse tout d'abord à l'encontre de l'admissibilité de toute voie de recours quelle qu'elle soit : c'est que
les actes de juridiction gracieuse (et l'ordonnance sur requête rentre bien dans cette catégorie), n'ont point autorité

____

(1) Paris, 6 janvier 1866. D. 66. 2. 25, confirmé par Cass., 26 novembre 1867.
D. 67. 1. 473, il s'agissait d'une ordonnance ayant autorisé l'expulsion des
gérants d'une société. — Paris, 4 mai 1867, D. 67. 2. 157, en matière de nomination de séquestre. Montpellier, 3 décembre 1870. D. 75. 2. 76, l'ordonnance
attaquée avait ordonné le dépôt d'un testament chez un notaire.

de chose jugée et ne sont pas susceptibles de voies de recours. Nous reviendrons plus loin sur ce point, mais un certain nombre de systèmes se heurtent en outre à des critiques particulières, aussi est-il nécessaire de les passer en revue (1).

49. Le mode le plus simple semble être l'opposition; mais, comme le fait remarquer M. Onofrio, dans son rapport sur l'arrêt de la Cour de Cassation du 10 novembre 1885 que nous rencontrerons plus loin, elle n'est donnée qu'à la partie qui fait défaut et l'on ne fait défaut que quand ayant été appelé en justice on ne répond pas à l'appel. On échappe à l'objection en permettant sinon l'opposition du moins la tierce-opposition (2). Où porter cette opposition ou tierce-opposition ? Sera-ce devant le magistrat qui a rendu l'ordonnance? Mais alors on lui attribue une juridiction contentieuse là où la loi ne lui donne qu'une juridiction gracieuse (3). A peine pourrait-on admettre cette manière de voir lorsqu'il s'agit de l'ordonnance organisée par l'article 417 du Code de procédure civile (4), car ici la loi semble permettre implicitement d'attaquer l'ordonnance rendue aux termes de cet article par le président du tribunal de commerce en décidant que ses ordonnances seront exécutoires nonobstant opposition ou appel. C'est là certainement une exception et peut-être une inadvertance du législateur comme le font soupçonner les travaux préparatoires (5). Sera-ce devant le tribunal ? La Cour de Cassation l'a admis en matière d'ordonnance autorisant à

(1) D. 1875. 2. 105, note.

(2) Bourges, 18 juin 1855. D. 1875. 2. 105, notes 1, 2, 3, note a. Arrêt rendu en matière d'envoi en possession.

(3) Bourges, 13 mars 1872. D. 72. 2. 208 en matière d'envoi en possession.

(4) Aix, 3 mars 1871, D. 72. 2. 41 et 27 janvier 1871. D. 72. 2. 125.

(5) Boitard, Colmet-Daage et Glasson, t. I, p. 724 note 1.

assigner à bref délai (1) ; ici cette solution s'inspire de considérations particulières, ce n'est pas là une véritable opposition, mais le défendeur conteste devant le tribunal la légitimité de l'autorisation accordée (2). La Cour de Besançon a statué dans le même sens en matière d'envoi en possession et par ce motif que l'ordonnance sur requête est un acte de juridiction contentieuse (3). Mais ce procédé a été repoussé par l'arrêt de la Cour de Cassation du 26 novembre 1867 (4) que nous avons déjà cité : « Il serait, dit très justement cet arrêt, aussi contraire à la dignité de la justice qu'à l'ordre des juridictions qu'un tribunal pût être rendu juge de la légalité des actes du magistrat placé à sa tête ».

50. L'opposition étant écartée, l'ordonnance sera-t-elle susceptible d'appel devant la Cour ? Ici une distinction apparaît : — Ou l'appel sera dirigé immédiatemont contre l'ordonnance ; ceux qui assimilent notre ordonnance à un jugement par défaut ne peuvent accepter cette solution, car l'appel n'est possible alors que quand l'opposition n'est plus recevable ; article 443, § 2 Proc. ; or rien ne peut faire obstacle à la recevabilité de l'opposition quand il s'agit d'ordonnance sur requête. L'appel a été admis en matière d'envoi en possession (5), mais en matière de saisie-arrêt, les monuments de jurisprudence sont unanimes à regarder l'ordonnance d'autorisation comme un acte de juridiction gracieuse non susceptible d'appel (6). — Ou

(1) Cass. 25 juillet 1854. D. 55. 1. 178.
(2) M. Glasson à son cours.
(3) Arrêt du 26 février 1868. D. 68. 2. 93.
(4) D. 67. 1. 473.
(5) Nancy. Arrêt du 3 février 1870. D. 70. 2. 113.
(6) Paris 3°, 15 mars 1856. D. 56. 2. 138. Arrêts divers, D. 67. 2. 65, 66. 150. Arrêts divers, D. 72. 2. 227 et 228. Paris, 14 décembre 1882. S. 83. 2. 151. Paris 7°, 23 mai 1884, le Droit 1884. 167.

l'appel sera dirigé contre la seconde ordonnance, rendue sur opposition ou tierce-opposition par le magistrat, cette seconde ordonnance ayant le caractère contentieux puisqu'elle a été précédée d'un débat contradictoire (1), ou contre le jugement du tribunal ayant statué sur l'opposition formée à l'ordonnance de son président.

51. Quant au pourvoi en Cassation formé directement contre notre ordonnance, il a été écarté par un arrêt de la Chambre des Requêtes (2). Cette solution doit être acceptée à quelque système qu'on se rallie ; car, pour ceux qui n'admettent pas la possibilité des voies de recours quelles qu'elles soient, le pourvoi en Cassation doit être écarté au même titre et pour les mêmes raisons que les autres, et d'ailleurs comme il est admis seulement contre les décisions qui ne sont pas susceptibles d'autres voies de recours, ceux qui admettent l'opposition ou l'appel ne peuvent que repousser le pourvoi en Cassation. La loi du 27 ventôse an VIII permet bien au ministère public de déférer au Tribunal de Cassation les décisions entachées d'excès de pouvoir, sans préjudice du droit des parties intéressées, mais elle ne leur donne pas le droit de le faire elles-mêmes, c'est une prérogative réservée au ministère public. Est-il besoin de faire remarquer combien cette voie serait coûteuse, compliquée et peu pratique en notre matière.

52. M. Cazalens (3) a proposé un système dont voici les principaux traits : Parmi les ordonnances sur requête, il distingue celles qui n'impliquent la reconnaissance d'aucun droit et ne peuvent causer à ceux en l'absence desquels elles sont rendues aucun préjudice : d'après le

(1) Bourges, 18 juin 1855, sup. cit.
(2) Arrêt du 16 mai 1860. D. 60. 1. 432.
(3) D. 1875, 2, 73, 105 et 137 notes.

principe que l'intérêt est la mesure de l'action, aucune voie de recours n'est admissible contre elles ; d'autre part, celles qui lèsent un intérêt ou un droit et qui dès lors appartiennent à la juridiction contentieuse, ces dernières sont susceptibles de voies de recours et celle qu'il convient d'admettre, c'est l'opposition devant le magistrat avec faculté d'appel de la deuxième ordonnance. M. Bertin critique très justement ce système : d'abord la distinction qui en est la base prête à l'arbitraire, on ne peut pas *a priori* distinguer les ordonnances qui doivent causer ou non un préjudice à un tiers : celles qui se bornent à la nomination d'officiers publics, à l'abréviation de délais, peuvent, dans certains cas, préjudicier à un tiers tout comme l'ordonnance permettant une saisie-arrêt ; de plus, et nous l'avons indiqué plus haut, ce n'est point par la nature de l'objet demandé que se différencient les deux espèces de Juridictions, mais par le procédé employé pour la mettre en œuvre et à ce point de vue l'Ordonnance sur requête ne peut pas être un acte de juridiction contentieuse.

53. Enfin des arrêts admettent, et c'est la vraie solution, que l'ordonnance sur requête n'est susceptible d'aucune voie de recours : ni l'appel, ni l'opposition, ni la tierce-opposition ne sont possibles (1).

54. On voit par ce rapide résumé quelle confusion et quelles difficultés ont surgi sur ce point à raison du silence de la loi et de l'incertitude des principes. Admettre une voie de recours n'est-ce pas faire violence au caractère gracieux de l'Ordonnance, la refuser n'est-ce pas donner au magistrat un pouvoir exorbitant et sacrifier l'intérêt des

______

(1) Pau, 30 mai 1870. D. 71, 2, 84 en matière d'envoi en possession ; Montpellier, 7 avril 1854. D. 55, 2, 293 en matière de saisie-arrêt.

justiciables. Cette dernière considération, d'après M. Bertin (1), avait conduit à admettre que le Président ne pouvait statuer sur requête qu'autant que la mesure réclamée constituait un acte n'appelant pas de défendeur. C'était là certainement une exagération et une méconnaissance formelle de la loi qui, dans certains cas, permet au juge de statuer sur requête nonobstant les droits des tiers.

M. Debelleyme que sa situation de Président du Tribunal civil de la Seine mettait à même d'apprécier très exactement les inconvénients et les responsabilités du pouvoir discrétionnaire, imagina le biais suivant : il inséra dans ses ordonnances cette clause, *qu'il lui en serait référé en cas de difficultés*. Le saisi peut alors en vertu de cette réserve venir devant le président, présenter ses observations, et s'il y échet, faire retirer ou tout au moins réduire l'autorisation accordée. Peu importe que la loi n'accorde pas de recours contre l'ordonnance sur requête, le magistrat qui l'a rendue puise dans son pouvoir discrétionnaire habilement mis en œuvre le moyen d'en corriger le caractère exorbitant, mais ce procédé fort ingénieux et qui est aujourd'hui d'un usage constant fait naître les difficultés les plus graves et donne ouverture à de nombreuses controverses.

55. Ce procédé est-il légal ? Oui, dit-on, car le président qui en vertu de son pouvoir discrétionnaire peut donner ou refuser la permission peut aussi la modaliser et ne la délivrer qu'en se réservant un droit de révision (2). Mais à l'encontre de cette solution on fait valoir les raisons sui-

(1) T. I, n° 99 et 100.
(2) Bordeaux, 19 mars 1855 ; S. 55, 2, 405. Paris, 15 mars 1856 ; S. 56, 2, 204. Lyon, 29 juin 1857 ; S. 58, 2, 209. Bastia, 12 février 1859 ; S. 59, 2, 253. Lyon, 6 mai 1861 ; S. 61, 2, 487 et D. 61, 2, 113. Arrêts divers, S. 1867, 2, 189. Paris 6°, 24 décembre 1885. Le Droit 1886, 32.

vantes : le magistrat ne doit pas sortir de la mission dont
la loi lui trace les limites ; la faculté d'accorder ou de refuser la permission n'implique pas celle de la subordonner
à une condition, et de constituer ainsi une prolongation
de juridiction ; nous l'avons dit le magistrat, en statuant,
a épuisé ses pouvoirs. L'insertion de cette clause a pour
résultat de mêler et de confondre la juridiction contentieuse
et la juridiction gracieuse : le magistrat qui de par la loi
devait statuer sur requête statuera en référé ; de plus, elle
ouvre la porte à l'arbitraire et à l'injustice, le magistrat est
libre en l'insérant ou en ne l'insérant pas, d'ouvrir aux
uns une voie de recours contre l'ordonnance sur requête,
et de la refuser aux autres, ce qui est absolument contraire
au principe fondamental de l'égalité devant la loi (1). Mais,
dira-t-on, le saisi ne pourra-t-il pas toujours mettre en
œuvre la juridiction des référés, quel intérêt y a-t-il donc
à dire que cette clause est ou n'est pas valable. Sans doute,
nous n'irons pas, comme quelques arrêts (2) jusqu'à annuler comme incompétemment rendue la deuxième ordonnance ; mais voici l'intérêt pratique : Si cette clause est
valable, c'est dans cette clause que la seconde ordonnance
puise sa valeur et non plus dans les principes de la juridiction des référés, d'où il suit que les conditions ordinaires du référé, l'urgence par exemple, ne seront pas
exigées, que le saisi pourra expressément ou tacitement
renoncer à la faveur à lui faite ; au contraire, si cette clause
n'est qu'une superfétation, la seconde ordonnance est
purement et simplement une ordonnance de référé ; mais
soumise aux règles qui régissent cette juridiction, et que

(1) Lyon, 25 avril 1856 ; S. 56, 2, 466, et D. 57, 2, 5.
(2) V. Bertin, n° 105.

le saisi pourra toujours solliciter dans les termes du droit
commun. La clause d'ailleurs pour n'être pas valable n'est
cependant pas dépourvue de toute utilité, elle servira à
prévenir le saisi et à lui rappeler que le droit commun lui
offre la ressource de saisir le juge des référés. La seconde
opinion est suivant nous la seule bonne, et la jurisprudence semble y tendre bien qu'elle reconnaisse à la clause
qui nous occupe une valeur qui nous semble purement
théorique (1). D'ailleurs la première opinion se heurte à
des difficultés qui à elles seules doivent mettre en garde
contre son bien fondé, nous allons les parcourir rapidement afin de la discuter sur son propre terrain.

56. Est-il besoin que cette réserve soit acceptée par le
créancier ? D'ordinaire, cette acceptation se rencontrera, et
il est de style que la requête se termine par ces mots :
« Offrant de vous en référer en cas de difficultés » ; mais
le magistrat pourrait-il d'office insérer la réserve d'en référer ? Nous croyons qu'il le peut (2). Et en effet, que la
condition à laquelle la magistrat subordonne son autorisation soit acceptée ou non, c'est toujours une condition ou
plutôt une modalité ; si l'on reconnait au pouvoir discrétionnaire du magistrat assez d'étendue pour lui permettre
de l'insérer dans un cas, il faut bien aussi lui permettre
de l'insérer dans l'autre. On pourrait croire tout au moins
que cette acceptation imposera au saisissant le devoir de
revenir lui-même devant le magistrat si des difficultés se
présentent ; en pratique il n'en est pas ainsi et il ne peut pas
en être ainsi ; c'est qu'en effet, la saisie-arrêt une fois pratiquée, le but du créancier est atteint et le saisi ne peut

(1) Aix, 29 novembre 1886, D. 87. 2. 193, et la note de M. Glasson. D. 83.
2. 97.
(2) Cà Paris, 11 février 1868, S. 69, 2, 112.

par son inaction ou sa résistance entraver la poursuite du créancier. C'est à lui saisi de prendre les devants, c'est pour lui qu'est faite cette clause dont le créancier se gardera bien d'user.

57. Cette seconde ordonnance est-elle susceptible d'appel? Dans notre opinion, aucun doute ne peut s'élever sur ce point, la seconde ordonnance est une ordonnance de référé ordinaire, précédée d'une assignation et d'un débat contradictoire, elle émane donc de la juridiction contentieuse et est par conséquent susceptible d'appel (1); mais si l'on admet la validité de la clause, le doute est permis, et la jurisprudence a été fort longtemps divisée sur ce point. M. Bertin (2) cite à peu près le même nombre d'arrêts dans un sens que dans l'autre. En 1884, toutes les Chambres de la Cour de Paris sont unanimes à repousser l'appel (3) ; auparavant nous rencontrons toutefois plusieurs décisions en sens contraire (4). Mais la Cour de Cassation est intervenue, et rompant avec une jurisprudence par elle acceptée en matière d'ordonnance autorisant une saisie contre-façon (5), elle a admis la possibilité de l'appel (6). Les Cours d'appel ont accepté cette jurisprudence (7). Remarquons que certains arrêts faisaient des distinctions et suivant les cas accordaient ou refusaient l'appel ce qui prêtait singulièrement à l'arbitraire. L'appel,

<hr>

(1) V. la note de M. Glasson, D. 1883, 2, 97.

(2) T. I, n** 61 et 62.

(3) Paris 3*, 16 janvier 1884 ; le Droit 1884, 177. Paris 5*, 15 décembre 1882 ; D. 83, 2, 97.

(4) Paris 5*, 23 novembre 1878 ; le Droit 1878, 291. Paris 3*, 28 août 1879 ; le Droit 1879, 303.

(5) Civ. Cass., 13 août 1862 ; D. 62, 1, 347.

(6(Civ. Cass., 10 novembre 1885 ; D. 86, 1, 209.

(7) Paris 6*, 24 décembre 1885 ; la Loi 1886, 77. Bordeaux, 22 juillet 1886 et Aix, 29 novembre 1886 ; D. 1887, 2, 193. Paris 5*, 3 novembre 1887 ; le Droit 1887, 263.

disait-on, est recevable ou non, suivant que la seconde ordonnance est ou n'est pas la suite de la première (1), ou bien l'on n'accordait l'appel que si le saisi avait usé sans délai de la réserve (2). En faveur de l'appel, on invoque le caractère de la seconde ordonnance précédée d'une assignation qui met les parties à même de défendre contradictoirement leurs droits et relevant par conséquent de la juridiction contentieuse ; pour repousser la faculté d'appel, on fait observer que la seconde ordonnance n'est que le complément de la première, qu'elle est simplement destinée à en corriger les effets, mais qu'elle reste comme celle-ci un acte de juridiction gracieuse. M. Bertin remarque judicieusement que chacun des deux systèmes laisse sans réponse l'argument essentiel de la thèse adverse, le premier ne tient pas compte de ce que la seconde ordonnance n'est que la suite et le prolongement de la première, le second n'a pas égard à ce que cette ordonnance est précédée d'une assignation et d'une contestation. Toutefois si l'on observe que la seconde ordonnance se présente absolument sous la forme d'une ordonnance de référé, il nous semble difficile même si l'on admet la validité de la clause de ne pas la traiter comme telle et de ne pas ouvrir contre elle la voie de l'appel.

58. Jusqu'à quand au cours de la procédure de saisie-arrêt, le saisi pourra-t-il user de la réserve ? Sans doute, ce serait aller trop loin que d'admettre l'impossibilité d'user de la clause une fois la saisie-arrêt pratiquée (3), d'ailleurs jusque-là le débiteur n'ayant subi aucun préjudice, n'a pas eu à soulever de difficultés ; mais cette faculté

(1) Paris 1", 17 et 20 juillet 1880 ; le Droit 1880, 176.
(2) Paris, 14 décembre 1882 ; le Droit 1883, 45.
(3) Montpellier 2°, 7 avril 1854 ; D. 55, 2, 293.

ne disparaît-elle pas quand le débat sur la validité de la saisie-arrêt est ouvert par la dénonciation avec assignation devant le Tribunal. Sur ce point M. Glasson (1) s'exprime ainsi : « Si le Tribunal est saisi, par cela même et nécessairement le Président se trouve dessaisi, on ne peut pas porter l'affaire à la fois devant le Tribunal et devant le Président sans créer un véritable conflit ; enfin, s'il était permis au Président de faire tomber la première ordonnance par une seconde et après l'introduction de la demande en validité devant le Tribunal, il dépendrait de ce magistrat d'anéantir à lui seul une instance ouverte devant le Tribunal. » Mais alors une objection de fait absolument infranchissable se présente : le saisi ne connaît l'ordonnance que par la dénonciation de la saisie-arrêt contenant signification de l'ordonnance et assignation en validité ; lui refuser le droit d'interjeter appel de l'ordonnance après la dénonciation, c'est lui refuser purement et simplement cette voie de recours. C'est pour sortir de cet embarras et échapper à cette objection qu'a été imaginée la clause dont nous parlions plus haut et qui consiste à imposer au saisissant comme condition irritante la nécessité de signifier l'ordonnance dans un certain délai avant la dénonciation, le saisi alors a le temps d'user de la réserve avant la dénonciation. Est-il bien sûr en droit que ce soit l'assignation qui saisisse le Tribunal ? La Cour de Cassation a décidé le contraire par arrêt du 18 juillet 1858 (2), il s'agissait d'interpréter l'article 402 Proc. qui exige l'acceptation du désistement, cet arrêt a décidé que ladite acceptation n'est pas nécessaire quand les conclusions respectives des parties ne sont pas encore venues lier le

(1) D. 1887, 2, 193, note.
(2) D. 1859, 1, 394. Bertin, t. I, n° 241.

débat ; il nous semble d'ailleurs que si la saisie-arrêt n'a été autorisée que conditionnellement, l'instance en validité qui en est la suite est subordonnée à l'événement de la condition. Bien que la Cour de Cassation se soit prononcée en faveur de la première opinion, la Jurisprudence ne nous semble pas encore définitivement fixée sur ce point délicat. Un certain nombre d'arrêts refusent au saisi le droit d'user de la réserve une fois que la saisie-arrêt est dénoncée avec assignation en validité (1), d'autres en plus petit nombre lui maintiennent ce droit (2). Un certain nombre d'arrêts se placent à un autre point de vue : ils admettent que l'assignation en validité à elle seule n'enlève pas au saisi la faculté d'user de la réserve, ils lui en assurent le bénéfice tant qu'il n'y a pas renoncé en acceptant la juridiction exclusive du Tribunal et cette acceptation s'induira soit de l'expiration d'un long délai (3) soit de la constitution d'avoué (4), soit des conclusions au fond (5). Relevons enfin un arrêt de la Cour de Bastia (6) qui permet au débiteur de saisir le juge des référés jusqu'à ce que la décision du tribunal soit intervenue. Que le saisi puisse renoncer à user de la réserve cela nous

(1) Paris 5° 23 novembre 1878; le Droit 1878, 291. Paris 3° 28 août 1879; le Droit 1879, 303. Cass. Civ. 10 novembre 1885. D. 86. 1. 209. Relevons ensuite Bordeaux 22 juillet 1886, Aix 29 novembre 1886. D. 87. 2. 193. Paris 3° 24 mars 1886; le Droit 1886, 119. Paris 3° 15 janvier 1887; le Droit 1887, 32. Paris 3° 27 octobre 1887; le Droit 1887, 258. Paris, 4° 18 avril 1888; le Droit, 1888, 122.

(2) Paris 3° 16 janvier 1884; la Loi 1884, 121, et même depuis l'arrêt de la Cour de Cassation du 10 novembre 1885. Paris 6° 24 décembre 1885; le Droit 1886, 32, et Paris 5° 3 novembre 1887; le Droit 1887, 263.

(3) Paris 6° 3 août 1887; la Loi 1887, 951.

(4) Paris 7° 19 février 1883; la Loi 1886, 197. Paris 2° 27 décembre 1887; la Loi 1888, 43. Paris 7° 5 janvier 1889, le Droit 1889, 32.

(5) Arrêts divers. D. 1867, 2, 65. Paris 24 décembre 1885; le Droit 1886, 32.

(6) 12 février 1859, D. 59, 2, 151.

semble très naturel, ce qui l'est moins, suivant nous, c'est que l'on induise facilement cette renonciation ; nous pensons qu'en principe les faits que nous venons de relever sont insuffisants à fournir cette présomption, car, en général, ils sont nécessités par la procédure elle-même et les effets doivent en être interprétés d'une manière aussi étroite que possible.

Si, comme nous le croyons, la seconde ordonnance est une ordonnance de référé ordinaire, elle pourra toujours intervenir même si le tribunal est saisi, la juridiction des référés ayant pour objet de statuer provisoirement à la place du tribunal dans les cas d'urgence ; nous retrouverons la question quand nous nous occuperons du point de savoir si le juge des référés peut donner main-levée d'une saisie-arrêt.

59. Que pourra faire le juge en statuant sur ce référé qu'il s'est réservé ? Il pourra, sans doute, prendre les mesures de précaution qu'il n'aurait pu insérer dans la première ordonnance en l'absence du saisi : ainsi, tout en maintenant la saisie-arrêt, il pourra, sauvegardant à la fois les intérêts du créancier et ceux du débiteur, ordonner la consignation de sommes saisies-arrêtées souvent même les parties seront d'accord pour la demander, mais il faut que le saisi soit mis en cause, sinon on lui enlèverait sans appeler sa contradiction le droit de ne considérer la consignation comme valable et libératoire à son égard que si elle est précédée d'offres réelles. Si l'on considère, d'autre part, que la réserve de référé attribue au magistrat un droit de révision, il faut admettre qu'il pourra dans cette seconde ordonnance prendre toutes les décisions qu'il aurait pu prendre dans la première, c'est le même pouvoir,

la même juridiction qui se survivent, pour ainsi dire, à
eux-mêmes. Il aurait pu *ab initio* refuser la permission
ou ne l'accorder que pour partie, il va pouvoir la rapporter
ou la restreindre. Toutefois, la jurisprudence reflète à cet
égard des hésitations : des arrêts ont reconnu au président
le droit de rétracter la première ordonnance, mais ils
exigent l'insertion formelle de la clause (1) ; d'autres, sans
se prononcer sur ce second point, permettent au Président de réduire la somme pour laquelle la saisie-arrêt
avait été autorisée (2) ou autorisent un paiement partiel
nonobstant l'opposition (3), ce qui revient au même ;
d'autres, tout en reconnaissant ce droit de réduction,
n'autorisent pas le Président à se rétracter (4), ce qui est,
à notre avis, peu logique.

60. Ces difficultés, indépendamment des raisons de
principe indiquées plus haut, nous forcent, tout en reconnaissant la grande utilité de cette clause et les services
immenses qu'elle a rendus, à en méconnaître la validité.
Mais alors, comment le débiteur saisi pourra-t-il se soustraire aux effets de l'ordonnance du juge qui autorise une
saisie-arrêt à son préjudice, puisque nous lui refusons
contre cette ordonnance toute voie de recours soit directe,
soit indirecte. M. Bertin nous semble avoir trouvé la véritable solution de la difficulté. D'après cet auteur, il faut
distinguer l'acte de juridiction contentieuse qui émane soit
du tribunal, soit du juge des référés, les intéressés mis
en cause, qui dit le droit entre les parties, le constate et

---

(1) Paris 2ᵉ, 6 août 1866 ; D. 67, 2, 65. Paris, 11 février 1868 ; S. 69, 2, 112.
Arrêts divers, D. 1871, 2, 85. Aix, 25 janvier 1877 et 11 avril 1878 ; D. 78, 2, 246,
  (2) Paris 4ᵉ, 24 juillet 1858 ; D. 58, 2, 144.
(3) Paris 3ᵉ, 9 décembre 1883 ; le Droit 1884, 211.
(4) Bordeaux, 14 avril 1856 ; D. 56, 2, 215. Paris 3ᵉ, 16 juin 1867 ; D. 67, 2.
157.

confère un droit de mise à exécution, et d'autre part l'acte
de juridiction gracieuse (l'auteur dit : l'acte d'administration, nous avons critiqué plus haut cette idée) qui intervient sur les explications d'une seule partie, ne peut dire
le droit, le constater, ni conférer, même provisoirement,
un droit proprement dit de mise à exécution. Dans le
premier cas, l'acte de juridiction confère un droit qui ne
peut être mis en question qu'autant que l'on conteste la
décision qui l'a établi et de là l'organisation des voies de
recours ; dans le second cas, l'acte a pour but de régulariser une situation en raison de laquelle une mesure inopi-
née est indispensable, mais le droit n'est pas apprécié
même provisoirement. Il est tellement vrai que l'ordonnance sur requête autorisant une saisie-arrêt ne confère
pas un droit véritable au saisissant, que c'est aux risques
et périls du créancier que l'autorisation est accordée ; Pothier le disait déjà et la section du Tribunat avait proposé
de l'énoncer formellement, si cette rédaction n'a pas été
définitivement acceptée, néanmoins le législateur a entendu maintenir l'idée (1). L'ordonnance remplace le titre
qui manque au créancier, à cela se borne son énergie,
mais elle ne couvrira ni le caractère vexatoire de la saisie-
arrêt, ni l'absence des conditions que nous avons exigées
plus haut : certitude, liquidité, exigibilité de la créance, la
jurisprudence l'a reconnu plusieurs fois (2). Ce n'est donc
pas à l'ordonnance sur requête que l'on devra s'attaquer,
elle n'a, pour ainsi dire, qu'une valeur de fait, mais à la
mesure elle-même ordonnée par le juge. M. Bertin rapproche très heureusement notre matière de celles de l'adop-

(1) Locré, t. XXII, p. 185.
(2) Paris, 16 avril 1880 ; D. 81, 2, 66.

tion et de l'envoi en possession du légataire universel. L'adoption prononcée par des décisions émanées de la juridiction gracieuse, peut être querellée par tous ceux qui sont intéressés à la faire annuler (1), l'intéressé attaquera non point la décision qui a prononcé l'adoption, il n'a pas à en tenir compte puisqu'il n'y a pas été partie, mais il s'attaquera à l'adoption elle-même en faisant valoir devant la juridiction contentieuse les arguments dont la juridiction gracieuse n'a pu tenir compte (2), et de même, l'intéressé se pourvoira non contre l'ordonnance d'envoi en possession rendue en son absence, mais contre l'envoi en possession lui-même.

Par conséquent, c'est à la saisie-arrêt elle-même et non à l'ordonnance que le saisi s'attaquera, qu'il ait le droit de le faire devant le tribunal, soit en concluant à l'annulation de la saisie-arrêt comme défendeur à la demande en validité, soit en demandant lui-même directement cette annulation, cela ne fait aucun doute, mais, en outre, il aura le droit de s'adresser au juge des référés aux termes des articles 806 sq. Proc., il critiquera devant lui le bien fondé de la saisie-arrêt pratiquée, en sollicitera la mainlevée ou la réduction : ceci suppose que le juge des référés peut, dans certains cas tout au moins, prononcer la mainlevée d'une saisie-arrêt, nous l'établirons plus tard. Et, dès lors, le système auquel nous nous rallions a les mêmes avantages pratiques que le système imaginé par M. Debelleyme, mais cette seconde ordonnance est une ordonnance de référé pure et simple réglée par les articles 806 sq. du Code de procédure civile, susceptible d'appel par consé-

____

(1) Cass., 22 novembre 1825.
(2) Bertin, n° 137.

quent, pouvant intervenir même lorsque le débat sur la validité est ouvert devant le tribunal et pouvant contenir dans la mesure de la compétence du juge des référés la solution du débat ouvert entre les parties, tel que leurs conclusions respectives l'auront précisé (1). Ce système nous paraît à la fois le plus juridique et le plus simple.

II

QUEL EST LE JUGE COMPÉTENT POUR AUTORISER LA SAISIE-ARRÊT (2).

61. L'article 558 Proc. nous le dit : c'est le juge du domicile du débiteur ou le juge du domicile du tiers-saisi. Si la saisie-arrêt avait été autorisée par un autre juge, elle devrait être déclarée nulle (3).

Aucun doute d'abord sur la compétence du président du tribunal civil ou du juge qui le remplace, mais le juge de paix et le président du tribunal de commerce ne peuvent-ils autoriser la saisie-arrêt chacun dans la sphère de leur compétence? Des controverses se sont produites sur ce point. Le président du tribunal civil, peut seul, semble-t-il, autoriser la saisie-arrêt, car c'est une mesure d'exécution et les juges d'exception comme le juge de paix et le président du tribunal de commerce ne peuvent connaître de ce qui se rattache à l'exécution. Cette observation nous semble décisive, il serait étrange que des magistrats incompétents pour prononcer la validité d'une saisie-arrêt fus-

(1) Berlin, n° 124.
(2) Bazot, p. 126, sq.
(3) Riom, 13 janvier 1880. D. 80. 2. 238.

sent compétents pour la permettre(1). De plus, cette double
compétence pourrait produire un conflit entre deux magistrats et une sorte d'appel de l'un à l'autre, ce sont là des
raisons de fait venant corroborer la raison de droit que
nous avons indiquée.

62. La jurisprudence admet que le président du tribunal de commerce peut autoriser une saisie-arrêt en matière
commerciale, c'est qu'un arrêt de règlement de 1755 lui
accordait ce droit et le Code de procédure ne semble pas
avoir entendu le lui retirer d'autant qu'il lui donne compétence en matière de saisie-conservatoire (2). Mais ceci
doit être rejeté, l'arrêt de règlement de 1755 ne peut plus
être invoqué depuis la promulgation du Code, d'autant
qu'à l'époque où il été rendu, les tribunaux de commerce
connaissaient de l'exécution de leurs jugements. C'est au
tribunal civil et au président son délégué qu'appartient la
plénitude de la juridiction gracieuse et il faut un texte
formel pour en investir un autre juge et c'est précisément
ce qui arrive en matière de saisie-conservatoire.

D'ailleurs même pour ceux qui admettent la compétence
du président du tribunal de commerce, il serait inadmissible que le président du tribunal civil n'eût pas compétence
conjointement avec le président du tribunal de commerce,
car l'incompétence du tribunal civil en matière commerciale
est purement relative et ne peut être relevée que par le
défendeur ; et, lorsqu'il s'agit d'ordonnance sur requête il
n'y a pas de défendeur, avec la solution contraire, on arriverait à rendre la compétence du président plus étroite
que celle du tribunal lui-même.

(1) Tribunal de Châlons, 8 mai 1860. S. 61. 2. 273.
(2) Paris 4ᵉ 26 janvier 1861, D. 61. 2. 158. Aix, 25 janvier 1877, et 11 avril
1878. D. 78. 2. 246. Ordonnance du Président du Tribunal de Commerce de
St-Omer, 12 février 1886. 86. 3. 120. Annecy 1ᵉ, 16 octobre 1886, la loi 1887, 530.

63. Quant au juge de paix, sa compétence en matière d'ordonnance sur requête est limitativement déterminée par des textes spéciaux. — Art. 822 Proc. Art. 10. L. 25 mai 1838. — Par conséquent il ne pourra pas, même dans les matières de sa compétence, autoriser la saisie-arrêt (1). Voici à cet égard comment s'exprime l'exposé des motifs de la loi de 1838 : « la saisie-arrêt à la différence de la saisie-gagerie met en cause une troisième partie outre le saisissant et le débiteur. La suite de la procédure nécessite une distribution entre les parties intéressées lorsqu'il survient des oppositions ; statuer sur ces oppositions, prononcer sur la déclaration du tiers-saisi contre lequel est formée une demande indéterminée, ce serait là autant d'attributions qui entraîneraient le magistrat hors des limites ordinaires de sa compétence ; et qui l'appelleraient à décider des questions d'une solution souvent très difficile. »

Toutefois, il faut faire exception en faveur des juges de paix à compétence étendue établis en Algérie par le décret du 19 août 1854, cela résulte de l'esprit général de ce décret (2).

(1) Annecy 1*, 16 octobre 1886, la Loi 1887, 530. Alger, 8 février 1860. D. 61. 2. 158.
(2) Alger, 6 janvier 1872. D. 73. 2. 80.

CHAPITRE II

64. Nous devons maintenant nous tourner du côté du débiteur, et nous demander à quelles conditions la saisie-arrêt pourra être pratiquée sur lui. Comme dans notre première partie nous rechercherons d'abord quelles sont les qualités à requérir du débiteur personnellement, et ensuite quels caractères doit revêtir la créance qui est l'objet de la saisie-arrêt. Nous nous occuperons enfin de l'insaisissabilité.

§ 1. — Qualités à requérir du débiteur.

65. L'article 557 Proc. s'exprime ainsi : « Tout créancier peut... saisir-arrêter... les sommes et effets appartenant à son débiteur. » On ne peut donc saisir-arrêter que sur son débiteur : le débiteur est celui qui est tenu d'une obligation appréciable en argent, et non celui qui est astreint à des devoirs moraux, nous verrons plus loin une application de cette idée quand nous étudierons la question de savoir si le mari peut saisir-arrêter les créances de sa femme pour sanctionner à l'encontre de celle-ci des devoirs de cette nature.

66. La procédure en ce qui touche le saisi, c'est-à-dire la dénonciation avec assignation en validité, sera dirigée soit contre le débiteur lui-même, soit contre son représentant légal. Le débiteur est-il mineur ou interdit, c'est le tuteur qui sera actionné, s'agit-il d'un individu pourvu d'un conseil judiciaire ou d'une femme mariée, le conseil judiciaire ou le mari devront être mis en cause, article 215, 513 C. c., pas n'est besoin d'appeler le curateur s'il s'agit d'un mineur émancipé, car celui-ci peut défendre seul à une action mobilière Art. 482 C. c. Si le débiteur est en faillite, c'est contre le syndic que seront exercées les poursuites ; sans doute, nous l'avons vu, en thèse générale la saisie-arrêt ne peut être pratiquée sur un failli, mais cette règle comporte des dérogations que nous avons examinées plus haut. Le débiteur est-il en état de liquidation judiciaire, les liquidateurs devront être assignés en même temps que lui : article 5, loi du 4 mars 1889.

Si le syndic peut, en principe, faire tomber les saisies-arrêts pratiquées à l'encontre d'un failli parce qu'il représente à la fois le failli débiteur et ses créanciers, il ne faut accorder le même droit ni à l'administrateur ni au liquidateur, quand même ils seraient investis de leur mission par autorité de justice ; ils sont en effet les mandataires du débiteur mais non des créanciers (1).

67. Le débiteur originaire est décédé, c'est contre sa succession que le créancier devra désormais exercer ses poursuites. La dette qui était dans le patrimoine du *de cujus* se transmet à ses successeurs à titre universel et divisée entre eux au prorata de leurs parts héréditaires et le créancier pourra poursuivre chacun d'eux pour sa part et portion.

Ce principe souffre cependant des exceptions.

a) Le créancier a le droit de poursuivre l'héritier légitime

---

(1) Bordeaux 2ᵉ, 8 février 1840. D, 40. 2. 184.

en concours avec les successeurs aux biens (successeurs irréguliers, légataire universel ou à titre universel) proportionnellement à la part pour laquelle il représente le défunt et en faisant abstraction de ceux-ci.

b) Il peut poursuivre le successeur unique au lot duquel la dette a été mise.

On serait tenté d'expliquer cette solution en raisonnant ainsi : Si *Primus* et *Secundus* sont poursuivis chacun pour leur part, *Primus*, que le partage a exonéré de la dette sera obligé de payer, mais il aura un recours à exercer contre *Secundus* auquel le partage a attribué la charge intégrale de la dette.

Eh bien, en vertu de l'article 1166 C. c. le créancier peut s'emparer de cette action récursoire, et immédiatement actionner pour le tout *Secundus*. Celui-ci sera poursuivi *pro parte* par l'action directe, *pro parte* par l'action oblique. Mais ceci suppose que le créancier, agissant en vertu de l'article 1166, peut s'emparer du droit que possède son débiteur de pratiquer une saisie-arrêt, nous ne l'admettons pas comme nous le verrons plus loin.

Nous pensons que cette action directe peut s'expliquer au moyen de la délégation : *Primus* délègue *Secundus* au créancier pour la part dont *Primus* est tenu, et cette délégation le créancier l'accepte précisément en actionnant le délégué.

Ici se pose une question préliminaire : l'article 877 C. c. impose au créancier muni d'un titre exécutoire l'obligation de le signifier, à personne ou domicile, à l'héritier de son débiteur huit jours avant de pouvoir l'exécuter contre lui. L'article 877 est certainement applicable en notre matière, car la saisie-arrêt est un acte d'exécution, il serait rigoureux d'y recourir sans laisser à l'héritier le temps de reconnaître la situation ; nous étendrons l'application de l'article 877 au cas où le créancier veut saisir-arrêter en vertu d'un titre non exécutoire, d'un acte sous seings privés par exemple, puisqu'ici, par exception, la loi permet d'entamer la procédure d'exécution sans titre exécutoire. Sans doute, si le créancier n'a pas de titre, l'article 877 est forcément inapplicable, et notre créancier sera ainsi plus favorablement traité, mais alors le juge interviendra, et il pourra, s'il le juge convenable, sauvegarder les intérêts de l'héritier en exigeant qu'on lui fasse sommation de payer avant de solliciter le permis de saisir-arrêter.

En vertu de titres préalablement signifiés, ou en vertu de l'ordonnance du juge, le créancier formera donc saisie-arrêt sur les héritiers, auxquels nous assimilerons bien entendu tous ceux qui sont obligés aux dettes du défunt : les légataires universels ou à titre universel et les successeurs irréguliers. On pourra saisir-arrêter sur le légataire qui n'a point encore obtenu la délivrance de son legs, car, dès l'ouverture de la succession, la charge des dettes lui incombe (1). La saisie-arrêt a toutefois été déclarée valable bien qu'elle n'indiquât pas les noms des héritiers, mais seulement celui du défunt (2).

68. Cette saisie-arrêt sera pratiquée entre les mains des débiteurs de la succession et aussi entre les mains des débiteurs personnels de l'héritier, à moins que celui-ci n'ait accepté sous bénéfice d'inventaire ou renoncé. Au cours de la procédure de distribution par contribution à laquelle aboutit la saisie-arrêt, les créanciers de la succession pourront demander la séparation des patrimoines à

(1) Roger, 177. Cass. Civ. 15 mai 1839. D. 39. 1. 212.
(2) Bordeaux, 15 juin 1827, D. 33. 2. 141.

l'encontre des créanciers de l'héritier et invoquer à leur
égard un droit de préférence sur les sommes saisies-arrêtées aux mains des débiteurs de la succession ; et ce bénéfice doit être étendu aux légataires, article 2111 Code civ.
Si la créance dont est muni le créancier ou le légataire est
exigible, aucun doute n'est possible, mais on s'est demandé si le créancier ou le légataire dont la créance est à
terme ne pouvait pas former des saisies-arrêts avant l'é-
chéance sur les débiteurs de la succession. On a soutenu
l'affirmative en disant que les articles 1017 et 2111 Code
civil, autorisent le créancier séparatiste à prendre sur les
immeubles de la succession des mesures conservatoires,
or, le créancier à terme, peut certainement recourir à ces
mesures, et l'on doit étendre cette possibilité aux meubles
qui forment au même titre que les immeubles le gage des
créanciers et des légataires (1). Mais ceci nous semble peu
soutenable, la saisie-arrêt n'est pas en effet une mesure
conservatoire, avec cette solution, la séparation des patrimoines qui donne simplement aux créanciers et légataires
du *de cujus* un droit de préférence à l'encontre des créanciers de l'héritier aboutit à entraver le droit d'administration et de disposition de celui-ci, et pourtant ce n'est pas
contre lui en définitive qu'elle est dirigée, mais contre ses
créanciers personnels (2).

69. Si la succession est acceptée sous bénéfice d'inventaire, les créanciers du *de cujus* ne pourront pas saisir-
arrêter aux mains des débiteurs personnels de l'héritier
bénéficiaire, car il ne confond pas ses biens avec ceux de
la succession, article 802, al. 2, Code civil, mais ils pour-

(1) Clv. Cass., 16 août 1869. D. 69. 1. 463.
(2) Paris, 28 avril 1865. D. 67. 2. 156.

ront saisir-arrêter aux mains des débiteurs de la succession. On leur a pourtant dénié ce droit, sous prétexte que son exercice entraverait la gestion de l'héritier bénéficiaire lequel administre au nom des créanciers et qui à ce point de vue doit être assimilé au syndic d'une faillite; d'ailleurs, l'héritier bénéficiaire étant tenu de donner caution, les droits des créanciers ne se trouvent-ils pas suffisamment sauvegardés (1)? Cette solution ne nous paraît pas exacte, le bénéfice d'inventaire est fait dans l'intérêt de l'héritier et non dans celui des créanciers, c'est celui-là qu'il est destiné à protéger et non ceux-ci, l'héritier bénéficiaire ne saurait donc être comparé au syndic qui lui représente véritablement les créanciers et a pour mission d'agir dans leur intérêt. Sans doute, les créanciers ont le droit d'exiger caution de l'héritier bénéficiaire, mais peu importe, car les sanctions diverses destinées à assurer la satisfaction des droits peuvent se cumuler (2).

La succession est-elle déclarée vacante, la saisie-arrêt sera pratiquée sur le curateur, car celui-ci pas plus que l'héritier bénéficiaire ne représente les créanciers (3).

70. Il est intéressant de rechercher quelle est l'influence des conventions matrimoniales sur le droit de saisie-arrêt soit des créanciers vis-à-vis des époux, soit des époux entre eux, nous allons essayer de le faire en résumant les savantes leçons de notre savant maître M. Bufnoir. Parcourons successivement les principaux régimes matrimoniaux.

(1) Aubry et Rau, V, § 618. Riom, 24 août 1837. D. 39. 2. 264.
(2) Duranton, VII, n° 37. Demolombe, succession III, n° 228, Poitiers, 22 mai 1856. D. 56. 2. 191. Roger, 188.
(3) Rouen, 21 janvier 1853. D. 53. 2. 29. Seine 2°, 20 avril 1886, la Loi 1886, 716.

71. *Régime de la Communauté légale.* — Les créanciers voient leurs droits sur le patrimoine de leur débiteur sensiblement modifiés, dans un sens extensif d'abord, car le créancier tout en conservant son débiteur peut en acquérir un autre, et d'autre part il peut arriver que l'un des époux aliène au profit de l'autre une portion de son patrimoine et la soustraie ainsi à ses créanciers.

a) Tant que la communauté dure, les créanciers se divisent en trois catégories : 1° ceux qui sont créanciers de la communauté en même temps que de l'un ou de l'autre époux, 2° ceux qui restent exclusivement créanciers du mari, 3° ceux qui restent exclusivement créanciers de la femme.

Les premiers sont : 1) ceux qui au jour de la célébration du mariage étaient munis contre l'un des époux d'une créance mobilière, et le créancier de la femme doit prouver par acte ayant date certaine l'antériorité de sa créance à la célébration du mariage ; 2) ceux qui deviennent créanciers des époux par suite de successions à eux échues au cours de la communauté, mais ceci n'est vrai que si la succession est mobilière et lorsqu'elle est échue à la femme si elle a été acceptée avec l'autorisation du mari ; 3) ceux qui ont contracté au cours de la communauté avec le mari ou avec la femme autorisée du mari. Et dès lors voici quel sera le droit de ces créanciers : si c'est un créancier du mari, il pourra faire saisie-arrêt sur tous les biens du mari et ceux de la communauté par exemple sur les revenus des propres de la femme ; quant au créancier de la femme, il pourra faire saisie-arrêt sur les biens personnels de la femme, sur les biens de la communauté et par voie de conséquence même sur les biens personnels du mari, car tant que la communauté dure, le patrimoine du mari et celui de la communauté sont confondus à l'égard des créanciers de celle-ci.

Les seconds sont ceux qui au jour de la célébration du mariage étaient munis contre le mari d'une créance immobilière et ceux qui sont devenus créanciers du mari par suite de succession immobilière à lui échue au cours de la communauté. Il faut traiter ces créanciers comme les premiers, car de même que les créanciers de la communauté peuvent saisir-arrêter les biens personnels du mari, de même les créanciers du mari peuvent saisir-arrêter les biens de communauté. Vis-à-vis des uns comme des autres, il y a aux mains du mari une seule masse de biens qu'ils peuvent poursuivre sans se voir opposer de distinctions.

Les troisièmes sont les créanciers personnels de la femme antérieurs au mariage, munis de créances mobilières dont ils n'ont pas pu prouver l'antériorité, ou de créances immobilières. En ce cas, le créancier ne pourra frapper de saisie-arrêt que les biens propres de la femme, et même il ne pourra agir sur les fruits et revenus de ces propres aliénés au profit de la communauté par le fait du régime matrimonial. Quant aux créances provenant de successions, il faut distinguer : la succession est-elle mobilière et acceptée seulement avec l'autorisation de justice, le créancier pourra former saisie-arrêt sur la nu-propriété des propres, mais la communauté ayant recueilli le mobilier successoral sera tenue *de in rem verso* et ne pourra se soustraire aux poursuites qu'en opposant un bon et fidèle inventaire. La succession est-elle immobilière, le mari s'il en autorise l'acceptation, renonce par là même au droit de jouissance qu'il a comme chef de la communauté sur les propres de la femme et le créancier pourra saisir-arrêter non seulement la nu-propriété mais encore la pleine propriété de ces prcpres ; si c'est la Justice qui a autorisé l'acceptation, la nu-propriété des propres sera seule le gage du créancier. Si la succession échue à la femme est à la fois mobilière et immobilière et que l'acceptation soit autorisée par le mari, l'article 1416 C. c... la traite comme s'il s'agissait d'une succession purement mobilière : la communauté et par suite le mari sur ses biens personnels pourront être poursuivis ; l'autorisation de Justice a-t-elle suppléé celle du mari, la femme est seule tenue, mais, comme au cas de succession mobilière, la communauté qui encaisse le mobilier devra pour se soustraire aux poursuites du créancier lui opposer un inventaire.

b) La communauté est-elle dissoute, voici ce que deviennent les droits des créanciers : nous l'avons dit, le créancier d'un époux garde le droit de le poursuivre comme s'il n'était intervenu aucune convention matrimoniale, mais la dette était-elle une dette de communauté devant rester définitivement à sa charge, le conjoint alors même qu'il n'était pas débiteur personnel est tenu de la moitié de cette dette, et le créancier pourra pour cette moitié faire saisie-arrêt sur lui. Cette obligation est limitée pour la femme par le bénéfice d'émolument, elle n'est tenue que jusqu'à concurrence de l'actif qu'elle retire de la communauté, de plus elle a la faculté d'y renoncer.

72. *Régime de la Communauté réduite aux acquêts.* — Ce régime résulte de la juxtaposition des clauses de séparation de dettes et de réalisation. Les créanciers qui ont le droit de poursuivre la communauté outre le conjoint débiteur, sont ceux qui ont contracté avec les époux au cours de la communauté et dans le cas où ils pourraient poursuivre la communauté légale, ajoutons que les intérêts et arrérages des dettes personnelles, sont aussi à la charge

de la communauté. Mais ici, quelques difficultés se présentent parce que les biens propres des époux et les biens
de communauté se trouvent mélangés, et dès lors la loi a
dû prendre des précautions pour que nonobstant cette
confusion, les droits des époux fussent respectés. Par
exemple, un créancier a le droit de poursuivre la communauté, mais non les propres de la femme, comment celle-
ci pourra-t-elle soustraire ce propre à la poursuite du
créancier et faire tomber la saisie-arrêt par lui pratiquée
sur cette valeur ? La réponse n'est pas facile à donner à
cause de l'antinomie qui semble exister entre les deux
articles 1499 et 1504 3e al. C. c. qui tous deux ont trait à la
question. L'article 1499 statue en ces termes : « Si le mobilier existant lors du mariage ou échu depuis n'a pas été
constaté par inventaire ou état en bonne forme, il est réputé acquêt. » et l'article 1504, 3e al. : « Si le défaut d'inventaire porte sur un mobilier échu à la femme, celle-ci
ou ses héritiers sont admis à faire preuve soit par titres
soit par témoins, soit même par commune renommée de
la valeur de ce mobilier. » Voici comment la Jurisprudence et un grand nombre d'auteurs lèvent la contradiction : Suivant eux l'article 1499 trouve son application
quand il s'agit de régler les rapports des époux avec les
tiers (1) ; s'agit-il de régler les rapports des époux entre
eux, on appliquera l'article 1504. M. Bufnoir dans une
note remarquable (2) propose le système suivant qui
nous semble bien préférable : l'article 1499 prévoit pour
la communauté réduite aux acquêts la même situation que
l'article 1402 pour la communauté légale : il s'agit pour la
femme de revendiquer les biens dont elle a conservé la

(1) D. 1887. 1. 113.
(2) S. 1885. 2. 25.

propriété et qui en fait sont mêlés aux biens de communauté, l'article 1504 lui, prévoit que la femme se prétend créancière : son apport consistait en choses fongibles tombées en communauté sauf à celle-ci à en devoir la valeur ; mais peu importe qu'il s'agisse de régler les rapports des époux entre eux ou les rapports des époux avec les tiers, la preuve opposable au mari doit l'être aux ayant-cause du mari. La femme agira de deux manières différentes, ou elle contestera sur un objet déterminé le bien fondé d'une saisie-arrêt en prétendant que cet objet lui appartient, il faudra alors appliquer l'article 1499 ; ou bien, elle se prétendra elle aussi créancière de la communauté au même titre que le créancier contre lequel elle lutte, et alors c'est l'article 1504 qui interviendra.

Supposons maintenant un créancier qui ne peut poursuivre que les biens propres de chaque époux, comment la communauté se soustraira-t-elle à son action ? L'article 1510 C. c. règle cette situation : il faut que par un inventaire on puisse pour ainsi dire isoler les valeurs qui forment le gage de ces créanciers, de celles qui forment le fond même de la communauté et sur lesquelles ils n'ont aucun droit ; mais ceci n'est rigoureusement exact que pour les créanciers de la femme, quant aux créanciers du mari, qu'il y ait inventaire ou non, ils peuvent tant que la communauté dure saisir les biens de la communauté comme les biens du mari, mais s'il a été fait inventaire, une fois la communauté dissoute, le créancier n'aura plus d'action que sur les biens personnels du mari et sa part de communauté.

73. *Régime sans communauté.* — En principe, les créanciers ne peuvent poursuivre que celui des époux qui est leur débiteur, toutefois sur les revenus des biens de la femme par lui perçus le mari peut être poursuivi par les créanciers de la femme pour les intérêts de leurs créances ; et, pour ne pas être tenu sur ses biens personnels, il devra par un inventaire faire compte aux créanciers de l'apport de la femme qui forme leur gage et qui se trouve en fait confondu avec son patrimoine personnel.

74. *Régime de séparation de biens.* — Chaque époux sera poursuivi sur ses biens personnels par ses propres créanciers, aucune modification au droit commun ne se produit.

75. *Régime dotal.* — Quant aux biens paraphernaux, et aux biens personnels du mari, la situation est la même et les créanciers ont les mêmes droits que si les époux s'étaient mariés sous le régime de la séparation de biens. Quant aux biens dotaux, voici quel est sur ces biens le droit des créanciers des époux : D'abord si le mari devient propriétaire des biens dotaux quitte à en restituer la valeur, il faut les traiter comme biens du mari et décider qu'ils deviennent le gage de ses créanciers, tandis qu'ils sont entièrement soustraits à ceux de la femme. Mais supposons un bien dotal dont la femme ait gardé la propriété, quels sont les droits des créanciers de celle-ci ? Du principe de l'inaliénabilité dotale il faut déduire qu'ils ne peuvent pas faire saisie-arrêt sur les biens dotaux, et ce principe d'inaliénabilité doit être étendu d'après la Jurisprudence même à la dot mobilière, précisément en ce sens que les créanciers de la femme ne peuvent avoir action sur cette dot, mais il faut corriger cette idée par quelques tempéraments ; elle ne trouve son application rigoureuse que s'il s'agit de créanciers postérieurs au mariage, les créanciers de la femme antérieurs au mariage conservent le droit de saisir les biens dotaux, ils sont en effet dans le patrimoine de la femme et s'ils sont inaliénables, cette inaliénabilité ne leur est pas opposable. Ce droit des créanciers ne respectera même pas la jouissance du mari, à moins que la constitution de dot ne comprenne un bien déterminé, auquel cas cette jouissance ayant été aliénée à titre particulier au profit du mari, est sortie définitivement du patrimoine de la femme. Mais il faut que le créancier soit muni d'un titre ayant date certaine avant le mariage (l'article 1558 dit : avant le contrat de mariage, mais on est d'accord pour ne pas prendre ces expressions à la lettre). Il faut assimiler aux créanciers antérieurs au mariage ceux qui sont devenus tels au cours du mariage par suite de délits ou de quasi-délits commis par la femme, mais ici, dans tous les cas, la jouissance du mari doit être respectée. Les mêmes solutions s'imposent si la dot a été constituée non plus par la femme mais par un tiers, car cette dot a pour ainsi dire traversé le patrimoine de la femme et est devenue ainsi le gage de ses créanciers.

Quant aux revenus des biens dotaux, ils participent à l'inaliénabilité du fonds dotal lui-même, et les créanciers de la femme ne peuvent faire saisie-arrêt sur eux, sauf les cas où il s'agit : *a*) d'un créancier antérieur au mariage quand la constitution de dot embrasse une universalité, ce qui emporte pour le mari l'obligation de payer les dettes qui la grèvent ; *b*) d'un créancier qui a fourni des aliments à la famille, puisque les revenus sont précisément destinés à subvenir aux charges du ménage (1). S'agit-il des créanciers du mari, ceux-ci peuvent saisir les revenus en tant qu'ils excèdent les besoins de la famille, car dans cette mesure le mari peut les appliquer à ses affaires per-

_____

(1) Saint-Etienne 1", 7 mars 1888, le Droit 1888. 103.

sonnelles, c'est là une question d'appréciation dont la solution doit être laissée au juge.

Après la séparation de biens, la dot revient à la femme, mais l'inaliénabilité persiste ; toutefois quant aux revenus des biens dotaux, quelques distinctions sont à faire : d'abord il ne peut plus être ici question de créanciers du mari; quant aux créanciers de la femme, ceux qui ont contracté avec elle, au cours du mariage, antérieurement à la séparation de biens, ne peuvent pas saisir-arrêter ces revenus, même dans la partie qui excède la contribution de la femme aux charges du ménage, la femme pourrait ainsi, dit la Cour de Cassation, engager ses revenus à l'avance (1), mais ces revenus pourraient être saisis-arrêtés par les créanciers antérieurs au mariage. S'agit-il de créanciers de la femme devenus tels depuis la séparation de biens, il faut faire une sous-distinction : ils ne peuvent agir après la dissolution du mariage, mais si le mariage n'est pas dissous, il faut traiter les créanciers de la femme comme les créanciers du mari avant la séparation de biens, la dot est entre les mains de la femme comme elle était alors entre les mains du mari, et dès lors il faut permettre à ces créanciers de saisir-arrêter les revenus dotaux, en tant qu'ils excèdent les charges du ménage (2).

76. Les créanciers d'un époux peuvent, dans la mesure que nous avons indiquée, saisir-arrêter, non-seulement entre les mains des débiteurs de celui-ci, mais encore entre les mains du conjoint débiteur de son débiteur ; ainsi le créancier du mari peut saisir-arrêter aux mains de la femme les sommes qui pourront être par elle dues à la

(1) Cass., arrêt solennel, 7 juin 1864. D. 64. 1. 201.
(2) D. 75. 1. 401. D. 80. 1. 431.

suite de la liquidation de la communauté légale ayant existé entre eux et *vice versâ* (1).

Les conjoints peuvent aussi faire saisie-arrêt l'un sur l'autre, lorsque la créance du saisissant remplit bien entendu les conditions énumérées plus haut ; toutefois, bien que la femme qui demande la séparation de biens n'ait de créance exigible contre son mari qu'au jour du jugement de séparation, on a souvent validé des saisies-arrêts par elle pratiquées au cours de l'instance. Cette solution ne nous semble pas juridique : sans doute, la femme trouve dans la saisie-arrêt pratiquée dans de telles conditions un moyen vraiment efficace d'empêcher les détournements du mari et d'assurer la conservation de ses apports ; mais ce droit ne peut reposer que sur l'article 869 Proc. qui permet à la femme demanderesse en séparation de biens de prendre des mesures conservatoires, or, à notre avis, la saisie-arrêt ne saurait rentrer dans la catégorie des actes de cette nature (2).

77. Si la saisie-arrêt peut intervenir dans les rapports pécuniaires des époux, ne peut-elle pas sanctionner dans certains cas les obligations morales dont ils sont tenus vis-à-vis l'un de l'autre ? A cet égard, deux questions se posent.

a) Le mari peut-il saisir-arrêter les sommes dues à sa femme pour sanctionner ses devoirs d'épouse, et la contraindre ainsi soit à réintégrer le domicile conjugal soit à lui remettre les enfants issus du mariage (3) ? La jurisprudence, après avoir autorisé ce moyen de contrainte (4),

(1) Riom, 10 décembre 1884. S. 86. 2. 215.
(2) Gand 1**, 7 février 1851. D. 52. 2. 7.
(3) Rousseau et Laisney, dictionnaire. V. Saisie-arrêt, n° 13. Garsonnet, § 529, note 12, sq.
(4) Colmar, 10 juillet 1833. D. 34. 2. 105. Caen, 14 août 1848. D. 50. 2. 85. Paris, 27 janvier 1855. D. 55. 2. 208.

semble s'être retournée (1). L'arrêt de Colmar du 10 juillet
1834 dénie le droit aux dommages-intérêts, mais permet
la saisie-arrêt, inversement l'arrêt de Paris du 7 août 1876
alloue des dommages-intérêts, mais refuse le droit de
saisir-arrêter. Nous croyons qu'il s'agit ici de sanctionner,
non un droit de créance véritable, mais un droit de famille, et ce, que le mari demande la réintégration du domicile conjugal ou la remise des enfants. Et quand même
la séparation de corps ou le divorce seraient intervenus,
il faudrait donner la même solution : il s'agit toujours,
en définitive, de réglementer des rapports qui puisent
leur source première dans le mariage, on n'est pas en présence d'une obligation de faire proprement dite à laquelle
s'applique l'article 1142 C. c. (2). Il ne faut donc accorder
au mari, ni le droit de demander des dommages-intérêts,
ni le droit de pratiquer les saisies-arrêts qui contrain-
draient indirectement la femme en la privant de ses ressources : le droit de saisie ne peut être exercé qu'entre
personnes liées par le rapport de créancier à débiteur, et
l'on ne peut dire qu'en ce qui concerne les liens de
famille le mari soit créancier de sa femme. Toutefois l'article 1382 C. c. peut trouver ici son application.

b) La femme demanderesse en divorce ou en séparation
de corps peut-elle faire saisie-arrêt sur son mari? Nous
allons voir entrer en jeu des intérêts pécuniaires, mais ils
se rattachent aux rapports personnels découlant du mariage.

Une instance en divorce ou en séparation de corps s'ou-

____

(1) Paris, 7 août 1876. D. 78. 2. 125.
(2) Garsonnet, III, p. 458 et 459.

vre. Au début de la procédure, (Loi du 18 avril 1886 modificative du Code civil), les parties doivent comparaître devant le président du tribunal qui tente la conciliation et s'il n'y réussit pas, rend une ordonnance qui prescrit les mesures provisoires nécessaires et autorise la femme à faire toutes procédures pour la conservation de ses droits. Article 238 C. c. Pourra-t-elle donc former une saisie-arrêt? Nous ne le croyons pas quant à nous, l'article 238 du Code civil n'autorise que les mesures conservatoires, il se réfère à l'article 270 C. c. qui le commente et permet seulement à la femme l'apposition des scellés suivie de la confection d'un inventaire. Sans doute si la femme est d'ores et déjà munie d'une créance exigible, la justice lui a-t-elle par exemple alloué une provision alimentaire ou une provision *ad litem*, le droit commun s'appliquera et la saisie-arrêt doit être admise (1). Mais si la créance alléguée n'est pas exigible, si c'est par exemple la créance des reprises, il ne faut pas permettre la saisie-arrêt. La jurisprudence semble hésitante sur cette question et s'inspire beaucoup de considérations de fait (2), ou bien elle annule la saisie-arrêt, sans prendre parti sur la question de droit, considérant la mesure comme inutile, les droits de la femme étant suffisamment garantis par d'autres moyens (3).

(1) Mont-de-Marsan, 17 février 1888, la Loi 1888, 60.

(2) Dans le sens de la validité : Gand 1", 7 février 1851. D. 52. 2. 7. Seine 4", 28 janvier 1889, le Droit, 1889, 33. Dans le sens de la nullité : Caen, 29 mai 1849. S. 49. 2. 692. Bordeaux, 6 février 1850. S. 50. 2. 336.

(3) S. 1886. 2. 161.

§ 2. — Quels caractères doivent revêtir les objets frappés par la saisie-arrêt. En d'autres termes quels objets en sont susceptibles ?

78. Aux termes de l'article 557 Proc., la saisie-arrêt peut porter sur toutes les sommes et effets appartenant au débiteur et détenus par un tiers. Et d'abord les expressions « sommes et effets » écartent les immeubles, la saisie-arrêt ne s'applique qu'aux choses mobilières (1) ; de plus des sommes et effets peuvent bien être l'objet d'une obligation de donner, mais non d'une obligation de faire ou de ne pas faire ; les obligations de cette nature ne pourront donc pas être frappées de saisie-arrêt ; et, en effet, l'émolument qu'elles renferment disparaîtrait et n'aurait plus de sens s'il était acquis non pas à celui qui l'a stipulé, mais à un autre. Cet émolument pourra être atteint par le créancier au moyen de l'article 1166 C. c.

79. La saisie-arrêt pourra frapper d'abord tous les objets mobiliers détenus par un tiers et sur lesquels le débiteur saisi a un droit de propriété ou un droit de créance. C'est ainsi qu'on a admis la saisie-arrêt sur des tourteaux de sésame et des balles de soie (2). Il faut l'admettre aussi sur les titres nominatifs ou au porteur appartenant au débiteur et détenus par un tiers, et même sur les effets souscrits au profit du débiteur (3).

80. Il suffit, disons-nous, que le saisi soit créancier desdits objets, il n'est pas indispensable qu'il en soit pro-

---

(1) Roger, 163. Garsonnet, III, § 598.

(2) Chambéry, 21 avril 1882. Rousseau et Laisney, Réc. périodique 1883, p. 366.

(3) Cass., 18 janvier 1876. D. 76. 1. 74.

priétaire, le mot « appartenant » dans l'article 557 a un sens très général. Si le saisi est créancier de choses indéterminées, d'une somme d'argent par exemple, la qualité de créancier lui suffit bien certainement, quelle raison y aurait-il de distinguer et de donner, s'il s'agit d'objets déterminés, une solution différente ?

Mais remarquons ceci : si le débiteur saisi n'est que créancier, un autre est propriétaire, le tiers-saisi devra respecter ce droit de propriété, et la saisie-arrêt ne pourra pas l'empêcher de lui remettre les choses saisies-arrêtées. C'est à ce point de vue qu'il faut se placer pour justifier les solutions de la jurisprudence en ce qui concerne la saisie-arrêt pratiquée en matière de transports. Ainsi elle a décidé qu'une saisie-arrêt ne peut valablement frapper les objets expédiés au débiteur destinataire, lorsque rien n'indique que la propriété dudit objet ait passé sur sa tête. Ceci nous semble inexact sinon comme solution du moins comme motif ; le débiteur destinataire est tout au moins créancier et en ce sens la saisie-arrêt est valable, mais l'expéditeur est resté propriétaire, et si la saisie-arrêt ne permet pas la remise au destinataire, elle ne saurait faire obstacle au retour des objets saisis à l'expéditeur, mais il n'est pas juridique, suivant nous, de donner pour raison que le destinataire n'est pas devenu propriétaire (1).

L'expédition des marchandises a-t-elle été faite contre remboursement, alors elles ne deviennent la propriété du destinataire et ne doivent lui être livrées que moyennant le paiement de la somme portée en remboursement, en cas de non paiement elles doivent être retournées à l'ex-

____

(1) Paris, 30 décembre 1871. D. 73. 2. 28. Garsonnet, III, p. 710.

péditeur. Une saisie-arrêt est-elle conduite aux mains du transporteur sur le destinataire, la marchandise frappée de saisie-arrêt ne pourra être remise à ce dernier, mais alors il ne paiera pas, puisqu'on ne lui fait pas la livraison ; et conformément à l'obligation contractée par le transporteur, la marchandise devra être retournée à l'expéditeur, la saisie-arrêt frappera dans le vide (1).

La jurisprudence a admis que les transporteurs, en fait les Compagnies de chemins de fer, sauf dans le cas où leur contrat les oblige à agir autrement, comme dans l'hypothèse de l'expédition contre remboursement, n'ont pas à se faire juges du point de savoir si la saisie pratiquée entre leurs mains frappe valablement les marchandises qu'ils détiennent, et sont fondés à ne pas se dessaisir avant qu'une décision de justice leur permette de se libérer valablement, la question de propriété entre l'expéditeur et le destinataire est souvent fort délicate et les Compagnies qui n'ont point d'ailleurs en mains tous les éléments nécessaires pour la résoudre, ne doivent pas être contraintes de prendre parti (2).

81. La saisie-arrêt frappera, en outre, les créances de toute nature que peut avoir le débiteur saisi contre les tiers. On a appliqué cette idée à la créance spéciale que la société octroie à l'inventeur au moyen du brevet pour assurer artificiellement la rémunération du travail d'inven-

---

(1) Tribunal de Commerce de la Seine, 8 janvier 1870. D. 70. 3. 56. Cass., 26 avril 1882. D. 83. 1. 155. Cass., 13 avril 1885. D. 86. 1. 84.

(2) Sic. Req., 20 juin 1876. D. 77. 1. 134. Rouen 28 juin 1878 et Paris, 5 mars 1879. D. 79. 2. 102 et S. 79. 2. 226. Chambéry, 21 avril 1882. Rousseau et Laisney, Recueil périodique 1883, p. 366. Cass., 19 juillet 1882. D. 83. 1. 126. Ca Paris, 30 décembre 1871. D. 73. 2. 28.

tion (1). C'est le ministre du commerce qui joue le rôle de tiers-saisi (2).

82. Toutefois la loi déroge à ce principe pour les créances constatées par les effets de commerce. Article 149 Co. (3). C'est pour faciliter la circulation des dits effets dont le paiement ne sera pas entravé par les embarras résultant de la saisie-arrêt, on a voulu éviter aussi la possibilité pour le commerçant débiteur de se soustraire au paiement au moyen d'une saisie-arrêt pratiquée par un tiers complaisant. Il faut *a fortiori* appliquer cet article aux titres au porteur dont la loi a voulu davantage encore faciliter la circulation et ceci comprend les coupons détachés soit des titres au porteur soit même des titres nominatifs. Si l'on peut pratiquer la saisie-arrêt entre les mains d'un tiers qui détient des titres au porteur appartenant au débiteur, on ne peut la faire entre les mains de l'Établissement débiteur pour les sommes par lui dues à raison de tels titres, de tels coupons dont par hypothèse on aura pu se procurer les numéros ; dans ce cas, en effet, le tiers débiteur ne doit pas à une personne déterminée mais à un titre ou plutôt au porteur légitime qui le présente à l'échéance. Il n'y a d'exception à ces règles qu'en cas de perte ou de vol. Article 149 Co. Loi du 15 juin 1872.

83. Il n'en reste pas moins vrai que la saisie-arrêt est le mode normal d'appréhender les créances du débiteur. Si l'huissier en procédant à une saisie-exécution trouve chez le débiteur des titres de créances, il ne peut pas les

---

(1) M. Jobbé-Duval, Cours de droit commercial et industriel, 1884-1885.

(2) Tribunal civ. de Lyon, 20 juin 1867. D. 67. 5. 47.

(3) M. Boistel, Précis de droit commercial, n° 804. Cass., 20 mai 1885, D. 86, 1, 82,

saisir-exécuter, nous avons dit pourquoi plus haut. L'article 591 Proc. le décide implicitement en traçant à l'huissier la conduite qu'il doit tenir lorsque parmi les objets saisis se rencontrent des papiers. Cette règle ne souffre pas de difficultés s'il s'agit de titres simplement cessibles et auxquels s'appliquent l'article 1690 C. c., mais étendra-t-on l'article 591 Proc. aux titres endossables et négociables susceptibles par conséquent de réalisation facile d'autant qu'en fait ils sont l'objet d'un véritable marché. Ne serait-ce pas dans notre situation économique, où les valeurs mobilières se sont considérablement développées, soustraire aux poursuites les plus légitimes une notable portion du patrimoine du débiteur, ne serait-ce pas bien rigoureux pour les créanciers et par conséquent absolument contraire aux intérêts du crédit. Sans doute si la saisie-arrêt pouvait s'appliquer à toutes ces créances, l'anomalie serait moins choquante, mais beaucoup d'entre elles sont à raison même du titre qui les constate soustraites à cette voie d'exécution ; la loi aurait donc créé pour ces valeurs une injustifiable insaisissabilité (1). L'article 591 ne saurait avoir cette portée, il soustrait bien ces titres à la saisie-exécution mais non pas à d'autres modes de poursuites, seulement il n'indique pas le mode de procéder, la loi est muette sur ce point.

A notre avis voici quel est le moyen de suppléer au silence de la loi. D'abord, quant au billet de banque, titre au porteur d'une énergie toute particulière, pas de difficulté, il est susceptible de saisie-exécution comme l'argent comptant. S'agit-il d'autres valeurs mobilières, le créancier a en principe le droit de faire saisie-arrêt aux mains du

____

(1) D. A. V. Saisie exécution, n° 154.

débiteur ou de l'établissement débiteur, de plus si ce sont des créances non susceptibles de saisie-arrêt parce qu'elles sont constatées par des titres à ordre (et en admettant que la déclaration de faillite n'intervienne pas pour permettre au syndic de poursuivre le recouvrement des sommes dues), l'huissier à la requête du créancier fera nommer par le juge des référés sur son procès-verbal de saisie un séquestre avec mission soit d'encaisser pour le compte de qui de droit, soit même d'endosser à un tiers. Quant aux titres nominatifs ou au porteur, par la même procédure, un officier public, agent de change ou notaire sera commis pour en opérer la vente. Ceci n'est pas arbitraire. Les tribunaux et notamment le juge des référés ne sont-ils pas compétents pour résoudre les difficultés qui se rattachent à l'exécution des titres et jugements et ne peuvent-ils pas combler les lacunes inévitables de la loi en cette matière. D'ailleurs, la difficulté que nous signalons est presque purement théorique, il sera bien rare que le débiteur n'ait pas mis les titres de cette nature à l'abri des poursuites, plus rare encore qu'il ne les ait pas depuis longtemps convertis en argent et dissipés.

84. Les droits du saisissant ne sont pas seulement influencés par la nature du titre qui constate la créance de son débiteur, mais encore par l'origine même de cette créance.

85. Le débiteur est un associé. Les créances qu'il tire de la société dont il fait partie sont certainement susceptibles de saisie-arrêt. Si la société n'est pas personne morale, la saisie-arrêt sera pratiquée soit entre les mains des associés personnellement sur ce qu'ils peuvent devoir à leur coassocié en vertu du contrat de société intervenu entre eux (1); soit entre les mains des tiers-débiteurs pour partie de l'associé saisi (2). Si la société est investie de la personnalité morale, le saisissant pourra saisir entre les mains du représentant de celle-ci ce qu'il peut devoir à ce titre à l'associé, mais il ne pourra saisir-arrêter aux mains des tiers ce que ceux-ci doivent à la société elle-même qui n'est pas sa débitrice personnelle, la saisie frapperait *super non domino* (3).

Quant aux créanciers d'une société personne morale, ils pourront saisir-arrêter aux mains des débiteurs de la société, mais non aux mains des débiteurs personnels des associés.

Les associés entre eux pourront pratiquer des saisies-arrêts en se conformant aux mêmes règles (4).

86. Le débiteur est un héritier. Nous avons vu, à cet égard, quels étaient les droits des créanciers du défunt, il nous faut voir maintenant les droits des créanciers personnels de l'héritier. Ceux-ci peuvent faire saisie-arrêt soit aux mains des tiers débiteurs de la succession, soit aux mains des cohéritiers du débiteur, et même avant toute opération de liquidation (5).

87. Mais ici se présente une difficulté. Les créances successorales doivent, de par l'article 832 C. c., être réparties entre les divers héritiers ; si la créance frappée de saisie-arrêt est mise au lot d'un autre que le débiteur, comme aux termes de l'article 883 C. c., chaque héritier est censé succéder seul et immédiatement aux effets compris dans son lot, — l'héritier débiteur saisi n'a jamais été créancier du

(1) Cass., 14 mars 1855. D. 55. 1. 235.
(2) Cass., 29 mars et 7 avril 1886. D. 86. 1. 329.
(3) Cass., 27 juillet 1869. S. 69. 1. 468.
(4) Roger, 178.
(5) Pau, 24 avril 1858. D. 60. 2. 81. Cass. 23 mars 1881. D. 81. 1. 417.

tiers-saisi et, par conséquent, la saisie-arrêt frappe dans le vide. Cette solution est tout au moins fort douteuse, sinon inexacte à cause du principe de la division des créances entre les héritiers établi par l'article 1220 C. c.. Par le fait même de l'ouverture de la succession, l'héritier se trouve saisi d'une certaine part de la créance, et dès lors le créancier qui a formé une saisie-arrêt ne la verra-t-il pas valider pour cette part?

Sur ce point, deux systèmes principaux se sont produits. L'article 883 C. c., disent les uns, s'exprime en termes généraux et englobe par conséquent les créances ; la saisie-arrêt ne tiendra donc que si la créance saisie-arrêtée est mise au lot du saisi. Le saisissant agit comme ayant-cause du débiteur, or l'article 883 a justement pour objet de régler les rapports de l'héritier et de ses ayants-cause avec les cohéritiers et de mettre à l'abri les objets héréditaires des actes que pourraient accomplir les premiers au détriment des seconds ; quant à l'article 1220, il sert à maintenir à l'encontre des cohéritiers les actes émanés des tiers, par exemple la compensation que le tiers-débiteur créancier lui-même du cohéritier pourra invoquer, ou le paiement qu'il aura pu faire (1). Suivant les autres (2), et ce second système nous paraît préférable : l'article 883 C. c. ne s'applique pas aux créances, elles sont réglées exclusivement par l'article 1220 C. c.; la loi pourvoit elle-même à la répartition des créances, et comme en droit romain : *nomina inter heredes ipso jure dividuntur* (3), c'était aussi la doctrine de l'ancien Droit (4). Sans doute,

(1) Aubry et Rau, VI, § 635, note 7. Req. 24 janvier 1837. D. 49. 1. 82.
(2) Garsonnet, III, page 720.
(3) Code C⁐ 6 (III, 37).
(4) Pothier, du contrat de Société, 172.

on objecte à l'article 832 C. c., d'après lequel : « dans la
formation et composition des lots..., il convient de faire
entrer dans chaque lot, s'il se peut la même quantité de
droits ou de créances de même nature et valeur », mais
c'est là une simple indication donnée par le législateur, et
elle ne peut sortir à effet que par une convention libre-
ment consentie par les cohéritiers, cette convention ne
peut préjudicier aux droits préalablement acquis aux
tiers, et à ce point de vue, il est inexact de considérer le
créancier qui fait une saisie-arrêt comme un ayant-cause
du débiteur et non comme un tiers. La saisie-arrêt a pour
effet, nous le verrons plus loin, d'empêcher le débiteur de
disposer de la créance au préjudice du saisissant et le constitue donc véritablement un tiers. Mais ici l'on se divise,
la jurisprudence admet bien ce deuxième système, lorsque
le partage n'est pas consommé, la saisie-arrêt faite avant
la consommation du partage sera donc validée pour la part
qui est entrée par le fait de la succession dans le patrimoine du cohéritier débiteur saisi ; mais si le partage est
consommé, elle applique l'article 883 (1). Cette théorie
n'est pas logique, et s'il y a une distinction à faire, c'est
en se plaçant au point de vue suivant : si l'article 832 C. c.
vaut convention entre les cohéritiers, le cohéritier saisi qui
consent à voir son cohéritier prendre dans son lot la totalité de la créance, est pour la part à lui dévolue par la loi
un véritable cédant et il n'est dépouillé de son droit vis-à-
vis des tiers que par la signification de la cession faite au
débiteur, ou son acceptation par acte authentique — article 1690 C. c. ; il faut donc dire que jusqu'à l'accomplissement des formalités prescrites par cet article, la saisie-arrêt

(1) Limoges, 19 juin 1863. D. 64. 2. 16. Cass., 23 mars 1881. D, 81. 1. 417.

pourra valablement frapper sa part de créance, telle qu'il l'a immédiatement recueillie dans la succession.

Si conformément à l'article 832 C. c., la totalité de la créance est mise au lot du saisi, la saisie-arrêt, même pratiquée avant toute opération de liquidation, frappera la créance entière en vertu de ce principe que nous rencontrerons plus tard, à savoir que la saisie-arrêt frappe les créances futures pourvu qu'elles existent déjà en germe dans le patrimoine du débiteur.

88. Tout ce que nous venons de dire relativement à la liquidation des successions s'applique, aux termes des articles 1476 et 1872 C. c., à la liquidation de la communauté et de la société.

Qu'il s'agisse de succession, de communauté ou de société, lorsque la saisie-arrêt porte sur une part indivise non encore liquidée, la saisie-arrêt pourra être validée immédiatement pour les sommes et objets à revenir au débiteur par suite de la liquidation de la masse (1), mais les effets du jugement de validité seront suspendus jusqu'à l'issue de la liquidation (2).

89. Pour que la saisie-arrêt soit possible, il faut bien entendu que l'objet frappé fasse partie du patrimoine du débiteur. Elle ne sera pas valable : *a)* si la valeur saisie-arrêtée n'est pas dans le patrimoine du débiteur, *b)* si elle n'y est pas encore entrée, *c)* si elle en est sortie.

90. *a.)* La matière de l'assurance sur la vie va nous fournir une application intéressante de cette idée que la créance saisie-arrêtée doit être dans le patrimoine du débiteur (3). D'un contrat d'assurance sur la vie naissent

____

(1) Seine 2ᵉ, 22 février 1882, le Droit 1882. 163.
(2) Riom, 10 décembre 1884. S. 86. 2. 215.
(3) M. Deslandres, de l'Assurance sur la vie, Larose et Forcel 1889, passim.

des droits de nature diverse : 1° la créance d'indemnité qui doit être payée par la Compagnie au moment du décès de l'assuré, 2° en outre et accessoirement, la Compagnie donne à l'assuré un droit à la participation aux bénéfices, 3° comme le contrat a un caractère facultatif, l'assuré peut en ne payant pas la prime annuelle se retirer de l'opération, il a droit alors à une certaine somme appelée valeur de rachat, ou bien à une assurance réduite.

La police est-elle contractée au profit de l'assuré personnellement, pas de difficultés : les trois créances ci-dessus énumérées sont des créances ordinaires de sommes d'argent parfaitement susceptibles de saisie-arrêt entre les mains de la Compagnie d'assurances.

Mais il arrive souvent que la police contient une attribution de bénéfice au profit d'une personne autre que l'assuré. On a fourni diverses explications juridiques de cette opération : la Jurisprudence y voit une stipulation pour autrui et applique l'article 1121 C. c. (1). M. Labbé analyse ce contrat en une gestion d'affaires de la part de l'assuré au profit du bénéficiaire à laquelle s'adjoint une donation portant sur les primes (2). M. Thaller y voit un contrat dans lequel la Compagnie d'assurances assume l'obligation d'offrir au bénéficiaire la créance d'indemnité à l'époque du décès de l'assuré (3). Les droits des créanciers vont se trouver influencés de la manière suivante :

D'abord, en ce qui concerne le droit à la participation aux bénéfices, il doit être, même au cas d'attribution à un tiers, réservé à l'assuré, car c'est une sorte de restitution des primes qui sont excessives en fait, et il est juste que

(1) S. 1888. 1. 121.
(2) S. 1877. 1. 393, note.
(3) D. 1888. 2. 1, note.

l'assuré qui paie seul les primes profite exclusivement de cette restitution.

Pour les autres droits, il faut distinguer, suivant que l'attribution du bénéfice est faite à une personne déterminée ou à une personne indéterminée.

Dans la première hypothèse, s'agit-il de la créance de rachat, il faut admettre que l'assuré a entendu attribuer au bénéficiaire au cas de non-paiement des primes le droit à l'assurance réduite qui se substitue naturellement à l'assurance primitive, la créance de rachat disparaît donc et les créanciers n'ont plus rien à saisir de ce chef. S'agit-il de la créance d'indemnité, un droit propre sur cette créance naît immédiatement au profit du bénéficiaire, cette créance n'est donc pas dans le patrimoine de l'assuré et ne pourra pas être saisie-arrêtée par les créanciers de celui-ci (1), mais elle pourra l'être par les créanciers du bénéficiaire.

Dans la seconde hypothèse, c'est-à-dire au cas où l'attribution de bénéfice a été faite au profit d'un tiers indéterminé par exemple au profit des héritiers de l'assuré non désignés nominativement, les solutions diffèrent suivant que l'on adopte l'une ou l'autre des explications énumérées plus haut. D'après la Jurisprudence qui fait ici l'application de l'article 1121 C. c., il ne naît pas un droit à l'indemnité au profit du bénéficiaire, la créance reste donc dans le patrimoine de l'assuré, et ses créanciers peuvent le saisir (2). C'est pour écarter ces solutions regardées comme contraires au développement de l'assurance sur la vie et à l'intérêt légitime des assurés, que les deux autres explications ont été imaginées. Pour M. Labbé, le béné-

---

(1) S. 1888. 1. 121.

(2) Cass., 10 février 1880. S. 80. 1. 152. V. Cà pourtant : Rouen, 27 juillet 1875. D. 76. 2. 182 cassé par arrêt du 7 février 1877. S. 77. 1. 393.

ficiaire a un droit propre dès qu'il existe et répond à la désignation de la police : à partir de ce moment la créance existe dans son patrimoine, mais jusque là elle reste dans celui de l'assuré et peut être saisie-arrêté par les créanciers de celui-ci. Pour M. Thaller, il n'y a de créance d'indemnité au profit du bénéficiaire que quand ce dernier a accepté l'offre à lui faite par la Compagnie d'assurances au décès de l'assuré. Quant au droit de rachat, voici quelles sont les solutions : Avec les théories de la Jurisprudence et de M. Thaller, il reste à l'assuré et ses créanciers peuvent le saisir ; avec la théorie de M. Labbé, avant que le bénéficiaire ait répondu à la désignation, il faut traiter le droit au rachat comme s'il n'y avait pas de stipulation de bénéfice et admettre la saisie des créanciers de l'assuré, mais après la réponse à la désignation, il faut donner la même solution que s'il s'agit d'une attribution de bénéfice à personne déterminée.

91. *b.)* La saisie-arrêt ne peut porter que sur une valeur faisant déjà partie du patrimoine du débiteur, elle ne saurait frapper dans le vide. Sans doute, l'article 2092 C. c. donne bien au créancier un droit de gage général sur les biens présents et à venir du débiteur, mais les biens à venir ne peuvent être appréhendés qu'au fur et à mesure qu'ils entrent dans le patrimoine du débiteur, d'autre part on donnera satisfaction suffisante au principe en permettant de saisir-arrêter les objets qui existent seulement en germe, en puissance dans le patrimoine du débiteur.

92. C'est en s'inspirant de ces idées que d'une part la jurisprudence a refusé de valider la saisie-arrêt lorsque le tiers-saisi n'était devenu débiteur du saisi qu'en vertu d'une cause postérieure à la saisie-arrêt (1), par exemple

(1) Tribunal de Loudun, 11 juillet 1884. Rousseau et Laissey, Recueil périodique, 1884, p. 351.

en vertu de conventions postérieures, ainsi les appointements payés à la tâche ne pourront être frappés de saisie-arrêt, les créances de cette nature naissent dans le patrimoine du saisi en vertu de conventions qui ont leur existence propre pour chaque tâche déterminée, la saisie- arrêt pratiquée avant cette convention n'aura pas de prise sur la créance qu'elle fait naître ; en voici une application intéressante : il s'agit d'un journaliste qui est payé articles par articles et ne reçoit pas d'appointements fixes, les sommes à lui dues au fur et à mesure de la production des articles ne pourront être atteintes par une saisie-arrêt antérieure (1). Cependant, la jurisprudence fait des réserves et consacre l'effet de la saisie-arrêt lorsqu'il s'agit non plus de contrats accidentels au comptant, mais d'actes quotidiens, surtout qnand il y a lieu de craindre une collusion frauduleuse entre le saisi et le tiers-saisi pour frustrer le créancier (2).

La jurisprudence maintient son principe, quand même le saisi et le tiers-saisi seraient déjà en relations d'affaires au moment de la saisie-arrêt, pourvu que la créance ait véritablement une existence propre et ne se rattache que d'une manière toute accessoire aux opérations préexistantes (3).

93. Mais d'autre part, la jurisprudence a validé les saisies-arrêts portant sur des créances reposant sur une cause déjà existante au moment de la saisie et notamment :
a) Sur une créance conditionnelle, par exemple la saisie-arrêt pratiquée aux mains d'une caution qui s'est obligée

(1) Seine 5°, 8 février 1881. Gazette des Tribunaux, 10 février 1881.
(2) Paris, 19 août 1874. Gaz. des Tribunaux, 27 et 28 septembre 1874. Seine 7°, 8 mai 1887. Rousseau et Laisney. Recueil périodique, 1888, p. 215.
(3) Cass., 15 mai 1876. D. 76. 1. 436. Tribunal de Vassy, 6 avril 1883. S. 83. 2. 255. Cass., 19 novembre 1884, D. 85. 1. 437.

conditionnellement envers le saisi (1); *b*) sur une créance éventuelle, subordonnée par exemple au résultat d'un compte, d'une liquidation (2); *c*) sur une créance à terme ou future comme celle des arrérages non échus d'une rente ou d'une pension (3) et celle des loyers non encore échus (4) celle des appointements ou salaires non encore acquis mais ayant leur cause dans un contrat de louage préexistant (5); mais dans ce cas la saisie-arrêt, pourra pourra en fait ne pas aboutir, car nonobstant la saisie-arrêt, le saisi reste libre par une résolution volontaire ou par l'inexécution de ses obligations de ne pas faire naître la créance sur laquelle la saisie-arrêt ne portait que d'une manière éventuelle, la saisie-arrêt tombe faute d'objet.

94. Cette idée que la saisie-arrêt ne peut frapper sur une créance qui n'existe pas encore dans le patrimoine du débiteur à moins que le germe n'en existe auparavant trouve une application intéressante en matière de compte-courant et d'ouverture de crédit.

1) Lorsque le tiers-saisi et le saisi sont en compte-courant, la saisie-arrêt ne pourra frapper les créances particulières du saisi contre le tiers-saisi et empêcher celui-ci d'opposer en compensation au premier les créances qui auront pu naître à son profit, il n'y a de créance que quand la balance du compte-courant est faite et le solde créditeur dégagé, jusque-là il n'y a que des articles de débit et de crédit, il n'y a ni créancier ni débiteur, mais la saisie-arrêt portera sur le solde. Il faut donc étendre à tout

---

(1) Bordeaux, 29 mai 1840. S. 40. 2. 358.
(2) Req., 8 mars 1873. D. 73. 1. 432. Agen 2°, 11 juillet 1862. D. 62. 2. 164.
(3) Paris 2°, 27 juin 1883, le Droit 1883, 184.
(4) Tribunal d'Annecy 1°, 26 décembre 1885, la Loi 1886, 920.
(5) Lacan et Paulmier. Traité sur la Législation et la Jurisprudence des Théâtres, t. I, p. 245. S. 1838. 2. 10. Req.-Réj., 22 novembre 1853. D. 53. 1. 321. Cass., 10 janvier 1887, le Droit 1887, 9.

compte-courant la disposition particulière de la loi du 24 germinal an XI article 33, qui défend de saisir les sommes versées en compte-courant dans les banques autorisées (1).

2) Une ouverture de crédit a été conclue entre deux personnes, la saisie-arrêt pratiquée aux mains du créditeur ne pourra pas faire obstacle à la remise des fonds et voici pourquoi : c'est que par cette remise le tiers-saisi ne paie pas une dette, mais réalise un contrat de prêt lequel pour sa perfection exige ce versement de fonds. Celui qui ouvre le crédit n'a jamais été débiteur, il s'est simplement obligé à prêter, à devenir créancier et la saisie-arrêt n'empêche pas le saisi, nous le verrons plus loin, de contracter des obligations. La saisie-arrêt n'a pas pu atteindre une créance du saisi contre le tiers-saisi puisqu'à l'inverse, l'opération aboutit à faire naître une créance contre le saisi, elle a donc frappé dans le vide (2).

95. *c*). La saisie-arrêt ne peut pas frapper les objets qui sont sortis du patrimoine du débiteur. La saisie ne frappera pas les objets mobiliers dont le débiteur a cessé d'être propriétaire, par exemple il les a vendus, et la vente en matière de meubles opère dessaisissement du vendeur *ergà omnes* (3), sauf la question de preuve de l'antériorité de la vente à la saisie-arrêt, laquelle se prouvera par un titre ayant date certaine aux termes de l'article 1328 C. c., le créancier par la saisie-arrêt étant devenu un tiers.

---

(1) Req. Rej., 16 décembre 1851. D. 54. 1. 283. Paris 3', 27 janvier 1855. D. 55. 2. 242. Civ. Cass., 3 mai 1865. D. 65. 1. 279. Bourges, 29 janvier 1872. D. 72. 2. 167. Seine 5', 6 avril 1878, le Droit 1878, 166. Gazette des Tribunaux, 19, 20 décembre 1887.

(2) Ref. Seine, 5 octobre 1881, le Droit 1881. 241. Ref. Seine, 24 juillet 1883, le Droit 1883, 190.

(3) Garsonnet, § 590, 3'.

La saisie-arrêt ne portera pas davantage si la créance par elle visée était déjà éteinte, soit par un paiement : et alors il sera utile de savoir si certains actes sont ou non des paiements : ainsi il a été jugé que le dépôt d'une somme aux mains d'un notaire par un débiteur pour être remise à un créancier ne saurait faire obstacle au droit de saisir-arrêter cette somme, il n'y a pas là un véritable paiement (1), — soit par compensation, remise ou novation. Il faut donner la même décision si la créance a fait l'objet d'une cession ; mais, la cession ne sera opposable au saisissant que si elle a été régulièrement signifiée ou acceptée conformément à l'article 1690 C. c.. S'il s'agit d'une créance constatée par un titre à ordre, un warrant par exemple, c'est l'endossement qui a fait sortir la créance du patrimoine du débiteur (2).

96. Il faut en outre que l'objet saisi-arrêté, tout en se trouvant dans le patrimoine du débiteur, ait véritablement un caractère patrimonial et puisse être à ce titre le gage de ses créanciers. Ainsi l'on ne pourrait saisir-arrêter :

1) Les valeurs qui ne font pour ainsi dire que traverser le patrimoine du débiteur et sont affectées par la loi ou la convention des parties à une destination dont le débiteur n'est ni le maître, ni le bénéficiaire, ainsi les créanciers du père ne peuvent saisir-arrêter les revenus des biens des enfants dont celui-ci a la jouissance légale, ces revenus sont en effet affectés aux frais d'entretien et d'éducation des enfants ; on ne peut saisir-arrêter davantage ni les sommes allouées aux nourrices par les hospices pour l'en-

(1) Bordeaux, 10 janvier 1839. S. 39, 2, 237. Toulouse, 12 décembre 1882. D. 83. 2. 143.
(2) Paris, 1er décembre 1866. S. 67, 2. 65. Paris, 6 juin 1885. D. 86. 2. 117.

tretien de leurs nourrissons (1), ni l'indemnité allouée par l'État au directeur d'un établissement scolaire pour l'entretien d'élèves boursiers, sauf dans la partie destinée à rémunérer ce directeur (2).

2). Les objets qui ne se détachent pour ainsi dire pas de la personne même du débiteur, par exemple : l'obligation consentie au profit du débiteur de le loger, nourrir, chauffer, éclairer ; elle est de sa nature exclusivement attachée à la personne du bénéficiaire et n'est pas susceptible de saisie-arrêt (3) ; les lettres adressées au débiteur quand même il s'agirait de lettres chargées (4), le principe de l'inviolabilité des correspondances a d'ailleurs été formellement reconnu par les décrets des 10 août 1790 et 10 janvier 1791 ; les titres et papiers de famille (5) ; mais ceci ne devrait pas être étendu à une collection d'autographes, c'est là une valeur pécuniaire parfaitement susceptible de saisie-arrêt au même titre par exemple qu'une galerie de tableaux ; on ne saurait saisir-arrêter un manuscrit d'auteur, l'écrivain doit être le maître absolu de sa pensée et de l'expression qu'il lui donne, tout au moins jusqu'à l'édition par lui consentie, autoriser une saisie-arrêt sur son œuvre, ce serait en l'empêchant d'en disposer à son gré, porter une grave atteinte à sa liberté individuelle (6), mais sans aucun doute, les créanciers pourraient saisir-arrêter aux mains de l'éditeur les sommes par lui dues à l'auteur en vertu du contrat d'édition.

(1) Civ. Cass., 28 janvier 1850. S. 1850. 1. 390.
(2) Seine 5°, 4 mai 1886, le Droit 1886.
(3) Civ. Cass., 5 août 1879. D. 79. 1. 75.
(4) Réf., Seine, 13 septembre 1872, D. 73. 3. 80. Arrêt du Conseil d'État, 13 mars 1874, D. 75. 3. 34.
(5) Roger, 205 bis.
(6) Lacan et Paulmier, op. cit., t. II, p. 237.

§ 3. — De l'insaisissabilité.

97. Indépendamment des cas d'insaisissabilité que nous avons relevés chemin faisant et qui s'expliquent par le jeu des principes généraux du droit sanctionnés ou non à ce point de vue par des lois précises, il est des cas spéciaux que le législateur a organisés soit dans un intérêt général, soit dans un intérêt d'humanité. A la règle posée par l'article 2093 du Code civil, à savoir que tous les biens d'un débiteur sont le gage de ses créanciers, l'article 581 Proc. apporte des dérogations. Aux termes de cet article seront insaisissables :

1° Les choses déclarées insaisissables par la loi.

98. *a*). Aux termes de la loi du 8 nivôse an VI, qui organise le tiers consolidé, la dette publique n'est pas susceptible de saisie-arrêt, article 4. Il n'est admis qu'une opposition d'une nature spéciale, celle faite par le propriétaire même de l'inscription dépossédé par perte ou vol : Loi du 22 floréal an VII, article 7. Quel est le motif exact de cette disposition ? Le législateur a-t-il voulu simplement faciliter les opérations de la comptabilité publique en interdisant la saisie-arrêt entre les mains de l'État débiteur, a-t-il voulu pour assurer à l'État un crédit plus fort, donner aux titres émis par lui la faveur d'une insaisissabilité entière et les soustraire complétement au droit de gage général des créanciers du titulaire ?

Pour le premier motif, on fait valoir que l'insaisissabilité absolue des rentes sur l'État constituerait un privilège exorbitant, que les termes de la loi sont étroits et précis, et interdisent seulement l'opposition, qu'une pareille dérogation au droit commun doit être strictement limitée et ne saurait être arbitrairement étendue. La loi a voulu simplement exonérer les comptables de l'État des embarras résultant des saisies-arrêts qui pourraient être pratiquées entre leurs mains ; l'insaisissabilité des rentes sur l'État est donc relative (1).

Pour le second motif, et nous trouvons ce système plus exact, on fait remarquer que les termes de la loi interdisent l'opposition ou saisie-arrêt sans distinguer si cette saisie est pratiquée entre les mains d'un tiers ou entre les mains de l'État, or dans le premier cas l'intérêt de la comptabilité publique n'est nullement en jeu. L'État peut très bien, nous le verrons plus tard, jouer dans une saisie-arrêt le rôle de tiers-saisi et même la loi du 24 août 1793 autorisait et réglementait la saisie des rentes sur l'État ; le vrai motif, c'est qu'on a voulu attirer les preneurs de rente dont la faillite gouvernementale, qui vint aboutir à la formation du tiers consolidé aurait pu ébranler la confiance, et, pour sauver cette situation critique du crédit de l'État, on accorda aux rentiers cette faveur de l'insaisissabilité, que deviendrait-elle si les créanciers auxquels on interdit la saisie-arrêt pouvaient, par un autre moyen, faire main-mise sur les inscriptions de rente de leurs débiteurs ? Les travaux préparatoires sont en ce sens, ils indiquent bien que ce n'est pas seulement la saisie-arrêt qui est interdite mais tout acte d'appropriation. Vernier, dans son rapport au conseil des Cinq-Cents, s'exprimait ainsi : « Il importait au crédit de l'État de faciliter les transferts de la dette publique en la dégageant des formalités qui tendent à déprécier cette propriété, et il était instant d'adopter ce

____

(1) S, 1887. 2. 1, Note de M, Labbé,

qui était commandé par l'intérêt général comme par le plus grand avantage des rentiers... Il convenait... de priver les créanciers pour l'avenir de toute espèce de droit, saisie ou opposition soit sur le capital soit sur les arrérages. Les créanciers prévenus et instruits qu'ils n'auront point à compter sur cette ressource pour le payement et la sûreté de leurs créances règleront à l'avenir leurs transactions en conséquence, et se ménageront d'autres sûretés moins sujettes à tromper leur attente. » L'insaisissabilité des rentes sur l'État est donc absolue (1).

99. Voici les intérêts pratiques de cette discussion :

1) Des titres de rente sur l'État sont détenus par un tiers, si l'insaisissabilité est absolue, la saisie-arrêt ne pourra pas être valablement pratiquée entre les mains de ce tiers (2), si l'insaisissabilité est relative, la saisie-arrêt, non valable si elle était faite aux mains de l'État, pourra procéder aux mains de ce tiers (3).

2) Si l'insaisissabilité est relative, les créanciers pourront user de l'article 1166 C. c., et faire prononcer en justice le transfert à leur profit des rentes appartenant à leur débiteur, si elle est absolue, ils ne le pourront pas (4).

3) Le titulaire de la rente tombe en faillite, ici, nous le savons d'ailleurs, ce n'est point par voie de saisie-arrêt que vont procéder les créanciers, mais le syndic qui les représente ne pourra-t-il pas réaliser en les faisant vendre en Bourse, les inscriptions de rente qui font partie du patrimoine du failli ? La Cour de Cassation, après avoir dé-

---

(1) D. A. V. Trésor public, n° 1156 et 1161. Seine 6°, 23 janvier 1889.

(2) Seine, 28 février 1873. D. 74. 3. 88. Seine 2°, 26 juin 1888, la Loi 1888, 191. Nantes, 28 juin 1888, la Loi 1888, 174.

(3) Seine 3°, 16 juin 1888, le Droit 1889, 151.

(4) Cass. Req., 6 décembre 1887. S. 88. 1. 165.

cidé que le syndic n'avait pas ce droit (1), est revenue sur cette jurisprudence (2). Mais ici, pour motiver l'insaisissabilité relative, on fait valoir une raison particulière. Sans doute, dit-on, les rentes sur l'État sont insaisissables, mais le syndic n'est-il pas le mandataire légal du débiteur failli, et à ce titre ne peut-il pas faire ce que le débiteur lui-même aurait pu faire si le dessaisissement n'était pas intervenu (3). Messieurs Lyon-Caen et Renault (4) combattent avec vigueur cette manière de voir en faisant très justement observer que le syndic représente bien plutôt les créanciers que le failli, c'est dans l'intérêt de la répartition à faire entre eux qu'il peut réaliser l'actif du débiteur et qu'il est investi de l'exercice de ses droits, mais il ne peut pas faire plus que les créanciers n'auraient pu faire individuellement, on ne pourrait donc justifier la solution admise en matière de faillite qu'en reconnaissant un caractère relatif à l'insaisissabilité des rentes sur l'État.

4) La succession du titulaire d'inscriptions de rente sur l'État est acceptée sous bénéfice d'inventaire. Ira-t-on jusqu'à dire que ladite rente bien que faisant partie de l'actif successoral ne doit pas être comprise dans le compte que l'héritier doit présenter aux créanciers, ou qu'elle pourra être vendue par lui en dehors des formalités prescrites par la loi sans que pour cela l'héritier perde son bénéfice ? Non, sans doute (5), et d'ailleurs l'avis du Conseil

(1) Cass., 8 mai 1854. S. 54. 1. 300.
(2) Cass., 8 mars 1859. S. 60. 1. 418. Sic Orléans, 9 avril 1878. S. 78. 2. 183. Paris, 19 janvier 1886. S. 87. 2. 1. Cà, c'est-à-dire dans le sens de l'insaisissabilité absolue même au cas de faillite ; Seine 2., 8 juillet 1880, le Droit 1880, 174. Aix, 31 juillet 1882, S. 84. 2. 110. Rouen 2°, 6 mars 1888. S. 88. 2. 171.
(3) Note de M. Labbé, Journal du Palais, 1859, p. 545.
(4) Traité de Droit commercial. n° 2672.
(5) Paris, 22 novembre 1855. S. 56. 2. 237. Paris, 13 juin 1856. S. 57. 2. 212,

d'Etat du 11 janvier 1808 qui impose à l'héritier bénéficiaire une autorisation préalable pour faire le transfert des rentes supérieures à 50 fr., montre bién qu'il ne peut impunément disposer de ces rentes, et qu'il en doit compte aux créanciers de la succession. Mais alors c'est donc qu'elles sont leur gage? Non, croyons-nous, du moins en ce sens que les créanciers ne peuvent poursuivre sur elles l'exécution forcée, mais de même que le *de cujus* aurait pu, en réalisant à l'amiable les rentes sur l'État dont il était titulaire, payer ses créanciers, de même l'héritier bénéficiaire ne conservera son bénéfice qu'en acceptant la situation du débiteur honnête et consciencieux qui tire de son patrimoine tout ce qu'il peut en tirer pour donner satisfaction à ses créanciers.

5) La succession du titulaire de rentes est déclarée vacante, les créanciers ne pourront pas obtenir l'immatriculation en leur nom des rentes qui dépendent de la succession, et quand même les tribunaux l'auraient ordonnée, l'administration qui a forcément le dernier mot en cette matière s'est reconnu le droit de ne pas déférer au jugement qui la prononcerait (1), mais le curateur qui représente la succession et a pour mission de la liquider comme l'héritier bénéficiaire l'aurait fait, devra comme celui-ci tenir compte aux créanciers des rentes sur l'État comprises dans la succession, il en opèrera la réalisation et distribuera le prix aux créanciers.

100. Si les créanciers ne peuvent avoir action sur les rentes dont leur débiteur est titulaire, rien ne fait obstacle à ce que celui-ci les affecte volontairement à l'acquittement de ses dettes : ce qui est interdit c'est qu'il en soit

____

(1) Conseil d'État, 19 décembre 1839. S. 40. 2. 282.

dépouillé malgré lui et par voie d'exécution forcée ; ainsi il a été jugé que l'on pouvait donner en gage une rente sur l'État (1) ou l'affecter à un cautionnement (2), elle pourrait même être l'objet d'un séquestre, cette mesure n'emportant pas l'idée d'une expropriation forcée (3).

L'insaisissabilité cesse quand les arrérages sont perçus et sont devenus des capitaux ordinaires (4).

101. La loi des 11 et 12 juin 1878 qui a créé la rente 3°/° amortissable a dans son article 4 étendu à cette valeur les privilèges attachés aux rentes sur l'État et par conséquent celui de l'insaisissabilité. De plus le décret du 28 février 1852, art. 18 a attribué la même faveur aux titres émis par le Crédit foncier.

102. *b.* Le décret du 26 pluviôse an II, art. 2, interdit aux créanciers particuliers des entrepreneurs de travaux pour le compte de l'État de faire saisie-arrêt aux mains de l'État sur les fonds destinés à ces entrepreneurs tant que la réception des travaux n'est pas définitivement (5) opérée. L'entreprise ne sera donc pas entravée par l'indisponibilité des sommes qui y sont affectées, l'exécution des travaux publics y gagnera en sécurité et en rapidité.

L'article 3 du même décret permet, d'ailleurs, la saisie-arrêt aux ouvriers, employés, fournisseurs ayant concouru aux ouvrages ; c'est qu'en effet, l'attribution des fonds aux créanciers de cette nature loin de faire obstacle à la poursuite des travaux en assurera au contraire la complète exécution. Ce décret, dans la pensée de ses auteurs, ne devait avoir qu'une valeur provisoire et ne devait rester en

(1) Conseil d'État, 6 août 1878. S. 79. 2. 25.
(2) Grenoble, 27 juillet 1867. S. 68. 2. 79.
(3) Req. Rej., 28 novembre 1838. D. 39. 1. 6.
(4) Paris 2ᵉ, 7 juin 1880, le Droit 1881, 244.
(5) Agen, 17 juillet 1850. S. 51, 2, 255,

vigueur que jusqu'à l'organisation des travaux publics ;
mais nonobstant le silence de la loi du 16 septembre 1807
qui, on le sait, forme un véritable Code sur la matière, un
avis du Conseil d'État du 12 février 1819 a décidé (1)
que le décret du 26 pluviôse an II était toujours en
vigueur.

Le décret du 12 décembre 1806 renferme les mêmes dispositions en ce qui concerne les sous-traitants des entrepreneurs du ministère de la guerre.

Cette insaisissabilité est restreinte aux cas expressément
prévus et ne saurait être étendue aux travaux exécutés pour
le compte des établissements publics autres que l'État, par
exemple les départements et les communes (2), quand
même l'entreprise serait subventionnée et surveillée par
l'État (3), et encore moins aux travaux exécutés pour le
compte de simples particuliers (4).

Il se pourrait que l'entrepreneur transportât à un tiers
sa créance sur l'État et par là empêchât les créanciers ayant
concouru aux ouvrages d'exercer leur droit privilégié sur
cette créance, la Jurisprudence, s'inspirant avec raison de
l'esprit du décret de l'an II, a annulé le transport à l'égard
de ces créanciers spéciaux (5).

La législation qui nous occupe règlemente un privilège
au profit de certains créanciers plutôt qu'elle n'établit une
insaisissabilité véritable : les créanciers ordinaires de l'entrepreneur qui auront pratiqué des saisies-arrêts sur les
sommes qui lui sont dues par l'État ne les verront pas

____

(1) Poitiers 1ᵉ, 28 février 1837. D. 38. 2. 7.
(2) Grenoble, 7 février 1868. S. 68. 2. 80. Rennes, 21 juin 1866. S. 68. 2. 16.
(3) Chambéry, 7 avril 1886, le Droit 1886, 210.
(4) Roger, 280.
(5) Paris, 27 août 1853. D. 54. 2. 104. Seine 5ᵉ, 19 et 26 janvier 1887, le Droit
1883, 73.

tomber, mais elles ne pourront être validées et sortir à effet que quand les créanciers spéciaux auront été préalablement désintéressés (1) ; les créanciers privilégiés n'auraient pas à respecter les effets d'une saisie-arrêt même validée antérieurement à la leur, seulement ils devront attaquer, par voie de tierce-opposition, le jugement de vadité (2).

103. L'article 76 du décret du 24 juillet 1793 relatif à l'organisation des postes déclare insaisissables les paiements ainsi que les provisions, ustensiles et équipages destinés au service de la poste. Cet article s'appliquait certainement aux maîtres de poste qui, à l'origine, étaient les uniques organes de l'État dans le transport des dépêches, et dont l'organisation constituait un véritable service public ; mais cette faveur doit être refusée aux entrepreneurs de transports de lettres qui sont de simples entrepreneurs privés et n'ont pas le caractère des anciens maîtres de poste (3).

En matière de transports postaux maritimes, la Jurisprudence n'admet cependant pas que l'on puisse faire saisie-arrêt sur le matériel des entrepreneurs et les subventions qui leur sont allouées, soit qu'elle considère ces entrepreneurs comme de véritables maîtres de poste auxquels s'applique l'article 76 du décret précité, soit qu'elle fasse simplement appel à des considérations d'intérêt public (4).

104 *c*). Nous allons rencontrer un autre cas d'insaisis-

---

(1) Paris 3', 10 mai 1845. D. 45. 2. 157. Seine 3', 30 mai 1883. Gazette des Tribunaux, 1er septembre 1884.

(2) S. 1845. 1, 34.

(3) Civ. Cass., 27 août 1883. D. 85. 1. 79.

(4) Marseille, 3 mars 1886. S. 87, 2. 118. Aix, 27 janvier 1887. S. 88, 2. 83.

sabilité qui se résout en privilège en étudiant le droit des créanciers des officiers ministériels ou comptables publics sur le cautionnement de ceux-ci. Ce cautionnement est affecté d'abord au paiement des créances pour faits de charge, ensuite au remboursement des sommes prêtées pour parfaire le cautionnement, ensuite aux créanciers ordinaires. Loi du 25 ventôse an XI, article 33, Loi du 25 nivôse an XIII et du 6 ventôse an XIII.

Les créanciers privilégiés auxquels le cautionnement est particulièrement affecté, c'est à dire les créanciers pour faits de charge et les bailleurs de fonds peuvent exercer leurs droits sur lui avant la cessation des fonctions de leurs débiteurs ; quant aux créanciers ordinaires bien que la loi ne déclare pas le cautionnement insaisissable par eux et se borne à établir l'ordre des préférences, nous ne croyons pas qu'ils puissent au cours des fonctions du débiteur se faire attribuer le montant du cautionnement. Leur situation est la même que celle des créanciers ordinaires des entrepreneurs de travaux publics. La saisie-arrêt qu'ils pratiqueraient sur le cautionnement de leur débiteur encore en fonctions ne serait pas nulle, mais ne pourrait sortir à effet qu'à l'expiration des dites fonctions. Sinon, la garantie donnée aux créanciers pour faits de charge serait le plus souvent illusoire : sans doute, ceux qui seraient déjà créanciers à ce titre invoqueraient leur privilège à l'encontre du créancier ordinaire, mais ceux qui par la suite viendraient à être victimes des fautes de l'offi-cier public ou du comptable verraient le cautionnement destiné à les protéger, absorbé par un créancier ordinaire qui, au vœu du législateur, devait passer après eux (1).

(1) Roger, 341. Bourges, 14 juillet 1851. S. 51. 2. 737. Sur la procédure en cette matière : Dijon 3°, 19 juillet 1853. D. 54. 2. 106.

105. *d)* Dans l'intérêt de la conservation des biens qui font l'objet d'un majorat, les articles 51, 53 du décret du 1er mars 1808, établissent l'insaisissabilité des revenus qu'ils produisent. Toutefois la moitié du revenu pourra être déléguée au paiement des dettes privilégiées indiquées par l'article 2101 C. c. et les nos 4 et 5 de l'article 2103 C. c. (1).

106. *e)* Aux termes de l'article 580 Proc., les traitements et pensions dus par l'État ne pourront être saisis que pour la portion déterminée par les lois ou par les ordonnances royales.

A. — Traitements.

107. 1) Traitements des ministres des cultes.

En ce qui concerne le culte catholique, l'arrêté des consuls du 18 nivôse an XI porte que « les traitements ecclésiastiques sont insaisissables dans leur totalité ». Le traitement casuel formé par le produit des oblations qui rémunèrent certains services n'est pas plus saisissable que le traitement payé directement par l'État ; en effet de par l'article 68 de l'arrêté que nous venons de citer, les oblations peuvent constituer une part notable du traitement, c'est ainsi qu'à Paris les vicaires de paroisse ne reçoivent absolument rien de l'État, l'insaisissabilité qui repose ici sur des considérations de haute convenance serait donc illusoire (2).

(1) Ref. Seine, 15 janvier 1881, le Droit 1881, 18.
(2) Seine 1ᵉ, 12 avril 1877 ; le Droit 1877, 88 et les conclusions de M. le substitut Louchet qui cite un jugement du Tribunal de la Seine du 15 juin 1866 rendu en sens contraire. Cà, Garsonnet III, p. 535.

L'arrêté du 15 germinal an XII, établit l'insaisissabilité du traitement des ministres protestants.

Aucune disposition n'est intervenue en ce qui concerne le culte israélite, mais nous pensons que par analogie on doit décider de même (1).

108. 2) Traitements civils. Aux termes de la loi du 21 ventôse an IX : « les traitements des fonctionnaires publics et employés civils sont saisissables jusqu'à concurrence d'un cinquième sur les premiers mille francs et sur toutes les sommes au-dessous ; du quart sur les cinq mille francs suivants et du tiers sur la portion excédant six mille francs à quelque somme qu'elle s'élève, et ce, jusqu'à l'entier acquittement des créances ». Le traitement est-il inférieur ou égal à mille francs, on saisira d'abord le cinquième ; le traitement est-il supérieur à mille francs, on saisira d'abord le cinquième sur les premiers mille francs, puis le quart du surplus et ainsi de suite (2).

109. Cette disposition s'applique aux fonctionnaires et employés civils, on ne saurait l'étendre :

Ni aux membres des assemblées parlementaires qui ne sont pas des fonctionnaires. Lois des 2, 3 août 1875, article 26 ; des 30 novembre, 31 décembre 1875, article 17. Ce dernier article renvoie à la loi des 15, 18 mars 1849, dont l'article 97 déclare saisissable l'indemnité parlementaire, et cela contrairement à la législation antérieure qui la déclarait insaisissable. Loi des 10, 16 juillet 1848 ; et c'était avec raison suivant nous : la dignité dont doivent être soucieux les membres du Parlement se trouve mieux sauvegardée ainsi ; l'indemnité parlementaire ne devrait

(1) Garsonnet III, p. 534.
(2) D. A. V. Saisie-Arrêt, n° 163.

pas pouvoir servir à donner aux représentants du pays un crédit dont ils seront fatalement tentés d'abuser dans l'intérêt de leurs élections.

Ni aux titulaires des bureaux de tabacs ; ce ne sont pas des fonctionnaires, bien qu'ils soient nommés soit par le ministre des finances, soit par les préfets. Sans doute, aux termes du décret du 28 novembre 1793, il faut, pour obtenir la concession d'un bureau de tabac, justifier de services rendus à l'État et l'on pourrait voir là un certain rapport avec les pensions qui sont, en principe, insaisissables : mais en admettant que la concession revête ce caractère, question de fait à apprécier par les tribunaux, l'analogie avec la pension est trop éloignée pour que l'on puisse raisonner de l'une à l'autre, surtout pour apporter une dérogation au droit commun (2). Il faut donc décider que le prix de ferme d'un bureau de tabac est parfaitement saisissable (1).

Ni aux employés de chemins de fer (2).

110. Cette insaisissabilité est établie, non seulement au profit du fonctionnaire, mais aussi de sa famille, qui pourra réclamer sur la portion insaisissable les aliments auxquels elle a droit, l'article 582 Proc. ne déclare-t-il pas saisissable pour aliments ce qui serait insaisissable pour toute autre cause ? Mais ceci doit s'entendre seulement de la femme et des enfants du fonctionnaire, et non pas de tous ceux vis-à-vis desquels il est tenu de l'obligation alimentaire ; c'est là l'esprit général de notre

---

(1) Die, 23 novembre 1864. Seine, 10 août 1869, D. 71. 5, 344. Amiens, 27 novembre 1877. D. 78. 2. 9. Saint-Etienne 1°, 19 novembre 1886, la Loi 1887, 258. Périgueux, 28 mai 1887, le Droit 1887, 134. Cà Villefranche, 27 avril 1877. D. 79. 3. 30. Voir aussi Carcassonne, 15 décembre 1884. Gazette des Tribunaux des 2 et 3 février 1885.

(2) Douai, 13 mai 1853. S. 54. 2. 18.

législation en matière d'insaisissabilité ; nous verrons, en effet plus loin que sur la partie insaisissable de certains traitements, les créanciers pour aliments visés par les articles 203, 205 et 214 C. c. peuvent agir, or ces articles visent uniquement la femme et les enfants. Mais les droits de ceux-ci ne sauraient faire aucun doute : aussi faut-il décider que la femme demanderesse en séparation de corps ou en divorce pourra faire saisie-arrêt sur la partie insaisissable du traitement de son mari, au cas d'insuffisance de la partie saisissable, pour sûreté et avoir paiement de la pension alimentaire dont le mari a été condamné à lui payer les arrérages jusqu'à l'issue de la liquidation (1). A la pension alimentaire il faut assimiler la provision *ad litem*.

111. Le principe de la loi du 21 ventôse an IX a été étendu par des décisions diverses à des employés rétribués par des administrations publiques et à des non-fonctionnaires (2).

112. Le fonctionnaire est d'ailleurs le maître de disposer comme il l'entend de la fraction du traitement qui reste à sa libre disposition, et il peut en consentir transport à l'un de ses créanciers (3) ; de plus il peut opposer les règles du droit commun à l'exécution même sur la portion saisissable d'engagements entachés de nullité aux termes de la loi civile. La loi de l'an IX est une disposition de protection qui ne saurait se retourner contre ceux qu'elle est destinée à favoriser (4).

113. C'est l'intérêt des services publics et de la marche

---

(1) Paris, 18 août 1842. S. 44. 2. 187. Bordeaux, 12 juillet 1880. D. 80. 2. 232. Cà Paris, 10 août 1882. S. 83. 2. 125. V. aussi le Droit 1882, 175.

(2) Rousseau et Laisney, Dictionnaire, 218-225 et 237-248. Roger 277-285.

(3) Seine 2ᵉ, 18 janvier 1881, le Droit 1881, 15.

(4) Cass., 13 février 1884. S. 86. 1. 25.

régulière des rouages administratifs assurée par la rémunération constante de ces services qui a fait édicter l'insaisissabilité des traitements, aussi ne s'applique-t-elle, semble-t-il, qu'aux fonctionnaires et employés civils et ne doit-elle pas être étendue aux employés privés ; et, en effet, la Cour de Cassation a d'abord décidé que les traitements et salaires de ces employés étaient saisissables pour la totalité, car, dit-elle, l'article 581 Pr. ne déroge aux articles 2092 et 2093 C. c. que pour les créances alimentaires constituées par donation ou testament, c'est-à-dire à titre gratuit, et il ne peut s'étendre au cas où ladite créance a sa source dans un contrat à titre onéreux, aussi malgré le caractère alimentaire qu'affectent pour partie au moins les traitements et salaires des employés privés, la loi doit être suivie à la lettre (1). Cependant, certaines décisions de justice, inspirées par l'humanité, avaient restreint les effets de la saisie-arrêt pratiquée sur des traitements ou salaires d'employés privés et avaient déclaré insaisissable la partie nécessaire à l'entretien du débiteur et à l'exercice de son état (2). La Cour de Cassation est revenue sur sa jurisprudence et a consacré le principe de l'insaisissabilité partielle des traitements privés par arrêt de la Chambre civile du 10 avril 1860, rendu d'ailleurs contrairement aux conclusions de l'avocat général de Raynal (3).

Cette solution nous semble exacte. Pour l'appuyer on fait valoir les arguments suivants : Aux termes de l'article 1244 C. c. les tribunaux ont le droit d'accorder dans certaines circonstances un délai de grâce au débiteur, par

____

(1) Req., 22 novembre 1853. D. 53. 1. 321. D. 1859. 1. 396.
(2) Lyon 4°, 13 mai 1839. D. 40, 2. 56. Paris, 7 juillet 1843, D. 43. 2. 166.
(3) D. 1860. 1. 166 et S. 60. 1. 502.

analogie ne doit-on pas leur permettre de restreindre les effets de la saisie-arrêt pratiquée sur lui ; sans doute l'article 581 Pr. ne rend insaisissables les sommes dues pour aliments que dans certains cas, mais d'autre part l'article 592 Pr. n°s 2 et 4 interdit de saisir-exécuter sur le débiteur ce qui est nécessaire à l'exercice de sa profession et *a fortiori* ce qui lui est nécessaire pour vivre ; cette idée a une portée trop générale pour ne pas être appliquée à toute espèce de saisie. Comme on l'a très bien fait remarquer, le produit du travail du débiteur ne peut servir de gage au créancier de ce dernier que déduction faite de ce qui est la condition même, la charge si l'on veut du travail accompli, de ce qui est nécessaire au débiteur pour subsister ; c'est ce motif qui nous touche le plus et qui fournit à la jurisprudence une base véritablement solide (1) ; et à ce point de vue nous pensons que même pour un créancier alimentaire la partie insaisissable devrait être respectée (2).

Quant à la quotité du traitement dont le caractère alimentaire doit assurer l'insaisissabilité, c'est au juge à la déterminer. A Paris la saisie-arrêt est le plus souvent réduite au cinquième, quelquefois au tiers ou à la moitié et c'est par simple ordonnance de référé que le saisi obtient cette réduction. Nous examinerons plus loin si cette procédure est légale ; il n'est pas douteux d'ailleurs que le Tribunal saisi de la demande en validité ne soit compétent pour prononcer cette réduction.

Si un tel pouvoir appartient au magistrat, le tiers-saisi, lui, ne peut sans risquer d'engager sa responsabilité se faire juge du caractère d'insaisissabilité du traitement par

____

(1) Req. 29 mai 1878. D. 79. 1. 21. Tribunal de Moulins, 16 août 1884, le Droit 1884, 204.

(2) Req., 11 janvier 1887, le Droit 1887, 9.

lui dû, ni du *quantum* qu'il pourra verser au saisi ; il sera prudent à lui de ne se libérer que sur le vu d'une autorisation de justice (1).

114. 3) Traitements militaires :

(*a*) Armée de terre. Aux termes de l'article 65 de la loi des 8 et 10 juillet 1791, les traitements militaires inférieurs à 600 fr. sont insaisissables ; la solde des caporaux et soldats est donc complétement insaisissable. — Au-dessus de cette somme, la loi du 19 pluviôse an III les déclare saisissables seulement pour un cinquième.

D'autre part l'ordonnance du 25 juillet 1839, articles 444-447 permet au ministre de la guerre de faire subir au militaire indépendamment de toute opposition une retenue plus forte, notamment au profit des créanciers pour aliments dans les termes des articles 203, 205, 214 du Code civil et des créanciers pour fournitures de subsistance et d'entretien (2).

b) Armée de mer. Aux termes des articles 251 et 252 du décret du 11 août 1857 et des articles 157 et 160 du décret du 19 octobre 1851, les soldes des marins sont insaisissables, sauf au cas de débet envers l'État ou pour aliments dans les termes des articles 203, 205, 214, C. c. Cette insaisissabilité peut être levée par une autorisation du commissaire maritime et pour dettes contractées pour nourriture et entretien, d'autre part, le ministre de la marine peut ordonner une retenue plus forte.

Quant aux gages et salaires des matelots de la marine

______

(1) Seine 5· 21 juillet 1877, le Droit 1877, 206. Seine 5·, 22 juillet 1882, Gazette des Tribunaux, 18 octobre 1882. Seine 3·, 7 juin 1888, le Droit 1888, 139.

V. le décret du 28 décembre 1883 portant réglement sur le service intérieur des troupes d'infanterie, chapitre LX. Voir pour la Gendarmerie le décret du ·· mars 1854, art. 545 et 546. Voir aussi Roger, 293 bis.

marchande, ils ne peuvent être saisis que pour fournitures de subsistance et d'entretien et avec l'autorisation du commissaire maritime. Ordonnance du 1ᵉʳ novembre 1765. Article 3 du décret du 2 prairial an XI, et article 39 de l'ordonnance du 17 juillet 1816. Ceci ne s'étend ni au capitaine, ni aux officiers, ni même aux pilotes lamaneurs (1).

B. — Pensions.

115. Les pensions sont allouées soit à ceux que l'âge ou l'infirmité ont fait quitter les services publics, soit à ceux envers qui l'État s'est reconnu débiteur à titre d'indemnité, — citons à titre d'exemple les pensions accordées par la loi du 20 juillet 1881 aux victimes du Coup d'État du 2 décembre 1851 et de la loi de sûreté générale du 27 février 1858. Elles ont, dans une certaine mesure, un caractère alimentaire, ce qui justifie l'insaisissabilité dont elles sont favorisées.

Reconnue d'abord d'une manière absolue et complète par la déclaration du 7 janvier 1779 et la loi du 12 floréal an VII, article 7, cette insaisissabilité a été restreinte par la législation postérieure.

116. 1) Pensions civiles. Aux termes de l'article 26 de la loi du 9 juin 1853, elles ne peuvent être saisies que jusqu'à concurrence d'un cinquième pour débet envers l'État ou les créanciers privilégiés aux termes de l'art. 2101 C. c. et d'un tiers pour aliments dans les cas visés par les articles 203, 205, 206, 207 et 214 C. c.

2) Pensions militaires.

(1) Rouen, 25 mars 1859. S. 60. 2. 135.

Les pensions de retraite sont insaisissables, excepté en cas de débet envers l'État ou dans les circonstances prévues par les articles 203, 205 C. c. Dans ces deux cas, les pensions militaires sont passibles de retenues qui ne peuvent excéder le cinquième de leur montant pour cause de débet et le tiers pour aliments. Pour l'armée de terre : loi du 11 avril 1831, article 28 ; pour l'armée de mer, loi du 18 avril 1831, article 30 (1).

Quant aux pensions de réforme accordées après vingt ans de service, l'article 20 de la loi du 19 mai 1834 sur l'état des officiers les déclare insaisissables comme les pensions de retraite, excepté dans les cas de débet envers l'État ou dans les circonstances prévues par les articles 203, 205 et 214 C. c.

Relevons une petite particularité : pour les pensions de réforme, la loi, en s'occupant des créanciers alimentaires, auxquels l'insaisissabilité n'est pas entièrement opposable, vise par les articles 203, 205 et 214 C. c. non seulement les enfants et les ascendants du pensionnaire, mais encore son conjoint ; au contraire, pour les pensions de retraite, la loi ne vise que les articles 203 et 205 C. c., c'est-à-dire les enfants et laisse de côté le conjoint pour qui dès lors la pension sera complètement insaisissable. Aussi a-t-il été jugé que dans une instance en séparation de corps, la femme pouvait poursuivre le recouvrement de la pension alimentaire à elle allouée par justice sur la pension de réforme de son mari, mais non sur la pension de retraite (2).

117. Des décisions spéciales ont proclamé l'insaisissabilité partielle de certaines pensions ne rentrant pas dans

___

(1) Paris, 26 juillet 1847. S. 47. 2. 529.
(2) Cass., 24 décembre 1883. D. 84, 1, 196.

les catégories que nous venons d'énumérer (1). Il faut
bien entendu pour que le débiteur puisse invoquer l'insaisissabilité des sommes à lui allouées par l'État, qu'il
s'agisse de véritables pensions reconnues par la loi ;
ainsi les indemnités provisoires accordées par le chef
de l'État sur sa cassette particulière à un employé dont
l'emploi a été supprimé hors des cas où une pension de
retraite et légalement due ne constituent pas une pension
de retraite proprement dite et sont par conséquent saisissables (2).

118. Terminons par une observation commune aux
traitements et aux pensions : A la mort du titulaire, l'insaisissabilité cesse et ce qui peut rester dû de ce chef à la
succession devient le gage des créanciers.

119. *f.)* Diverses décisions ont déclaré insaisissables
certaines indemnités dont le recouvrement est destiné à
assurer le bon fonctionnement de la Justice ou des services
publics qui s'y rattachent (3).

120. L'intérêt de la bonne administration de la Justice
a fait édicter en faveur des avoués un privilège qui se rattache à notre matière. Aux termes de l'article 133 Proc.,
l'avoué de celui qui a obtenu un jugement de condamnation et qui a fait l'avance des frais, obtient par ce même
jugement ce que l'on appelle la distraction des dépens,
c'est-à-dire une action directe contre le perdant du chef des
dépens auxquels il a été condamné. L'avoué garde néanmoins son action contre son client, mais l'action de celui-ci
contre le perdant est distraite au profit de l'avoué. Ce n'est

---

(1) Garsonnet III. p. 557. Roger 311. 313 bis. Rousseau et Laisney, Diction-
V. Saisie-arrêt, 266-270.

(2) Paris, 10 juin 1868. S. 69.

(3) Roger, 320, 339, 339 *bis.* Rousseau et Laisney, dict. V. cit. 286 et 287. Voir
enfin Roger, 323 *bis,* Rousseau et Laisney, dict. V. cit. 288 et 293.

point là l'action oblique visée par l'article 1166 C. c., elle pourrait manquer d'énergie et d'efficacité car l'avoué se trouverait exposé au concours de tous les créanciers de son client et aux exceptions que le perdant pourrait invoquer contre le gagnant.

Quelle est exactement la nature de ce privilège? On a voulu y voir (1) une cession de créance, le Tribunal lui-même enlèverait la créance des dépens au gagnant pour l'attribuer à l'avoué qui évite ainsi le concours des créanciers et les exceptions personnelles de l'adversaire, mais ce système est inadmissible car il aboutirait aux conséquences suivantes : le gagnant ayant cédé sa créance, cesse d'être créancier du perdant, si l'avoué est négligent le gagnant ne pourra poursuivre son débiteur, la Jurisprudence a admis au contraire qu'il le pouvait (2) ; la distraction des dépens entraînerait comme toute cession de créance la perception d'un droit de mutation, et en fait ce droit n'est jamais perçu ; l'avoué du gagnant empruntant tous les droits de son client devrait pouvoir agir contre le perdant aussi longtemps que lui, c'est-à-dire pendant trente ans, mais aux termes de l'article 2273 C. c. l'avoué ne peut actionner son client que pendant deux ans, ce serait là une étrange anomalie.

Il faut voir dans la distraction des dépens un bénéfice de la nature de la saisie-arrêt avec un privilège au profit de l'avoué considéré comme premier saisissant. Il n'y a aucun transport de créance, le gagnant reste créancier ; mais l'avoué a fait des avances au gagnant et de ce chef il est créancier de celui-ci et peut faire saisie-arrêt entre les mains du perdant débiteur des dépens en vertu du juge-

---

(1) Pothier, du Mandat, n° 135, sq.
(2) Cour de Paris, 26 avril 1872.

ment prononcé contre lui. La distraction des dépens vaut saisie-arrêt au profit de l'avoué pour le recouvrement de sa créance, le perdant ne peut pas s'acquitter au préjudice de l'avoué. Mais, pour que celui-ci puisse éviter le concours des autres créanciers du gagnant, il faut lui reconnaître un privilège, l'on maintiendra à son profit le privilège que l'ancien droit accordait en matière de saisie-arrêt au premier saisissant, ce privilège n'existe plus aujourd'hui sauf dans ce cas particulier (1).

2° Les provisions alimentaires allouées par Justice.

121. Ce sont les sommes allouées à une partie au cours d'un procès et destinées à subvenir aux besoins qui naissent pour elle du procès lui-même. Ce sera par exemple la provision alimentaire ou la provision *ad litem* allouée à la femme au cours d'une instance en divorce ou en séparation de corps. Si cette provision alimentaire était convenue amiablement entre les parties en litige, elle rentrerait dans les n°s 3° et 4° que nous allons examiner. Quant aux pensions alimentaires allouées par les tribunaux, il faut les assimiler aux pensions constituées par des particuliers dans les termes des n°s 3° et 4° de notre article et non pas aux provisions alimentaires. Voici l'intérêt de la question. Nous verrons que l'insaisissabilité qui frappe les provisions alimentaires adjugées par justice est beaucoup plus étendue que celle qui s'applique aux pensions constituées par les particuliers ; or ceci se comprend lorsqu'il s'agit de provisions répondant à un besoin urgent et actuel dont le Tribunal peut immédiatement apprécier l'importance ; la pension au contraire a un caractère définitif, la situation de la partie qui l'a obtenue peut s'amé-

(1) M. Glasson à son cours,

liorer et il est parfaitement naturel d'en autoriser la saisie aux conditions et dans la mesure que nous rencontrerons plus loin (1).

3° Les sommes et objets disponibles déclarés insaisissables par le testateur ou le donateur.

122. Cette clause d'insaisissabilité est parfaitement légitime : à l'égard des créanciers antérieurs — car le testateur ou le donateur libre de donner ou de ne pas donner est libre d'apposer à sa libéralité la condition qu'il lui plaît et en particulier la condition d'insaisissabilité qui nous occupe, ils n'ont pas dû compter sur cette libéralité, leur débiteur ne s'est point d'ailleurs appauvri à leur détriment puisque l'acquisition par lui faite est à titre purement gratuit ; — à l'égard des créanciers postérieurs — car ils ne peuvent agir sur le patrimoine de leur débiteur qu'en tenant compte des conditions et des manières d'être qui l'affectent au moment où ils deviennent créanciers ; or, les objets de la libéralité n'étant arrivés dans le patrimoine que grevés de cette clause d'insaisissabilité, force est bien aux créanciers de la respecter.

123. Pour que cette clause d'insaisissabilité soit valable, trois conditions doivent être réunies :

1) Il faut qu'elle soit annexée à une donation ou à un testament, c'est-à-dire à un acte purement gratuit, nous avons dit pourquoi : s'il en était autrement, il serait trop facile au débiteur de transformer sa fortune et de la soustraire à ses créanciers, ainsi une rente viagère constituée à titre gratuit peut être déclarée insaisissable (2), mais

____

(1) Sic Rouen, 9 avril 1850. Cà Seine 7°, 28 février 1884. Gazette des Tribunaux, 31 mars 1884.

(2) Rennes, 25 juillet 1840. D. 41. 2. 233. Liège, 26 mai 1887. D. 88. 2. 78.

non s'il elle est constituée à titre onéreux, par exemple moyennant l'aliénation d'un immeuble (1).

On doit voir suivant nous un acte à titre gratuit dans la constitution d'une pension alimentaire faite par un particulier ou un établissement privé à un ancien employé victime d'un accident et qui aurait dans l'acte de constitution renoncé à toute réclamation, quand même l'acte aurait été qualifié de transaction, il n'y a pas là d'appauvrissement corrélatif à l'acquisition faite et dont les créanciers puissent se plaindre (2).

2) Il faut que la libéralité porte sur des meubles. La loi emploie les expressions « sommes et objets » qui ne peuvent s'entendre que d'objets mobiliers. Cependant on s'est posé la question de savoir si une clause d'insaisissabilité est valable lorsqu'il s'agit d'immeubles. Ceci nous intéresse, car suivant que la clause d'insaisissabilité sera ou non valable, la saisie-arrêt pourra ou non frapper les revenus et les fruits des immeubles en question (3). Nous croyons que le législateur préoccupé de débarrasser de toute entrave la circulation des immeubles n'a pas voulu leur appliquer notre clause, craignant de créer ainsi une nouvelle espèce de substitution (4). Cependant la jurisprudence a validé la clause d'insaisissabilité en matière d'immeubles (5) en alléguant que cette condition ne tombait pas sous l'article 900 Code civil aux termes duquel sont réputées non écrites les conditions contraires aux lois, c'est là suivant nous une véritable pétition de principe,

(1) Brive, 12 juillet 1843. D. 45. 3. 175.
(2) Seine 6ᵉ, 21 juin 1884, la Loi, 1884, 702.
(3) Cass., 1ᵉʳ juillet 1863. D. 63. 1. 312.
(4) Locré, t. XXII, p. 394.
(5) Rcq., 10 mars 1852 D. 52. 1. 111. Cass. civ., 20 décembre 1864. D. 65. 1. 24.

la clause tombera ou non sous le coup de l'article 900 du
Code civil, suivant qu'elle violera ou ne violera pas l'article 581. C'est dans cet article et non dans l'article 900 qu'il
faut chercher la solution de la question, et, nous l'avons
montré, le législateur n'a pas voulu appliquer aux immeubles notre article 581.

Nous verrons plus loin que les créanciers antérieurs à
la libéralité n'ont aucun droit de saisie sur les objets qui
la composent, mais que les créanciers postérieurs peuvent
saisir sous certaines conditions. A certains égards, la jurisprudence a considéré l'insaisissabilité appliquée aux
immeubles comme plus entière, et l'a déclarée complètement opposable même aux créanciers postérieurs, et ce,
quand la clause d'insaisissabilité soit directe, soit résultant d'une clause d'inaliénabilité, est temporaire et a pour
objet la protection d'un droit que le donateur ou testateur
s'est réservé à lui personnellement (1).

3) Il faut que la libéralité ainsi déclarée insaisissable ne
porte que sur la quotité disponible. C'est qu'en effet cette
portion du patrimoine que la loi elle-même assure à l'héritier doit arriver entre ses mains libre de toutes charges.
Sans doute le donateur ou testateur était libre de ne pas
donner, mais cela n'est vrai que pour la quotité disponible (2).

4° Les sommes et pensions pour aliments, encore que le
testament ou l'acte de donation ne les déclare pas insaisissables.

124. La clause d'insaisissabilité se trouve alors sous-
entendue, le donateur ou testateur manquerait son but, si

____

(1) Req. 27 juillet 1863. D. 64. 1 494.
(2) Boitard, Colmet-Daage et Glasson, II, p. 254.

les sommes au moyen desquelles il a voulu assurer des aliments au bénéficiaire pouvaient être saisies par les créanciers de celui-ci. La loi n'exige pas d'ailleurs de termes sacrementels, le caractère alimentaire de la libéralité résultera suffisamment des circonstances que les juges apprécieront.

125. L'article 582 proc. apporte aux règles que nous venons de tracer de notables exceptions. Aux termes de cet article : « Les provisions alimentaires ne pourront être saisies que pour cause d'aliments. Les objets mentionnés anx numéros 3 et 4 du précédent article (l'article 581) pourront être saisis par les créanciers postérieurs à l'acte de donation ou à l'ouverture du legs et ce en vertu de la permission du juge et pour la portion qu'il détermine ».

Ainsi les provisions alimentaires ne peuvent être saisies que pour cause d'aliments. Qu'entendre par créanciers pour aliments ? D'abord, c'est le sens obvie du mot et celui qu'a expressément visé le législateur (1), ce sont ceux qui ont fourni des aliments au débiteur, leur permettre de saisir même les provisions alimentaires, c'est répondre au vœu de la loi qui veut que ces sommes assurent la subsistance du débiteur. De plus, à raison des termes généraux de la loi, on a pensé, à juste titre, qu'elle s'appliquait aussi à ceux envers lesquels le débiteur est tenu de l'obligation alimentaire (2), n'avons-nous pas vu plus haut que pour les pensions allouées par l'Etat, exception à l'insaisissabilité était faite en faveur des créanciers de cette nature.

Il n'y a pas lieu de distinguer comme pour les objets

(1) Locré, t. XXII. p. 396.
(2) Boitard, Colmet-Daage et Glasson, t. II, p. 255.

mentionnés aux numéros 3° et 4° de l'article 581, si les créanciers qui se présentent sont antérieurs ou postérieurs au jugement qui accorde la provision, s'ils ont ou non obtenu l'autorisation de justice, tous peuvent également saisir. Cela tient à la faveur dont il faut entourer les créances alimentaires, et c'est absolument incontestable, car le Tribunat avait demandé que la distinction, formulée dans la seconde partie de l'article 582, s'étendit à l'article tout entier, mais cette proposition ne fut pas acceptée (1).

Quant aux valeurs comprises sous les numéros 3 et 4 de l'article 581 elles sont, elles aussi et dans les mêmes termes que les provisions alimentaires saisissables pour cause d'aliments, il serait étrange en effet qu'elles fussent traitées plus favorablement à cet égard que les provisions alimentaires, dont le caractère d'insaisissabilité est plus accentué, ceci résulte d'ailleurs des travaux préparatoires (2).

En outre, elles sont saisissables par les créanciers postérieurs à la libéralité en vertu de la permission du juge et pour la portion par lui déterminée. C'est que, si l'on peut très légitimement opposer l'insaisissabilité à ces créanciers postérieurs, cependant la loi a tenu compte de ce qu'ils pouvaient être trompés par la situation apparente de leur débiteur.

L'article 582 est d'ailleurs restrictif et ne s'applique pas aux pensions civiles (3).

(1) Locré, t. XXII, p. 396. Sic. Cass. Req., 18 janvier 1875. S. 75. 1. 153 Seine 7', 28 février 1884, la Loi 1884, 289.
(2) Locré, t. XXII, p. 620.
(3) Cà, Lyon, 25 août 1883, le Droit 1883, 1199.

CHAPITRE III

126. La saisie-arrêt s'applique, nous l'avons vu, aux objets mobiliers et sommes d'argent dus par un tiers au débiteur, et en outre aux biens meubles dont le débiteur est propriétaire et qui sont détenus par un tiers.

La saisie-arrêt frappe-t-elle sur des sommes ou objets dus par un tiers, il faut que ce tiers soit véritablement débiteur du saisi, la saisie-arrêt serait nulle si elle était conduite aux mains d'un non débiteur (1), ou aux mains de celui qui n'est que l'agent, le préposé du débiteur ; ainsi la saisie-arrêt sur les appointements d'un acteur doit être pratiquée non aux mains du caissier du théâtre, mais aux mains du directeur (2).

Lorsque les biens que l'on veut saisir sont entre les mains non pas de véritables tiers, mais de personnes qui ne forment pour ainsi dire qu'un avec le débiteur saisi, la saisie-arrêt ne frappe pas, pas plus que si elle avait été pratiquée aux mains du débiteur lui-même, c'est à la saisie-exécution qu'il faut recourir (3). Ainsi, comment appréhender les sommes et valeurs que renferme la caisse d'un

(1) Seine, 12 avril 1877. D. 77. 3. 111.
(2) Paris, 18 juin 1831. D. 31. 2. 236.
(3) Roger, 17.

négociant, ce sera par voie de saisie-exécution sur le négociant lui-même et non de saisie-arrêt entre les mains du
caissier. Pourquoi ? C'est que celui-ci n'est pas véritablement un débiteur, ni même un détenteur, c'est l'agent, de
la continuation, le bras du débiteur, celui-ci n'a pas besoin
de son intermédiaire pour avoir droit sur sa caisse, qu'il ait
un caissier ou qu'il n'en ait pas, il n'en reste pas moins le
maître absolu et direct, le caissier ne peut donc pas jouer
le rôle de tiers-saisi (1). En pratique, on applique cette
décision même aux banquiers qui font le service de caisse
de leurs clients. Mais si les valeurs qu'on veut saisir ne
peuvent être acquises au débiteur que par l'intermédiaire
d'une tierce personne, par exemple d'un mandataire qui a
encaissé des sommes pour le compte du mandant débiteur, c'est la saisie-arrêt qu'il faut employer (2).

127. S'agit-il d'appréhender les objets dont le débiteur
est propriétaire et qui sont détenus par un tiers, aucun
doute que la saisie-arrêt ne puisse être employée, mais le
créancier s'il remplit d'ailleurs les conditions exigées pour
pratiquer une saisie-exécution ne pourra-t-il pas y recourir ?
On admet généralement la négative parce que, dit-on, il
serait exorbitant d'accorder à un huissier le droit de violer
le domicile d'un tiers sous prétexte qu'il détient par devers
lui les meubles du débiteur (3). D'autre part la saisie-exécution donne au créancier satisfaction plus rapide en l'exo-
nérant de l'instance en validité et de la procédure contre
le tiers-saisi. La Jurisprudence admet que la saisie-arrêt
est seule possible (4), mais à notre avis cette théorie est un

(1) Bordeaux, 23 janvier 1844. S. 44. 2. 256.
(2) Lyon, 22 février 1872. S. 73. 2. 292.
(3) D. A. V. saisie-exécution, n° 70.
(4) Cass., 4 décembre 1867. S. 68. 1. 97. Tribunal de Chambéry 1°°, 12 mars
1884, la Loi 1884, 978.

peu absolue et nous adoptons volontiers la distinction proposée par M. Rodière (1). Suivant cet auteur, comme c'est uniquement dans l'intérêt du tiers que l'emploi de la saisie-exécution est proscrit, il faut en admettre la possibilité quitte au tiers à s'y opposer et à forcer par sa résistance le créancier à agir par voie de saisie-arrêt.

Si les meubles qu'il s'agit de saisir sont indivis entre le débiteur et le tiers, la saisie-exécution est possible si l'objet se trouve entre les mains du débiteur, car l'article 2205 C. c. qui interdit de saisir la part indivise d'un immeuble s'applique limitativement à la saisie-immobilière (2) ; mais on ne pourra faire vendre que quand l'indivision aura cessé (3). Si ces objets sont détenus par le tiers, ils ne pourront être que saisis-arrêtés entre ses mains, au moins s'il ne consent pas à les voir saisir-exécuter.

128. La saisie-arrêt met ordinairement en jeu trois personnes : le saisissant, le saisi, le tiers-saisi. Dans certains cas, ce nombre pourrait-il être augmenté ou restreint ? Ainsi pourrait-on faire saisie-arrêt aux mains, non plus de *Tertius* débiteur du débiteur, mais de *Quartus* débiteur de *Tertius*, on aurait ainsi quatre personnes en cause. Il ne faut pas, en principe, admettre la possibilité d'une pareille saisie-arrêt dont le Code ne parle pas et qui serait fort compliquée, on allèguerait vainement que le débiteur ayant, quant à lui, le droit de saisir-arrêter aux mains de *Quartus*, le créancier doit l'avoir en vertu de l'article 1166 C. c. Mais l'article 1166 ne saurait s'appliquer aux voies d'exécution et notamment à la saisie-arrêt parce que, comme l'a fort bien relevé la jurisprudence, l'emploi des

(1) Note sous l'arrêt précité. S. 68. 1. 97.
(2) Civ. Cas. 23 mars 1881, D. 81. 1. 417.
(3) Civ. Cas. 29 mars 1887, D. 87. 1. 454.

voies d'exécution implique la nécessité d'un engagement préalable et direct entre celui qui la pratique et celui qui la subit (1), mais le principe devra subir échec et la saisie-arrêt devra être admise : *a*) quand le créancier saisissant s'est fait subroger conventionnellement ou judiciairement aux droits de son débiteur (2) ; *b*) lorsqu'il tient de la loi elle-même une action directe contre le débiteur de son débiteur ; ainsi le propriétaire, aux termes de l'article 1753 C. c., a contre le sous-locataire une action directe en paiement du loyer, eh bien il pourra faire saisie-arrêt aux mains des débiteurs de ce sous-locataire (3), nous en dirons autant de celui qui invoque l'action directe établie par l'article 1798 C. c. (4).

129. D'autre part, une seule personne pourrait-elle remplir deux des trois rôles que la saisie-arrêt nécessite ? D'abord ne peut-il pas se faire que le même individu soit à la fois saisi et tiers-saisi ? Nous croyons que cela est possible : il suffit de supposer que le représentant légal d'un incapable soit personnellement débiteur de celui qu'il représente ; si le créancier de l'incapable fait saisie-arrêt sur ce dernier, c'est au représentant que sera adressé l'exploit de saisie-arrêt aussi bien que celui de dénonciation avec assignation en validité ; *proprio nomine*, il joue le rôle de tiers-saisi, *procuratorio nomine*, il joue le rôle de saisi. Nous trouverons de semblables applications en matière de société : le représentant légal d'une société personnellement débiteur de celle-ci pourra jouer à la fois le rôle de saisi et celui de tiers-saisi (5). Aucune difficulté

(1) Orléans, 7 juin 1855, D. 56. 2. 111. — Cass. Civ., 8 août 1860, D. 60. 1. 378, — Evreux, 29 septembre 1878, le Droit 1878, 231.
(2) Rouen, 23 novembre 1838. — Bordeaux, 3 janvier 1839, 39, 2. 64 et 165.
(3) Req. 8 novembre 1882, D. 83. 1. 305.
(4) Roger, 126, i. f.
(5) Civ. Rej., 10 août 1881, le Droit 1881, 189.

d'ailleurs ne peut s'élever si le tiers-saisi n'est pas le re-présentant légal de l'incapable mais est simplement chargé de l'assister, s'il n'absorbe pas, mais complète seulement la personnalité juridique de ce dernier, c'est ainsi qu'on a validé sans difficulté la saisie-arrêt pratiquée sur un prodigue entre les mains de son conseil judiciaire (1).

130. Ne pourrait-on jouer à la fois le rôle de saisissant et celui de tiers-saisi, en d'autres termes, lorsqu'on est à la fois créancier et débiteur, ne peut-on pas faire saisie-arrêt entre ses propres mains? Il faut, pour que la question se présente, supposer que les conditions d'exigibilité et de liquidité nécessaires pour que les deux dettes puissent s'éteindre par compensation ne sont pas remplies. Voici comment on raisonne pour écarter ce droit de faire saisie-arrêt entre ses propres mains : le Code ne parle nulle part de cette procédure particulière et suppose toujours qu'il y a trois personnes en cause ; de plus, avec l'autre solution, on aboutit à l'anomalie suivante : par hypothèse, les conditions de la compensation légale ne sont pas remplies et pourtant, par la saisie-arrêt faite entre ses propres mains, le créancier va pouvoir se dispenser de payer sa dette tout comme s'il y avait compensation (2). Cette solution ne nous semble pourtant pas exacte car la saisie-arrêt entre ses propres mains était admise sous l'empire de l'ordonnance de 1667, sans doute le Code de procédure suppose toujours trois personnes, mais il vise le cas le plus fréquent et parle plutôt de trois rôles que de trois personnes distinctes ; de plus, le résultat est bien

(1) Seine, 3ᵉ, 4 décembre 1888, le Droit 1889, 9.
(2) Boitard, Colmet-Daage et Glasson, II, nᵒ 817. — Amiens, 5 août 1826, D. 29. 2. 216. — Paris, 1ᵉ, 8 avril 1836, D. 36. 2. 65. — Alger, 19 janvier 1886, D. 87. 2. 169.

loin d'être le même que s'il y avait eu compensation, aucune des obligations ne se trouve éteinte, et une liquidation ultérieure règlera les droits des parties, pourquoi le fait qu'un créancier a le gage de sa créance entre ses propres mains l'empêcherait-il d'user du droit commun (1)?

(1) Garsonnet III, p. 706. — Tribunal de Cahors, 4 août 1849. S, 49. 2. 605. — Tribunal de Lombez, 8 mai 1884, la Loi 1884, 870.

DEUXIÈME PARTIE

PROCÉDURE & EFFETS DE LA SAISIE-ARRÊT

---

131. Il est nécessaire maintenant de parcourir les phases successives de la procédure de saisie-arrêt et d'indiquer les effets produits par chacun des actes qui la constituent.

132. Le premier acte de la procédure est l'exploit de saisie-arrêt signifié au tiers-saisi. Viennent ensuite deux procédures, l'une dirigée contre le débiteur saisi, l'autre contre le tiers-saisi, la première s'ouvre par la dénonciation de la saisie-arrêt avec assignation en validité, et l'instance engagée se clôt par le jugement de validité ; nous rattacherons à cette instance la demande en mainlevée formée par le saisi, — la seconde consiste dans la dénonciation au tiers-saisi de la demande en validité, c'est ce qu'on appelle en pratique la contre-dénonciation, puis vient l'assignation en déclaration affirmative suivie, si des contestations s'élèvent, d'une instance particulière.

Nous étudierons donc dans trois chapitres successifs : 1° l'exploit de saisie-arrêt ; 2° l'instance en validité ; 3° la procédure contre le tiers-saisi.

CHAPITRE PREMIER

EXPLOIT DE SAISIE-ARRÊT.

133. Étudions tout d'abord l'exploit de saisie-arrêt en lui-même, demandons-nous quels en sont les formes et les effets.

§ 1. — Formes de l'exploit.

134. Voici à cet égard comment s'exprime l'article 559 Proc. Al. 1 et 3 : — « Tout exploit de saisie-arrêt ou opposition, fait en vertu d'un titre, contiendra l'énonciation du titre et la somme pour laquelle elle est faite : si l'exploit est fait en vertu de la permission du juge, l'ordonnance énoncera la somme pour laquelle la saisie-arrêt ou opposition est faite, et il sera donné copie de l'ordonnance en tête de l'exploit ». — « L'exploit contiendra aussi élection de domicile dans le lieu où demeure le tiers-saisi, si le saisissant n'y demeure pas ; le tout à peine de nullité ».

La saisie-arrêt consiste essentiellement en une défense faite par le saisissant au tiers-saisi de se dessaisir des sommes et valeurs que celui-ci doit ou pourra devoir au saisi; cette défense pour produire effet ne peut résulter d'une simple manifestation de volonté même constatée par écrit, par exemple d'une lettre missive (1), il faut qu'elle soit for-

____
(1) Seine, 5ᵉ, 1 février 1887, la Loi 1887, 378.

mulée par un exploit d'huissier, lequel outre les mentions communes à tous les exploits : immatricule et signature de l'huissier, date, nom du requérant et indication propres à fixer les intéressés sur l'identité de celui-ci, doit aux termes de l'article 559 contenir les énonciations suivantes :

1) *L'énonciation du titre*. — Cette première énonciation est destinée à réprimer les abus de l'ancien droit qui semblaient fort criants en cette matière si l'on en croit l'exposé des motifs présenté au Corps législatif par M. Réal, orateur du Conseil d'État : « La France entière, dit-il, commerçante ou propriétaire réclame depuis cent ans contre l'abus et les vexations de tout genre suite des oppositions sans causes énoncées (1) ». — Par la dénonciation de la saisie au saisi, celui-ci connaîtra le titre en vertu duquel il est poursuivi et pourra au besoin le contester, cette indication du titre doit être assez claire et assez compréhensive pour que le saisi ne puisse être induit en erreur, c'est là une question de fait : mais il n'est pas nécessaire de donner copie partielle ou intégrale du titre ; toutefois en pratique les avoués et les huissiers en agissent ainsi dans un intérêt facile à comprendre (2), et cela tranche toute difficulté. Si la saisie-arrêt est faite en vertu d'un jugement, il faut, nous l'avons dit, qu'il soit préalablement signifié au saisi.

Si la saisie-arrêt a été pratiquée non plus en vertu d'un titre, mais en vertu de l'ordonnance du juge, l'exploit devra porter en tête copie de l'ordonnance, il ne suffirait pas de l'énoncer pour permettre au saisi d'en discuter la valeur : le débiteur doit sans doute connaître un titre qui émane de lui ou de son auteur, il ne peut pas avoir connaissance

(1) Locré, t. XXII, p. 576.
(2) Voir cependant D. A., V° Saisie-arrêt, n° 20.

de l'ordonnance du juge qui, nous l'avons dit, est rendue hors de sa présence. Mais si l'ordonnance s'est bornée à liquider provisoirement la créance, l'énonciation de ladite ordonnance suffira.

2) *L'énonciation de la somme.* — Elle sert surtout à faire connaître au saisi la somme dont il devra faire offre au saisissant pour obtenir mainlevée de la saisie-arrêt, nous verrons plus loin si le tiers-saisi a intérêt à savoir jusqu'à quelle concurrence la somme dont il est débiteur est rendue indisponible.

3° L'élection de domicile dans le lieu où demeure le tiers-saisi si le saisissant n'y demeure pas : le lieu où demeure le tiers-saisi c'est la commune qu'il habite. Cette formalité est exigée dans l'intérêt du saisi et du tiers-saisi pour leur donner le moyen de signifier au lieu même de la saisie les actes qu'ils auront à adresser au saisissant sans avoir besoin de faire instrumenter dans le ressort du domicile du saisissant. Les termes de l'article 559 Proc. sont généraux et doivent permettre la signification au domicile élu des offres réelles et de l'acte d'appel, bien que cet article ne vise pas expressément ces actes comme l'article 584 Proc. en matière de saisie-exécution (1).

135. La loi ajoute : « le tout à peine de nullité ». Bien entendu, la loi ici ne vise pas l'omission des formalités substantielles laquelle aura très certainement pour résultat de faire annuler la saisie-arrêt.

Plusieurs personnes sont intéressées à invoquer la sanction de la loi et à demander la nullité de la saisie-arrêt : le saisi pour toucher ce qui lui est dû, le tiers-saisi pour voir maintenir les paiements par lui faits nonobstant la

____

(1) Roger, 398.

saisie-arrêt, un second saisissant pour écarter le concours du premier, le cessionnaire de la créance saisie-arrêtée pour voir son transport sortir à effet. Faut-il distinguer dans les formalités de la loi d'une part celles qui sont exigées dans l'intérêt de tous, et que tous pourront invoquer; d'autre part, celles qui sont édictées dans l'intérêt d'une partie seulement et dont celle-ci pourra seule opposer l'inobservation? Remarquons d'abord qu'il sera bien difficile de trouver des formalités n'ayant en vue de protéger qu'une seule espèce d'intéressés, et à ce point de vue la distinction entre les diverses formalités prêtera singulièrement à l'arbitraire; de plus, les termes de la loi sont absolus, nous pensons donc que tout intéressé pourra invoquer les nullités que la loi consacre, quelles qu'elles soient (1).

136. Aux termes de l'article 562, l'huissier s'il en est requis, doit justifier de l'existence du saisissant au moment où le pouvoir de saisir a été donné; et ce, à peine d'interdiction et de dommages-intérêts. Cette disposition a pour objet d'empêcher des saisies-arrêts mises sous le nom de personnages imaginaires, l'huissier pour ne pas engager sa responsabilité ne se fera pas le complice et l'instrument d'une simulation. D'ailleurs, cet article 562 doit être entendu d'une façon libérale, ainsi aux termes de l'article 2008 C. c., les actes faits par le mandataire dans l'ignorance de la mort du mandant sont valables, supposons une saisie-arrêt pratiquée après le décès du mandant dans l'ignorance de ce décès et à la requête de ce dernier, l'article 2008 C. c. doit faire écarter l'application rigoureuse de l'article 562 Proc. (2).

(1) Cà, Paris, 9 août 1833. S. 33. 2. 465. — Chambéry, 20 janvier 1874, D. 76. 5. 398.
(2) Rouen, 1°, 19 janvier 1853, D. 54. 2. 254.

137. En principe, les règles relatives à la remise des exploits s'appliquent à l'exploit de saisie-arrêt, la signification devra donc en être faite à personne ou domicile. Toutefois, nous devons relever une dérogation au droit commun. Aux termes de l'article 69, 9°, les exploits adressés à ceux qui habitent hors de la France continentale doivent être signifiés au parquet du Procureur de la République, mais l'exploit de saisie-arrêt fait exception à la règle et devra toujours être signifié à personne ou domicile. Art. 560 Proc. C'est qu'en effet, l'exploit de saisie-arrêt a vis-à-vis du tiers-saisi un effet particulièrement grave, celui d'empêcher tout paiement au préjudice du saisissant ; or, si l'exploit avait été signifié au parquet, il serait bien rigoureux de l'opposer au tiers-saisi pour faire annuler un paiement par lui fait avant que l'exploit ne l'ait effectivement touché.

§ 2. — Effets de l'exploit.

138. Étudions ceux qu'il produit vis-à-vis du saisissant, puis ceux qu'il produit vis-à-vis du saisi et du tiers-saisi, c'est-à-dire sur la créance saisie-arrêtée.

139. *a. Effets de la saisie-arrêt vis-à-vis du saisissant.* Le saisissant pourra engager sa responsabilité vis-à-vis du saisi et être condamné à lui payer des dommages-intérêts dans le cas où la saisie-arrêt est pratiquée sans droit, et cela quand même le créancier serait de bonne foi (1). Quant à la question de savoir si une saisie-arrêt est illégale, il faut laisser à cet égard une certaine liberté d'appréciation

____

(1) Bordeaux 2ᵉ, 11 avril 1834, D. 36. 2. 41. — Req. 17 mars 1873, D. 74. 1. 33. — Aix, 5 mars 1879, le Droit 1879, 254.

aux tribunaux, ainsi : il ne suffirait pas pour fonder l'obligation à des dommages-intérêts que la somme pour laquelle la saisie-arrêt a été faite fût supérieure à celle à laquelle la créance a été définitivement liquidée, ce serait ramener dans notre droit les idées romaines sur la *plus petitio*, et pourtant il est bien certain que pour partie tout au moins la saisie-arrêt est illégale (1). D'autre part, la saisie-arrêt serait-elle strictement légale, des dommages-intérêts pourraient être dus nonobstant le principe : *qui suo jure utitur neminem ledit*, si le créancier a usé de son droit d'une manière vexatoire (2). Quand même aucun préjudice n'aurait été causé au saisi, les frais d'une saisie-arrêt frustatoire doivent être laissés à la charge du saisant (3).

L'huissier lui-même, en prêtant son ministère à un créancier qui n'a pas le droit de pratiquer une saisie-arrêt, commet une faute professionnelle qui peut engager sa responsabilité envers le saisi (4).

140. L'exploit de saisie-arrêt constitue un acte de poursuite de nature à interrompre la prescription qui courait au profit du saisi contre le saisissant et celle qui courait au profit du tiers-saisi contre le saisi. On est d'accord sur le second point, peu importe, en effet, que l'acte interruptif n'émane pas du créancier lui-même. N'a-t-il pas été véritablement représenté par le saisissant qui a agi en empruntant ses droits? (5).

---

(1) Cass. 20 mars 1878, le Droit 1878, 68.

(2) Req. Rej. 12 février 1868, D. 68. 1. 275.

(3) Tribunal de Lyon 1*, 18 juin 1884. Gazette des Tribunaux, 10, 11 novembre 1884.

(4) Rouen, 22 août 1878. S. 79. 2. 207.

(5) Roger, 451. Toulouse, 24 décembre 1842. S. 43. 2. 589. Lyon, 7 janvier 1868. S. 68. 2. 170. Toulouse, 18 décembre 1874, S. 75. 2. 209.

Mais de graves auteurs n'acceptent pas que l'exploit de saisie-arrêt interrompe la prescription au profit du saisissant contre le saisi (1). Ils se bornent, d'ailleurs, à une affirmation, mais il nous semble qu'aucun doute n'est possible, l'article 2244 C. c. est général et déclare la prescription interrompue par une saisie. Sans doute, l'acte interruptif ne s'adresse pas au débiteur, mais à un tiers, peu importe, en ce qui concerne les autres saisies la même chose pourra se produire : une saisie-exécution peut être pratiquée hors la présence du saisi et il ne la connaîtra que par la dénonciation du procès-verbal, pourtant dès le procès-verbal la prescription aura été interrompue ; de plus, la saisie-arrêt n'implique-t-elle pas de la part du créancier la volonté formelle de se faire payer (2). Seulement si la saisie-arrêt n'est pas suivie de dénonciation avec assignation en validité, comme elle est alors nulle et non avenue, l'effet interruptif ne se sera pas produit (3). Bien entendu dans l'opinion que nous combattons, l'interruption serait produite par l'assignation en validité.

La saisie-arrêt ne vaut pas mise en demeure et ne fait courir les intérêts ni de la créance saisie-arrêtée (4), ni ceux de la créance du saisissant (5).

141. *b) Effets de la saisie-arrêt sur la créance saisie-arrêtée.* Avant d'essayer une formule générale étudions ceux que la loi consacre en termes formels.

142. 1) Aux termes de l'article 1242 C. c., « le paiement fait par le débiteur à son créancier, au préjudice d'une sai-

---

(1) Roger, 451. — Rousseau et Laisney, Dict. V° Saisie-arrêt, 585.
(2) Besançon, 28 avril 1875, D. 78. 2. 74.
(3) Cass. 25 mars 1874. S. 75. 1. 86.
(4) Caen, 25 février 1866. S. 47. 2. 302.
(5) Cass. 21 août 1872. S. 72. 1. 379.

sie ou d'une opposition, n'est pas valable à l'égard des créanciers saisissants ou opposants : ceux-ci peuvent selon leur droit le contraindre à payer de nouveau, sauf, en ce cas seulement, son recours contre le créancier. — L'article 1944 C. c. applique cette idée à un débiteur particulier, le dépositaire, d'après cet article : « Le dépôt doit être remis au déposant aussitôt qu'il le réclame, à moins qu'il n'existe entre les mains du dépositaire une saisie-arrêt ou une opposition à la restitution... »

143. Donc tout d'abord, avant qu'une saisie-arrêt lui ait été signifiée, le tiers-saisi peut se libérer. Cependant pour certains débiteurs l'usage a introduit des règles spéciales. Dans les grandes villes, à Paris notamment, l'acheteur d'un fonds de commerce, avant de payer, fait publier son acquisition dans un journal d'annonces judiciaires en indiquant un domicile où seront reçues les oppositions sur son prix (ce sera d'ordinaire chez celui qui a négocié la vente du fonds de commerce). Les créanciers ont alors dix jours à partir de l'insertion pour pratiquer des saisies-arrêts sur l'ancien propriétaire.

Cet usage a donné lieu à quelques difficultés en Jurisprudence. Un point nous semble hors de conteste, c'est que la loi n'imposant pas cette publication, le tiers-saisi est parfaitement libre de ne pas s'y soumettre et de payer son prix sans prendre des précautions auxquelles il n'est pas légalement astreint (1); mais s'il a fait publier son acquisition, peut-il payer avant l'expiration des dix jours en admettant bien entendu qu'aucune saisie ne se soit encore révélée ? Oui, a-t-on dit, car ce délai n'est pas imposé par la loi, l'acquéreur est libre de le respecter ou de ne

____

(1) Seine 4°, 5 février 1859, le Droit du 27 février 1859.

pas le respecter et de payer s'il le veut avant qu'il soit
expiré (1). Non, réplique-t-on, et ceci nous semble plus
exact, car en se soumettant volontairement à cet usage il a
pris vis-à-vis des créanciers l'engagement de ne pas payer
avant l'expiration du délai que cet usage prescrit. En
payant avant l'expiration du délai, il a violé cet engagement et doit réparer le préjudice qui en est résulté pour le
créancier, et cet engagement est parfaitement valable, car
une pollicitation collective suffit à lier celui qui l'a faite,
ceux à qui elle s'adresse étant réputés accepter l'offre dans
la partie avantageuse pour eux (2).

144. Mais la saisie-arrêt une fois formée, le tiers-saisi
ne peut plus payer au préjudice du saisissant. S'il le fait,
il y a là de sa part un acte commis sans droit, engageant
aux termes de l'article 1382 C. c. la responsabilité de celui
dont il émane (3). Le tiers-saisi devra donc indemniser
le saisissant du dommage que lui cause le paiement. La
loi pourtant ne s'exprime pas tout à fait ainsi, elle dit,
article 1242 : « ..... ceux-ci (les créanciers saisissants) peuvent selon leur droit le (le tiers-saisi) contraindre à payer
de nouveau. » Mais à proprement parler ce n'est pas là un
paiement, le tiers-saisi a très valablement payé le créancier saisi en ce qui concerne ce dernier, et celui-ci quand
même il aurait dissipé les fonds à lui versés ne pourrait
invoquer l'invalidité du paiement pour se faire payer de
nouveau. Le tiers-saisi est tenu envers le créancier saisissant d'une dette fondée sur un délit ou un quasi-délit et
non pas de la dette primitive dans laquelle un nouveau

---

(1) Paris 3ᵉ, 18 février 1882, le Droit 1882, 207.
(2) Seine 5ᵉ, 26 mai 1883, le Droit 1883, 229. Seine 5ᵉ, 27 juillet 1885, Rousseau et Laisney, Rec. périod. 1886, p. 65.
(3) Civ. Cass. 11 janvier 1887, le Droit 1888, 16.

débiteur se serait substitué à l'ancien ; il faudrait admettre pour cela qu'il s'est produit une sorte de novation légale éteignant la dette initiale au moyen d'une obligation nouvelle ; or il n'en est pas ainsi (1), car la dette initiale a été éteinte par le paiement valablement fait par le tiers-saisi à son créancier.

La loi ajoute les mots : « selon leur droit » — l'action des saisissants se mesure à l'étendue du préjudice que le paiement leur a fait subir. Donnons des exemples : la prétention du saisissant n'était pas fondée, il n'était pas créancier ou sa créance était éteinte. Aucun préjudice ne lui est causé ; il n'a rien à réclamer au tiers-saisi ; — il y avait plusieurs saisissants, nous verrons plus loin qu'ils ont le droit de concourir au marc le franc sur la créance saisie-arrêtée, le préjudice à eux causé se mesurera, non au montant de leurs créances, mais au montant du dividende auquel ils avaient droit. Une créance de 3,000 francs est saisie-arrêtée par trois créanciers pour chacun 1,500 fr. nonobstant, le tiers-saisi paie ; s'il n'y avait pas eu de paiement, chacun des créanciers aurait touché 1,000 francs dans la répartition, c'est cette somme et non le montant intégral de sa créance que chaque saisissant pourra réclamer au tiers-saisi (2).

145. Il n'en reste pas moins vrai que dans la réalité des choses, le tiers-saisi a payé deux fois ce qu'il ne devait qu'une seule ; aussi l'article 1242 « dans ce cas seulement » c'est-à-dire dans le cas où il a dû indemniser les saisissants, lui donne un recours contre son créancier. C'est qu'en effet, en indemnisant le créancier saisissant, il a

____

(1) Civ. Cass. 8 novembre 1847, S. 47. 1. 805.
(2) Colmet de Santerre, V, 181 *bis*, II.

libéré d'autant le saisi, il a fait son affaire, il faut donc lui donner l'action que le gérant d'affaires a contre le géré pour se faire couvrir des déboursés qu'a entraînés la gestion, 'article 1375 du Code civil. Il ne réclame point ici le paiement de l'indû, car, comme nous l'avons dit plus haut, en payant son créancier nonobstant la saisie-arrêt, il a très valablement payé à son égard.

La question de savoir quel est le fondement de ce recours n'est pas dépourvue d'intérêt pratique. Supposons que le débiteur saisi ait cédé sa créance, contre qui le tiers-saisi pourra-t-il recourir, contre son créancier primitif ou le cessionnaire ? Si c'est la réclamation de l'indû, le tiers-saisi pourra recourir contre le cessionnaire, car il aura payé l'indû aussi bien vis-à-vis de lui que du créancier saisi son auteur. Si c'est l'action du gérant d'affaires, il ne peut agir que contre le saisi, car s'il a fait l'affaire de ce dernier, il n'a pas fait celle du cessionnaire, il n'aura donc pas de recours contre lui, à moins qu'il n'y ait eu collusion frauduleuse entre le cessionnaire et le saisi dans le but de soustraire celui-ci au recours de son débiteur (1).

146. Comme la responsabilité que le tiers-saisi encourt par un paiement se mesure au préjudice causé au saisissant, il faut admettre qu'il peut payer quand aucun préjudice n'en résultera pour celui-ci. Ainsi :

Il peut payer un créancier préférable au saisissant, soit le créancier qui a hypothéque sur un immeuble dont le prix a été frappé de saisie-arrêt par un créancier chirographaire (2) soit le créancier d'une société par préférence

____

(1) Req. 12 novembre 1877. D. 78. 1. 153.
(2) Douai, 17 mars 1858. D. 59. 2. 188.

au créancier de l'associé, le premier devant sur le fond_s social passer avant le second (1).

Il peut payer le saisi quand les sommes saisies-arrêtées sont insaisissables ; par exemple, les sommes dues à un employé par son patron sont, nous le savons déjà, considérées comme insaisissables jusqu'à concurrence d'une certaine quotité, le patron peut donc se dessaisir aux mains de son employé de la partie que le saisissant ne peut appréhender (2) ; mais en se faisant ainsi juge des droits respectifs des parties, il court risque de se tromper et de violer l'article 1242 du Code civil ; aussi agira-t-il prudemment en ne faisant aucun paiement sans être couvert par une autorisation de justice (3).

Il a été jugé que le paiement fait par le tiers-saisi qui éloigné de son domicile, ne pouvait avoir connaissance de la saisie-arrêt était valable même à l'égard du saisissant, il y a là une question de fait dont l'appréciation doit être laissée aux Tribunaux (4).

147. Si l'article 1242 C. c. déclare nul le paiement fait au mépris d'une saisie-arrêt, cependant il ne faut pas que le tiers-saisi dont la dette est arrivée à échéance perde le droit de se libérer valablement ; d'autre part le saisi et le saisissant peuvent avoir intérêt à le poursuivre : le premier pour déjouer le calcul qui consisterait pour le débiteur tiers-saisi à se mettre à l'abri du paiement en alléguant une saisie-arrêt de complaisance ; le second pour parer aux risques de l'insolvabilité future du tiers-saisi.

----

(1) Req. Rej., 29 décembre 1841. D. 42. 1. 11. Gazette des Tribunaux, 4 décembre 1885.

(2) Seine 7°, 30 novembre 1886, le Droit 1886, 284. Paris 2°, 27 juin 1883, le Droit 1883, 184.

(3) Le Droit, 1880, 17.

(4) Req. Rej., 30 mars 1852. D. 52. 1. 247.

148. Le tiers-saisi se libérera au moyen d'offres faites à son créancier moyennant mainlevée de la saisie-arrêt ; et, si cette mainlevée ne lui est pas rapportée, il consignera les sommes dues à la charge de l'opposition qui les grève (1), et, entre les mains de la Caisse des consignations, les autres créanciers pourront saisir-arrêter la somme déposée. Cette consignation sera faite à la Caisse des Dépôts et Consignations ou entre les mains de son préposé dans l'arrondissement du Tribunal devant lequel est portée la demande en validité, c'est le Tribunal du domicile du saisi (2).

Cette procédure d'offres réelles suivies de consignation est indispensable, l'article 1257 al. 2 est formel, c'est là le seul moyen de libération qui tienne lieu de paiement effectif. Et même, au cas où l'adjudicataire d'un immeuble hypothéqué voit le prix de cet immeuble saisi-arrêté entre ses mains, l'application de l'article 777 Proc. est impuissante à lui procurer sa libération vis-à-vis des saisissants, car cet article permet bien à l'adjudicataire qui a consigné son prix de faire radier les inscriptions hypothécaires qui grevaient l'immeuble, l'effet desdites inscriptions étant réservé sur le prix, et de se libérer ainsi vis-à-vis des créanciers hypothécaires, mais il ne se référe pas au cas où le prix est saisi-arrêté, on reste donc à cet égard sous l'empire du droit commun (3). Seulement, comme les saisies-arrêts peuvent ne pas frapper si la somme due par l'adjudicataire est absorbée par les créanciers hypothécaires dont elle est le gage privilégié, le tiers-saisi pourra en faire

(1) Req., 28 décembre 1880. D. 80. 1. 427.
(2) Dijon, 4 août 1876. D. 77. 2. 17.
(3) Bordeaux, 17 février 1875. D. 77. 2. 199.
(4) Grenoble, 25 novembre 1882. D. 82. 2. 184.

prononcer la mainlevée et se dispenser ainsi d'entamer la procédure d'offres réelles.

On a soutenu (1) que le tiers-saisi pouvait se libérer par une consignation pure et simple, non précédée d'offres réelles, on a allégué que le Code ne les exigeait pas dans notre hypothèse, et qu'elles étaient inutiles ; mais alors, on ne tient pas compte de l'article 1257 al. 2, C. c. de plus les offres sont loin d'être inutiles : peut-être le saisi pourra-t-il se procurer la mainlevée de la saisie-arrêt et éviter une consignation qui lui causera un double préjudice, d'abord en le privant de son argent, ensuite en diminuant l'intérêt que cet argent rapportait peut-être ; la Caisse des Consignations ne sert en effet que trois pour cent d'intérêts et à partir du soixante et unième jour du dépôt. Ordonnance du 3 juillet 1816, art. 14.

149. Le saisi reste nonobstant la saisie-arrêt créancier du tiers-saisi et peut le poursuivre pour le forcer à consigner (2) ; et, il faut en tirer cette conséquence, c'est que si le tiers-saisi devient insolvable, le créancier saisi ne pourra s'en prendre qu'à lui-même et n'aura aucune réclamation à élever contre le saisissant (3).

150. Quant au saisissant, qui vient de mettre sous la main de justice la créance de son débiteur, il a le plus grand intérêt à ce que le tiers-saisi en se libérant ne fasse pas grief à ses droits, il pourra donc attaquer par voie de tierce opposition le jugement statuant sur la validité des offres faites par le tiers-saisi au cas où l'on n'aurait pas pris la précaution de le mettre en cause.

(1) Orléans, 7 janvier 1854. D. 56. 2. 234.
(2) Limoges, 4 février 1847. S. 47. 2. 398. Cass., 9 décembre 1867. S. 68. 1. 20. Chambéry, 7 avril 1886, le Droit, 1886, 210.
(3) D. 183. 8. 2. 148.

De plus, comme c'est sur lui en définitive que retombera l'insolvabilité du tiers-saisi, il peut en empruntant les droits de son débiteur contraindre le tiers-saisi à consigner, mais la Jurisprudence veut que le saisi soit mis en cause (1). Ceci ne nous semble pas fondé, il faut voir là la mise en œuvre de l'article 1166 C. c., et non un acte d'exécution, la mise en cause du débiteur n'est donc pas nécessaire.

151. 2) Aux termes de l'article 1298 C. c. « la compensation n'a pas lieu au préjudice des droits acquis à un tiers. Ainsi celui qui, étant débiteur, est devenu créancier depuis la saisie-arrêt faite par un tiers entre ses mains, ne peut, au préjudice du saisissant opposer la compensation. » C'est qu'en effet, la compensation n'est qu'une espèce de paiement, un paiement abrégé, l'article 1298 ne fait donc à cet égard que développer l'article 1242 et à en préciser l'une des conséquences. D'autre part, la compensation ne peut s'opérer qu'entre deux dettes également exigibles. Article 1291 C. c. Or, la saisie-arrêt empêche le tiers-saisi de payer, nous l'avons vu, et rend la créance du saisi inexigible, par conséquent elle détruit un des éléments indispensables à la compensation (2). Peu importe d'ailleurs que le principe de la créance que l'on voudrait opposer en compensation existât avant la saisie-arrêt, si elle n'est devenue exigible que depuis (3).

152. La loi invalide donc au profit du saisissant le paiement soit direct, soit par compensation, de la créance saisie-arrêtée, et en effet, quelle serait l'efficacité de la

---

(1) Roger, 430-432. Caen, 25 février 1846, D. 47, 2. 120.

(2) Cass. Req., 13 décembre 1854. S. 56. 1. 424. Seine 1ᵉ, 23 et 30 novembre 1877, le Droit 1877, 289. Civ. Cas., 20 février 1882, le Droit 1882, 49.

(3) Cass. Req., 8 novembre 1882, D. 83. 1. 305.

saisie-arrêt si le saisi ou le tiers-saisi pouvaient valablement éteindre la créance saisie-arrêtée et anéantir ainsi le gage du saisissant ? Mais le paiement n'est pas le seul fait qui puisse aboutir à ce résultat et si la loi interdit un acte de disposition de la créance saisie-arrêtée, le paiement, elle proscrit implicitement les autres ; on devra donc réputer non avenues vis-à-vis du saisissant : la remise et la réduction de dette (1) — la concession d'un terme (2) qui n'est qu'une sorte de remise — la novation. Tous ces actes, s'ils étaient maintenus nonobstant la saisie-arrêt la rendraient illusoire en partie ou pour le tout au même degré que le paiement. La formule générale que nous cherchons nous pouvons donc maintenant la donner et dire : *l'effet de la saisie-arrêt est de rendre indisponible la créance saisie-arrêtée.*

153. Il nous faut préciser et limiter les effets de cette indisponibilité.

D'abord, elle n'altère pas l'obligation même du tiers-saisi, elle la frappe telle qu'elle se trouve dans son patrimoine et il est bien certain que le tiers ne saurait souffrir de la saisie-arrêt. Par exemple l'obligation était à terme, le tiers-saisi conserve ce bénéfice (3) ; — elle est entachée de certains vices, le saisissant en supporte les conséquences (4) ; — le tiers-saisi pourra même payer nonobstant la saisie-arrêt au cas où le paiement fait au saisissant n'aurait pas la même vertu libératoire que s'il était fait au créancier saisi, et pourrait, vis-à-vis du tiers-saisi, entraver l'acquisition ou entraîner la perte d'un droit, ainsi

(1) Civ. Cass., 10 janvier 1859, D. 59. 1. 34.
(2) Paris, 25 mars 1831, S. 31. 2. 179.
(3) Roger, 624.
(4) Civ. Cass., 10 janvier 1859, S. 59. 1. 795.

l'actionnaire d'une société anonyme, nonobstant la saisie-arrêt pratiquée entre ses mains par un créancier de ladite société, pàiera valablement à celle-ci le montant des actions par lui souscrites, si le défaut de paiement devait, aux termes des statuts sociaux, avoir pour effet l'expropriation et la vente des actions (1).

154. D'autre part, grâce à cette indisponibilité, le créancier cesse d'être un ayant-cause, il n'est plus obligé de subir toutes les fluctuations du patrimoine de son débiteur, et de se voir opposer (sauf le droit de les attaquer en cas de fraude aux termes de l'article 1167 C. c.) tous les actes ayant pour résultat de diminuer son gage général. Il devient un véritable tiers et acquiert sur la créance saisie-arrêtée un droit propre à l'abri désormais des actes de disposition de son débiteur (2). Mais ce droit doit être renfermé dans les limites tracées par la loi : la créance saisie-arrêtée ne sort pas du patrimoime du débiteur, le saisissant ne devient pas créancier du tiers-saisi aux lieu et place du créancier saisi. Pas n'est besoin d'attribuer à la saisie-arrêt une pareille énergie pour rendre raison de l'article 1242 C. c. qui empêche le tiers-saisi de payer son créancier, et de l'article 1298 C. c. qui l'empêche d'opposer la compensation. Ces résultats que la loi consacre ne sont pas le fruit d'une appropriation dévolue au créancier dès le moment de la saisie-arrêt, ils n'en sont que le prélude, la préparation, ce sont là des précautions que prend la loi pour garantir les droits du créancier qui a formé la saisie-arrêt, des procédés employés pour écarter les obstacles qui la rendraient illusoire (3) et l'empêcheraient d'aboutir à

(1) Civ. Cass., 13 novembre 1877, D. 78. 1. 473.
(2) D. 1859. 1. 97 à la note.
(3) V. note de M. Beudant, D. 1878. 1. 49.

l'appropriation définitive à laquelle tend le saisissant. La créance saisie-arrêtée reste donc dans le patrimoine du débiteur et il n'en est pas dessaisi (1), en voici les conséquences : postérieurement à la saisie-arrêt, il peut contracter de nouvelles dettes et ces nouveaux créanciers pourront, aussi bien que les créanciers antérieurs, former des saisies-arrêts sur la créance déjà saisie-arrêtée. Entre tous ces créanciers, les sommes dues par le tiers-saisi se partageront au marc le franc ; développons cela.

155. D'abord le débiteur saisi peut contracter de nouvelles dettes. On l'a contesté cependant, on a prétendu que le saisi ne pouvait contracter de nouvelles dettes au préjudice du saisissant (2). En effet, a-t-on dit, la loi n'interdit *in terminis* que les actes de disposition, comme le paiement, la remise de dette, etc., mais elle manquerait son but si de nouveaux créanciers pouvaient venir en concours avec le saisissant et diminuer sa part comme le ferait un paiement partiel ; les droits du saisissant resteraient à la merci du débiteur et les prérogatives que la loi y attache s'évanouiraient. De plus, des dispositions formelles de nos lois supposent que le saisi perd le droit de contracter au préjudice du saisissant : l'article 684 Pr. au cas de saisie-immobilière permet au saisissant de faire annuler les baux n'ayant pas acquis date certaine avant le commandement ; — au cas de faillite, l'article 443 Com. dessaisit le débiteur de la direction de son patrimoine et l'empêche de contracter au préjudice de la masse; on pourrait invoquer dans le même sens l'article 5 de la loi du 4 mars 1889 sur la liquidation judiciaire.

<hr>

(1) Cass., 14 juillet 1869, S. 70. 1. 141.

(2) Mourlon. Examen critique et pratique du Commentaire de M. Troplong sur les Privilèges I, 26. — Boitard, Colmet-Daage et Glasson II, 832.

Ces considérations ne sont certes pas dépourvues de valeur, mais elles ne sauraient prévaloir contre le grand principe écrit dans l'article 2093 C. c. : « les biens du débiteur sont le gage commun de ses créanciers ; et le prix s'en distribue entre eux par contribution à moins qu'il y ait entre les créanciers des causes légitimes de préférence. » Aucune distinction n'est faite : celui-ci est-il devenu créancier avant celui-là, a-t-il avant lui exercé des poursuites contre le débiteur, peu importe, leurs droits ont la même énergie, ils viendront en concours sur cette créance qui forme leur gage commun, et qui fait bien partie du patrimoine de ce débiteur, puisque, nous l'avons dit, la saisie-arrêt ne l'en a pas fait sortir. — Les articles que l'on invoque ne sont pas probants : en matière de saisie, la loi, dans chaque hypothèse déterminée, prend des précautions particulières et garantit le droit du créancier par des mesures qui ne se rattachent pas à un principe général et s'inspirent des circonstances, comme on l'a très bien dit, elle procède par expédients. En matière de saisie-immobilière, elle permet de demander l'annulation des baux, parce que sans cela le saisi aurait un moyen trop facile d'absorber par avance les revenus de l'immeuble et de frustrer ses créanciers. Au cas de faillite, le dessaisissement rend seul possible l'investiture du syndic auquel la loi confie la liquidation du patrimoine. L'interdiction portée par la loi du 4 mars 1889 est la rançon de la faveur accordée au débiteur qui échappe à la faillite. Mais il est téméraire de conclure par voie d'induction de ces dispositions particulières à une prétendue incapacité de contracter qui frapperait le saisi. Il reste bien entendu que dans les termes de l'article 1167 C. c., le saisissant pourrait faire tomber les créances constituées à son préjudice.

La saisie-arrêt n'empêche pas le saisi de contracter de nouvelles dettes, et pas plus avec le tiers-saisi qu'avec toute autre personne : le saisi et le tiers-saisi gardent le droit de contracter ensemble. Seulement, le tiers-saisi devenu créancier du saisi ne pourra pas, nous l'avons vu, faire jouer la compensation à son profit ; pourra-t-il, du moins, en faisant saisie-arrêt entre ses propres mains concourir avec le saisissant ? On lui dénie généralement ce droit sous prétexte que par un concert frauduleux le tiers-saisi et le saisi pourraient trop facilement rendre illusoires les droits du saisissant en simulant au profit du tiers-saisi une créance qui absorberait la plus grande partie de la somme en distribution ; l'acte intervenu doit être considéré comme un paiement fait au préjudice de la saisie et tombe sous le coup de l'article 1242 C. c. Toutefois, on fait exception à la régle, si le fait qui a rendu le tiers-saisi créancier n'est pas contractuel ; s'agit-il d'un délit engendrant un droit à des dommages-intérêts, ou bien le tiers-saisi a-t-il recueilli sa créance dans une succession, on lui reconnaît le droit de concourir (1). Cette distinction nous semble peu justifiée, le tiers-saisi, en principe, pourra venir à contribution avec le saisissant, sauf l'application de l'article 1167 C. c. qui en fait sera admise plus facilement si le tiers-saisi est devenu créancier contractuellement.

156. Les nouveaux créanciers pourront former des saisies-arrêts sur la créance déjà saisie-arrêtée, non-seulement ces nouvelles saisies-arrêts sont possibles, mais encore elles sont indispensables pour l'exercice des droits

____

(1) Roger, 444-445. — Pigeau, la Procédure civile des Tribunaux de France, Edition Crivelli 1829, II, p. 65 et 66.

des nouveaux créanciers. Sous l'ancien Droit, la simple
opposition au denier leur permettait de venir prendre part
à la distribution sans recourir à la saisie-arrêt, mais ce
procédé n'a pas été maintenu par le Code de procédure, le
principe : « *saisie sur saisie ne vaut* », ne s'applique pas
en matière de saisie-arrêt tandis que nous le voyons consacré en matière de saisie-exécution par l'article 609 Pr.

Mais tout au moins, le premier saisissant ne pourra-t-il
invoquer sa qualité pour prétendre un droit de préférence
à l'encontre des saisissants postérieurs ? En aucune manière ; le premier saisissant n'a pas de privilège, la loi est
muette à cet égard et un privilège, on le sait, ne peut résulter que d'une disposition formelle. Le silence de nos
Codes sur ce point est d'autant plus caractéristique, que
sous l'ancien Droit ce privilège existait : « Après les privilèges particuliers et généraux, nous dit Pothier (1), le
créancier premier saisissant est préféré au second, le second au troisième, à moins qu'il n'y ait déconfiture ». Si
le saisissant ne peut pas invoquer de privilège, ce n'est
pas, comme on l'a dit, parce que la saisie-arrêt est une
mesure conservatoire et n'attribue pas un droit exclusif et
définitif au saisissant, le créancier qui pratique une saisie-
exécution procède bien certainement à une mesure d'exécution, et pourtant il n'en résulte pour lui aucun privilège.
Le véritable motif qui a fait abandonner l'ancien Droit
sur ce point, c'est qu'on n'a pas voulu fonder une cause
de privilège sur la rapidité plus grande dont un créancier aura fait preuve dans la poursuite de ses droits.

157. Le saisi ne pouvant plus, à partir de la saisie-

(1) Traité de la Procédure civile. 4ᵉ partie, chapitre II, § 5. V. aussi art. 447,
Cᵐᵉ d'Orléans ; art. 178, Cᵐᵉ de Paris.

arrêt, disposer de la créance saisie-arrêtée au préjudice du saisissant, il en résulte qu'il ne peut plus céder cette créance. La signification ou l'acceptation du débiteur par acte authentique (tout ce que nous dirons par la suite de l'une s'appliquera à l'autre) prescrite par l'article 1690 C. c. rend seule la cession opposable aux tiers, et parmi ceux-ci rentre certainement le créancier chirographaire qui a affirmé son droit par une saisie-arrêt; nous dirons donc qn'une cession antérieure à la saisie-arrêt, mais signifiée postérieurement n'est pas plus valable qu'une cession postérieure.

Mais ici, se présente une difficulté : cette cession qui n'est pas valable en tant que cession faisant sortir la créance saisie-arrêtée du patrimoine du débiteur saisi, ne vaut-elle pas tout au moins comme constitution d'un droit de créance? La signification ne devra-t-elle pas être considérée comme une opposition à l'égard du saisissant antérieur et ne le forcera-t-elle pas à subir le concours du cessionnaire?

Non, dit un premier système, la cession qui ne vaut pas comme telle ne vaut pas comme constituant une créance au profit du cessionnaire, et la signification du transport ne produit pas l'effet d'une opposition. Soit par exemple une créance de 1,000 fr. frappée de saisie-arrêt par un créancier auquel il est dû cette même somme de 1,000 fr., puis le débiteur cède la créance saisie-arrêtée à un tiers qui signifie son transport : aucun effet ne peut être attribué à la cession, le saisissant touchera 1,000 fr., le cessionnaire n'aura rien. Voici les arguments qu'on fait valoir à l'appui de cette thèse: *a*) dans l'ancien Droit, la signification d'un transport postérieurement à la saisie-arrêt ne valait pas comme opposition, le créancier saisissant passait avant le cessionnaire ; *b)* la cession n'existant pour le créancier saisissant que par la signification, cette signification intervenue après la saisie-arrêt est pour lui nulle et non avenue, on ne saurait à aucun titre faire valoir la cession à son égard ; *c)* si l'on reconnaît au cessionnaire le droit de concourir avec le saisissant, il sera vraiment trop facile d'éluder l'indisponibilité de la créance et les droits du saisissant deviendront illusoires, on lui retire ainsi d'une main ce qu'on lui a accordé de l'autre (1).

Les auteurs qui embrassent ce système se divisent : M. Mourlon ne refuse au cessionnaire le droit de concourir avec le premier saisissant que quand la cession est postérieure à la saisie-arrêt, car à partir de la saisie-arrêt le saisi a perdu le droit de constituer de nouvelles créances pouvant préjudicier au saisissant, — nous avons réfuté plus haut cette idée ; mais si la cession est antérieure à la saisie-arrêt, la signification faite postérieurement vaudra opposition. M. Villequez, au contraire, ne fait aucune distinction ; que la cession soit antérieure ou postérieure à la saisie-arrêt, dès lors que la signification est postérieure, le cessionnaire est entièrement exclu par le saisissant. Ceci nous paraît plus logique car comme le dit M. Villequez : « La cession ne pouvant avoir d'effet contre les tiers que par la signification, et du jour de la signification, elle n'existe pour eux que de ce jour. » Il n'y a pas lieu de s'occuper de la date de la cession, mais seulement de celle de la signification (2).

Dans un second système plus généralement accepté, on

(1) Mourlon, op. et loc. cit. — Villequez, Revue historique de Droit français et étranger 1862, p. 454 sq.

(2) Colmet de Santerre VII, 137 bis, XI.

admet au contraire que la cession ne vaut pas comme telle, mais que le cessionnaire est devenu tout au moins créancier et que la significatioon vaut saisie-arrêt donnant droit au cessionnaire de concourir avec le saisissant et cela sans distinguer si la cession est antérieure ou postérieure à la saisie-arrêt. — Les arguments invoqués par le premier système sont loin d'être sans réplique : *a)* On invoque l'ancien droit, mais on oublie que la préférence accordée au saisissant venait de ce que celui-ci avait un privilège vis-à-vis des opposants postérieurs et non pas de ce que la cession était à son égard entièrement nulle et non avenue. *b)* La cession n'est pas valable comme telle sans doute et la signification est arrivée trop tard quand déjà un tiers avait rendu la créance indisponible, elle n'a donc pas pu rendre la cession efficace. Or, remarquons bien ceci : lorsqu'on cède une créance, deux résultats doivent normalement se produire : d'abord le contrat de cession engendre une obligation personnelle entre le cédant et le cessionnaire, le second devient créancier du premier de l'objet même de la cession, c'est-à-dire du montant de la créance cédée ; en second lieu, la créance passe sur la tête du cessionnaire : entre les parties par la vertu même du contrat, à l'égard des tiers par la signification. Le second résultat ne peut pas sortir à effet puisque la créance frappée de saisie-arrêt est devenue indisponible, mais il n'en est pas de même du premier : le cessionnaire va devenir créancier du cédant, car nous avons admis pour le débiteur saisi la possibilité de contracter de nouvelles dettes nonobstant la saisie-arrêt. Le cessionnaire, par la signification de son transport manifeste sa volonté de se faire payer et dépouille en même temps le cédé du droit de payer le cédant ; cette signification vaut donc saisie-arrêt et doit assurer au cessionnaire le concours avec le saisissant (1). *c)* Est-il vrai de dire qu'en fait on enlève au créancier saisissant les avantages que devait lui assurer l'indisponilité de la créance par lui saisie ? En aucune façon. On ne fait pas valoir la cession contre lui, on fait simplement concourir avec lui son cocréancier en vertu du principe posé par l'article 2093 C. c. Les droits du saisissant ne sont pas annihilés, mais simplement réduits. — Sur cette créance de 1,000 fr. saisie-arrêtée par l'un et cédée à l'autre, le saisissant n'excluera pas le concessionnaire, ils viendront tous deux au marc le franc et chacun obtiendra 500 fr.

158. Ayant ainsi étudié dans les effets qu'elle produit l'indisponibilité qui résulte de la saisie-arrêt, il nous faut maintenant en préciser les caractères. Cette indisponibilité est-elle totale ou partielle, est-elle absolue ou relative ? Commençons par nous fixer à cet égard au point de vue des principes, nous verrons ensuite à la solution de quels intérêts pratiques ces questions se rattachent.

159. Étudions d'abord le premier point. L'indisponibilité est-elle totale ou partielle ? La question se pose quand les causes de la saisie-arrêt sont inférieures au montant de la créance saisie-arrêtée : c'est par exemple une créance de trois mille francs frappée de saisie-arrêt pour une créance de quinze cents francs.

En faveur de l'indisponibilité partielle on fait valoir les arguments suivants : *a)* il est inadmissible que la saisie-arrêt pratiquée pour une somme minime rende indisponible une créance peut-être considérable, car, en droit, l'effet ne saurait être plus étendu que la cause ; et, en fait, ce serait apporter une dangereuse et injustifiable

______
(1) Aubry et Rau, t. IV, p. 435, sq. Colmet de Santerre, VI, n° 137 *bis*, IX.

entrave à la circulation des capitaux. *b)* L'article 559 Proc. exige l'énonciation des causes de la saisie en tête de l'exploit de saisie-arrêt, n'est-ce pas précisément pour indiquer au tiers-saisi et au saisi la somme qui reste disponible sur la créance saisie-arrêtée. *c)* L'article 4 du décret du 18 août 1807 dispose que la saisie-arrêt pratiquée aux mains des comptables de deniers publics n'aura d'effet que jusqu'à concurrence de la somme portée en l'exploit; n'est-ce pas là l'application d'un principe général? *d)* Au cours des travaux préparatoires, le tribun Favard, dans son discours au Corps législatif, s'exprimait ainsi : « .... Ces sages dispositions assurent un gage au créancier de bonne foi qui n'a pas de titre et dont le débiteur chercherait à soustraire sa fortune ; et le débiteur de son côté ne verra saisir ses effets que jusqu'à concurrence de sa dette présumée » (1).

Mais ces arguments sont loin d'être probants. *a)* Il est de principe en matière de saisie que l'objet saisi est totalement indisponible quel que soit le montant de la créance en vertu de laquelle on saisit ; il en est ainsi en matière de saisie-exécution et de saisie-immobilière, pourquoi en serait-il autrement en matière de saisie-arrêt? D'ailleurs cette saisie peut porter non seulement sur des sommes d'argent, mais encore sur des objets mobiliers quelconques et dans ce second cas il est bien certain que la totalité des objets saisis-arrêtés sera indisponible, et dès lors pourquoi dans le premier cas n'en serait-il pas de même? L'article 1242 C. c. qui invalide le paiement fait au préjudice d'une saisie-arrêt est absolument général et ne fait aucune allusion à la possibilité pour le tiers-saisi de se libérer de ce qui

____

(1) Locré, t. 22, p. 619. Tambour, histoire des voies d'exécution, II, p. 463, sq.

excède les causes de la saisie, n'est-ce pas précisément parce que la créance saisie-arrêtée est totalement indisponible. *b)* L'article 559 Proc. s'explique sans difficulté en partant du principe de l'indisponibilité totale, il a pour but d'indiquer au saisi la somme dont il devra offrir le paiement pour obtenir main-levée de la saisie-arrêt. *c)* De l'article 4 du décret de 1807, on peut tirer aussi bien un argument *a contrario* qu'un argument *a pari*, il y a donc lieu de l'écarter du débat. *d)* Quant au discours du tribun Favard, outre qu'il s'agit là d'une opinion individuelle, on ne doit pas en tenir compte, car il émet une opinion certainement fausse dans sa généralité : il parle des « effets » du débiteur, or cela s'applique aussi bien aux objets mobiliers, qu'aux sommes d'argent et lorsqu'il s'agit d'objets mobiliers, l'indisponibilité totale ne saurait faire doute. La plupart des auteurs tiennent pour l'indisponibilité totale, mais la Jurisprudence est en sens contraire (1).

160. Passons au second point : L'indisponibilité est-elle absolue ou relative ? En d'autres termes, le créancier saisissant profite-t-il seul de la saisie-arrêt par lui pratiquée, les saisissants postérieurs ne pourront-ils pas s'en prévaloir ?

On invoque dans le sens de l'indisponibilité absolue cette idée que par la saisie-arrêt les objets qui en sont frappés sont mis sous la main de justice pour le compte de

(1) Pour l'indisponibilité totale : Demolombe, t. 27, nᵒˢ 207 et 209. Mourlon, op. loc. cit., p. 42, sq. Caen, 13 février 1882. D. 83. 2. 63.

Pour l'indisponibilité partielle : Villequez, op. loc. cit., p. 490. Nîmes, 19 juin 1839. D. 40. 2. 82. Aix, 21 mars 1844. D. 44. 2. 143. Cour d'Appel de la Guadeloupe, 16 mai 1851. D. 51. 2. 224. Civ. Rej., 3 décembre 1851. D. 52. 1. 10. Orléans, 11 mai 1859, D. 59. 2, 172. Bourges, 24 novembre 1865. D. 66. 2. 117. Caen, 15 mai 1871. D. 72. 2. 59. Tribunal de Blois, 28 juillet 1886. D. 87. 2. 195.

qui il appartiendra, qu'il en est ainsi d'ordinaire en matière de saisie : ainsi, aux termes de l'article 693 Proc., dès que la notification est mentionnée en marge de la transcription de la saisie-immobilière, celle-ci ne peut plus être rayée que du consentement des créanciers inscrits ; en ce qui concerne la saisie-exécution, l'article 609 Pr. autorise les cocréanciers du saisissant à venir en concours avec lui au moyen d'une simple opposition au prix de la vente, ainsi ils tirent avantage d'une main-mise qu'ils n'ont point eux-mêmes pratiquée. Ceci montre bien que la saisie-immobilière d'une part, la saisie-exécution de l'autre, profitent non seulement au créancier qui a saisi, mais à tous, il ne doit pas en être autrement en matière de saisie-arrêt.

A ceci nous répondrons que tous les actes juridiques quels qu'ils soient ne profitent jamais qu'à ceux qui les accomplissent : ceux qui n'y ont pas été parties ne peuvent ni s'en prévaloir, ni se les voir opposer, *res inter alios acta aliis nec nocet nec prodest*. Les articles que l'on invoque dans l'autre opinion s'expliquent par des considérations particulières : Si l'article 693 Pr. défend de rayer la saisie-immobilière sans le consentement des créanciers inscrits, c'est que par la notification qui leur a été faite, ils ont été mis en cause et liés à la poursuite ; quant à l'article 609 il a été édicté dans un intérêt de simplification (1). Mais, nous le savons, les créanciers pour faire valoir leurs droits sur une somme déjà saisie-arrêtée, sont obligés de recourir eux aussi à la saisie-arrêt, la précédente n'a pas conservé leurs droits (2).

---

(1) Boitard, Colmet-Daage et Glasson, II, p. 291.
(2) Pour l'indisponibilité relative : Demolombe, t. 27, n° 210. — Civ. Cass·

161. Quel est l'intérêt pratique des discussions abstraites auxquelles nous venons de nous livrer? Nous allons le voir apparaître en étudiant les graves controverses qui s'élèvent lorsqu'après une première saisie-arrêt la créance a été l'objet d'une cession, d'un paiement ou d'une compensation, et qu'ensuite surgit une seconde saisie-arrêt. Pour plus de facilité, nous appellerons d'ordinaire opposant celui qui a pratiqué la seconde saisie-arrêt en réservant le terme de saisissant à celui qui a formé la première.

A. — Cession.

162. Cette question du concours des saisissants et du cessionnaire est l'une des plus délicates qui puisse s'élever en matière de saisie-arrêt. De nombreux systèmes ont été proposés pour résoudre la difficulté, on a même fait appel à la poésie (1) et à l'algèbre (2).

Nous allons essayer d'indiquer dans l'ordre qui nous semble le plus logique des diverses solutions proposées. Voici l'hypothèse; nous prenons les chiffres sur lesquels raisonnent la plupart des auteurs : soit une créance de 3,000 francs sur laquelle intervient d'abord une saisie-arrêt pour une somme de 1,500 francs, puis une signification de cession portant sur la totalité de la créance, la dite

---

25 août 1869, D. 69. 1. 456. — Caen, 15 mai 1871, D. 72. 2. 59. — Caen. 13 février 1882, D. 83. 2. 63. — Tribunal de Blois, 28 juillet 1886, D. 87. 2. 195.

Pour l'indisponibilité absolue : Larombière, Traité des obligations, t. III, art. 1242, n° 17. Civ. Cass., 8 juin 1852. D. 53. 1. 168. Bourges, 24 novembre 1865, D. 66. 2. 117.

(1) Qui juris nodos et legum enigmata solvit (Juvenal 8,5).
Non gloria nobis.
Causa sed utilitas, officiumque fuit (Ov. de Ponto 2,9).
Vielle inf. cit.
(2) Mourlon, Revue historique de Droit français et étranger, 1848, 161.

cession antérieure ou postérieure à la saisie-arrêt, enfin une seconde saisie-arrêt pour une somme de 1,500 francs. Sur une valeur de 3,000 francs se produisent des réclamations s'élevant à 6,000 francs, comment va se régler le concours des ayants-droits?

163. Vient d'abord un groupe de systèmes dans lesquels on raisonne ainsi : la cession n'est pas sans doute opposable au saisissant puisqu'elle a été signifiée postérieurement à la saisie-arrêt, mais pour l'opposant la cession est pleinement valable, et elle a fait sortir la créance du patrimoine du débiteur, l'opposant vient trop tard et n'a droit à rien. Cette manière de voir n'est pas exacte. Et, en effet, sur la somme en distribution le saisissant s'il vient prendre une certaine part, ne peut invoquer sur cette part aucun privilège, l'opposant pourra donc venir en concours avec lui. Pas n'est besoin pour donner cette décision de reconnaître un caractère absolu à l'indisponibilité produite par la saisie-arrêt : le saisissant n'a agi que dans son intérêt, mais l'opposant de son côté a exercé les poursuites nécessaires et affirmé son droit ; dès lors, le principe de l'égalité entre créanciers doit s'appliquer. Peut-on admettre sans violer ce principe que le premier saisissant garde à l'exclusion du second ce que la répartition des sommes saisies lui a attribué? C'est un dividende qu'il encaisse et sur ce dividende il n'a pas de privilège et doit subir le concours de l'opposant? Nous rencontrerons dans ce groupe les systèmes qui n'admettent pas que vis-à-vis des saisissants la signification de la cession vaille comme opposition.

Premier système. La signification de la cession a eu pour effet de faire sortir la créance du patrimoine du débiteur vis-à-vis de l'opposant, la saisie-arrêt de ce dernier frappe dans le vide et il se trouve dès lors exclu de la distribution ; vis-à-vis du saisissant, la signification ne vaut pas comme opposition, mais le saisissant une fois payé, — le cessionnaire prendra comme tel la somme qui restera : le saisissant aura 1,500 francs, le cessionnaire 1,500 francs, l'opposant n'aura rien (1). — On ne tient compte ni de ce que la signification du transport vaut opposition, ni de ce que le saisissant ne peut invoquer de privilège à l'encontre de l'opposant.

Deuxième systèma. Il part comme le premier de cette idée que la signification faite après la saisie-arrêt n'est pas valable à l'égard du saisissant même comme opposition, (tout au moins quand la cession elle-même est postérieure à la saisie-arrêt), mais ce système s'écarte du groupe que nous étudions en ce qu'il admet le concours de l'opposant postérieur avec le saisissant (2). Ce système échappe à la deuxième critique faite au premier système, mais il reste exposé à la première et de plus il distingue à tort, nous l'avons vu, entre le cas où la cession est antérieure à la saisie-arrêt et celui où elle est postérieure.

3e Système. Comme pour le premier système, la signification de la cession a fait sortir la créance du patrimoine du débiteur, si bien que l'opposant se trouve forclos ; mais elle vaut vis-à-vis du saisissant avec lequel le cessionnaire viendra concourir chacun en proportion de son droit : le saisissant aura 1,000 fr., le cessionnaire 2,000 fr., et l'opposant n'aura rien (3). Ce système aboutit aussi à donner au saisissant un véritable privilège.

(1) Villequez, op. et loc. cit. Roger, 248, 249.

(2) Mourlon, t. I, op. cit., p. 72.

(3) Duranton XVI, n°° 500, 501. Troplong, vente III, n°° 902, 926, 927. Toullier, continué par Duvergier XVII, Vente II, n°° 200, 201. Orléans, 11 mai 1859. D 59. 2. 172.

4ᵉ Système. L'auteur de ce système qui l'expose dans une note du Recueil de MM. Devilleneuve et et Carette (1) le rattache au troisième dont nous venons de parler, et voici comment il raisonne : le motif sur lequel se fondent les partisans du système précédent, dit-il, est que le saisissant ne doit éprouver aucune perte par la survenance d'oppositions nouvelles après le transport, mais il ne doit retirer aucun profit de ce qu'une cession est intervenue, il faut donc attribuer au saisissant ce qu'il eût eu s'il avait concouru avec les opposants postérieurs non compris le cessionnaire. — Ce système n'est pas admissible, car il ne tient pas compte de cette idée que vis-à-vis du saisissant le cessionnaire doit être considéré comme un opposant.

164. Vient ensuite un second groupe de systèmes qui partent de cette idée à savoir que l'indisponibilité de la créance saisie-arrêtée étant purement partielle et la saisie-arrêt n'ayant d'efficacité que jusqu'à concurrence de ses causes, on doit admettre la cession valable comme telle même vis-à-vis du premier saisissant pour la partie restée disponible.

5ᵉ Système. Le cessionnaire prendra les 1,500 fr. que la première saisie-arrêt a laissés libres; et sur les 1,500 fr. qui restent viendront en concours le saisissant et l'opposant (sauf pourtant le cas où celui-ci se serait montré négligent (2) ; cette réserve qui laisse au Tribunal un pouvoir arbitraire d'appréciation ne nous paraît pas admissible) — et le saisissant ainsi réduit par le concours des opposants n'aura de recours ni contre eux ni contre le cessionnaire. Il est très logique de refuser au saisissant un recours contre le cessionnaire sinon celui-ci souffrirait

(1) Année 1837. 2. 5.
(2) Cour d'Appel de la Guadeloupe, 15 mai 1851. S. 51. 2. 801.

des saisies-arrêts postérieures, or celles-ci ne lui sont pas opposable ; par la signification de son transport, il s'est mis à l'abri et l'on ne peut plus à son préjudice acquérir de nouveaux droits sur la créance (1).

165. Cependant, nous allons rencontrer des systèmes qui ne tiennent pas compte de cette idée, ils remarquent simplement que la cession n'est pas opposable au saisissant, et donnent à celui-ci le droit de se faire indemniser par le cessionnaire du résultat préjudiciable qui résulte pour lui du concours de l'opposant (2).

6e Système. Le cessionnaire prend ce que la première saisie-arrêt a laissé libre, et le surplus se partage au marc le franc entre le saisissant et l'opposant ; puis, le cessionnaire indemnise le saisissant du préjudice que le concours de l'opposant lui aura causé. Dans notre espèce, le cessionnaire touche d'abord 1,500 fr., les 1,500 fr. saisis-arrêtés sont répartis entre le saisissant et l'opposant, chacun touche 750 fr. ; mais, s'il n'y avait pas eu de cession, le saisissant eût reçu 1,500 fr., il réclamera au cessionnaire les 750 fr. nécessaires pour parfaire cette somme (3). — Le reproche spécial qu'encourt ce système est le suivant, c'est qu'il ne tient pas compte de ce que le cessionnaire pour la portion qu'il n'encaisse pas comme cessionnaire reste créancier du cédant et pour cette portion, a le droit de concourir avec tous les saisissants ; aussi des systèmes plus juridiques ont-ils été proposés :

7e Système. Le cessionnaire a le droit d'invoquer d'abord sa qualité de cessionnaire pour ce qui excède les

(1) Req. Rej., 18 juillet 1843. D. 43. 1. 435.

(2) Paris, 30 mai 1835. D. 35. 2. 133. Paris, 9 février 1837, S. 37. 2. 262. Paris, 18 mars 1839, S. 39. 2. 182. Paris, 26 juillet 1843, S. 43. 2. 523. Riom, 23 janvier 1862, S. 62. 2. 530. Seine, 2ᵉ, 3 mai 1887, le Droit 1887, 149.

(3) Pigeau, op. loc. cit., p. 67.

causes de la première saisie-arrêt, puis sur ces causes retenues dans le patrimoine du débiteur viendront au marc le franc le saisissant, le cessionnaire invoquant sa qualité de créancier pour ce que la cession n'a pu lui procurer, et enfin l'opposant. Mais comme vis-à-vis du saisissant le cessionnaire ne doit être considéré que comme un opposant, il devra l'indemniser de tout ce qu'il souffre par suite de l'invocation de cette double qualité de cessionnaire et de créancier, de telle façon que le saisissant touche tout ce qui lui serait advenu si tous étaient venus au marc le franc. Ainsi le cessionnaire prend d'abord les 1,500 fr. qui excèdent les causes de la saisie-arrêt, les 1,500 fr. qui restent doivent se répartir entre les trois créanciers, le saisissant pour 1,500 ; fr. le cessionnaire pour 1,500 fr., l'opposant pour 1,500 fr., chacun touchera donc 500 fr., et le cessionnaire en définitive encaissera 2,000 fr. Mais si le cessionnaire ne s'était présenté que comme opposant pour le montant de la cession, c'est-à-dire pour 3,000 fr. le saisissant eût obtenu 750 fr., le cessionnaire 1,500 et l'opposant 750 fr., eh bien, le cessionnaire devra sur les 2,000 fr. qu'il touche indemniser le saisissant de manière à parfaire ces 750 fr. En définitive le saisissant touche 750 fr., le cessionnaire 750 fr., et l'opposant 500 fr. (1). Mais dans ce système le cessionnaire souffre des saisies-arrêts postérieures qui ne lui sont pourtant pas opposables.

8e Système. On donne d'abord au saisissant ce qu'il eût obtenu si le cessionnaire pour le montant de sa cession, l'opposant pour le montant des causes de sa saisie-arrêt

---

(1) Phil. Flamm., avocat du barreau de Varsovic. Revue critique 1854, t. IV, page 342, sq.

étaient venus concourir au marc le franc avec lui, dans notre espèce il obtiendra 750 fr. on donne ensuite au cessionnaire les 1,500 fr. pour lesquels la cession a produit effet; restent 750 fr. que le cessionnaire pour ce qui lui est dû : 1,500 fr., et l'opposant pour ce qui lui est dû : 1,500 fr. se partageront au marc le franc ; et en dernière analyse le cessionnaire touchera 1,875 fr., l'opposant 375 fr. (1). Ce système est meilleur que le précédent en ce que tout en admettant cette idée que l'indisponibilité est partielle, il ne fait pas retomber sur le cessionnaire mais sur l'opposant le préjudice provenant pour le premier saisissant de la seconde saisie-arrêt.

9e Système. On a voulu trouver la solution de la question dans l'article 1242 C. c. et l'on a dit : L'article 1242 C. c. qui annule le paiement fait au préjudice du saisissant s'applique au transport, et l'indisponibilité produite par la saisie-arrêt étant partielle, le tiers-saisi peut payer au débiteur ou au cessionnaire ce qui en excède les causes. D'ailleurs l'effet produit par cette première saisie-arrêt est irrévocable pour le saisissant, et les faits qui se produisent ensuite ne peuvent ni lui profiter ni lui nuire, c'est à l'opposant à supporter les suites de son retard. Le paiement ou le transport intervenus entre deux saisies-arrêts forment entre les premiers saisissants et les seconds une véritable solution de continuité. — Ce système dont les applications pratiques sont d'ailleurs peu nettes part d'un faux principe ; nonobstant le paiement partiel ou le transport signifié, l'opposant doit pouvoir concourir avec le saisissant, sinon on aboutirait à constituer au profit de ce dernier un véritable privilège (2).

(1) Loysel, thèse de doctorat, 1854.
(2) Vieille, Revue critique 1853, t. III, p. 120, 121.

10e Système. Il faut laisser au cessionnaire le droit de choisir suivant son intérêt entre sa qualité de cessionnaire et sa qualité de créancier et régler la répartition suivant l'issue de cette option. Le cessionnaire invoque-t-il sa qualité de créancier, tous partageront au marc le franc, invoque-t-il sa qualité de cessionnaire, il touchera tout ce qui excède les causes de la saisie-arrêt qui a précédé la signification de son transport, le reste sera partagé de la manière suivante : on donnera au premier saisissant tout ce qu'il eût obtenu si le cessionnaire fût venu comme simple opposant, on donnera le surplus à l'opposant (1). Ce système doit être repoussé : d'abord il est tout à fait arbitraire de donner au cessionnaire un droit d'option : les droits ne dépendent de la volonté des parties qu'au moment où ils sont constitués, c'est la loi seule qui en règle ensuite les effets et les prête à la critique ; nous rencontrerons plus loin le système qui admet tous les intéressés à concourir au marc le franc, quant à la seconde solution, elle donne trop à l'opposant pour qui la cession est pleinement efficace et de conséquences. De plus chacune des solutions prises à part plus, elle ne tient pas compte de ce que le cessionnaire reste créancier pour la partie dont sa qualité de cessionnaire n'a pu le couvrir.

Tous les système de ce second groupe pêchent d'ailleurs par la base puisqu'ils admettent que la saisie-arrêt n'a frappé la créance que d'une indisponibilité partielle.

166. Enfin se présente un troisième groupe de systèmes partant de cette idée que la saisie-arrêt frappe la créance saisie d'une indisponibilité totale et relative : en conséquence, vis-à-vis du saisissant, la cession n'a pu valoir comme telle pour aucune partie de la créance.

(1) Marcadé, t. VI, sur l'article 1691, p. 326, sq.

11ᵉ Système. Le saisissant, le cessionnaire et l'opposant viennent au marc le franc (1). Le premier touchera 750 fr., le second 1,500 fr., le troisième 750 fr. Ce système ne tient pas compte de ceci c'est que la cession qui ne vaut pas comme cession vis-à-vis du saisissant est valable comme telle à l'égard de l'opposant, ce n'est point parce que la saisie-arrêt a frappé la créance d'une indisponibilité absolue si bien que l'opposant puisse bénéficier de la saisie-arrêt qui a précédé la sienne, mais parce que la signification de la cession a fait sortir la créance du patrimoine du débiteur dans les rapports du cessionnaire et de l'opposant, la cession à l'égard de l'opposant vaut donc comme cession et non comme simple saisie-arrêt.

Ce système peut aussi se défendre pour ceux qui admettent l'indisponibilité partielle et absolue de la créance saisie-arrêtée : le cessionnaire prend ce que la première saisie-arrêt a laissé libre et celle-ci pouvant être invoquée par l'opposant, il viendra avec le saisissant partager le surplus (2).

12ᵉ Système. On opère d'abord comme si la seconde saisie-arrêt n'existait pas, le cessionnaire et le saisissant concourent au marc le franc, le premier prendra 2,000 fr., le second 1,000 fr. ; mais, sur ces 1,000 fr. le saisissant doit subir le concours de l'opposant, si bien que chacun d'eux touchera 500 fr. ; seulement, comme vis-à-vis du cessionnaire le saisissant a droit à 1,000 fr., il lui réclamera 500 fr. pour parfaire son dividende. — Ce système fait à tort retomber sur le cessionnaire le préjudice résultant de saisies-arrêts qui ne lui sont pas opposables.

(1) Paris, 15 janvier 1814. S. 1814. 2. 95.
(2) Garsonnet, III, p. 813.

13e Système. — « Si après la signification du transport d'une créance déjà saisie-arrêtée, disent MM. Aubry et Rau (1), il survenait de nouvelles saisie-arrêts, elles ne donneraient aux nouveaux saisissants aucun droit sur le dividente avenant au cessionnaire dans la répartition à faire entre lui et le premier saisissant. Mais, comme celui-ci sera tenu d'admettre les nouveaux saisissants au partage de son propre dividende, il aura le droit de réclamer du cessionnaire, qui n'est à son égard qu'un créancier opposant, la bonification de la différence en moins entre les sommes qu'il recevra par suite de ce partage et celle qu'il aurait obtenue si la totalité de la créance avait été proportionnellement répartie entre lui, le cessionnaire et les nouveaux saisissants ». En mettant en présence le saisissant et le cessionnaire, le premier aurait eu 1,000 fr., le second 2,000 fr. Le saisissant devant partager avec l'opposant les 1,000 fr. qu'il touche sera réduit à 500 fr. ; et, comme il aurait eu 750 fr., si tous étaient venus au marc le franc, il réclamera 250 fr. au cessionnaire. Le saisissant touchera donc 750 fr., le cessionnaire 1,750 fr., l'opposant 500 fr. — Ce système est un perfectionnement du précédent, et à la différence de celui-ci tient compte de cette idée que pour le premier saisissant tous doivent venir au marc le franc ; mais, comme le précédent, il fait retomber sur le cessionnaire le préjudice résultant pour le saisissant des saisies-arrêts postérieures à la cession.

14e Système. Comme la signification du transport vaut comme simple opposition pour le premier saisissant, son dividende doit être calculé comme si tous concouraient au marc le franc, il aura donc 750 fr. Quant au cessionnaire,

____

(1) T. IV, § 359 *bis*, 40.

son allocation doit être déterminée comme si les saisies-
arrêts postérieures étaient inexistantes, il sera colloqué
comme s'il venait au marc le franc avec le premier saisissant, sa part sera donc de 2,000 fr. ; le solde c'est-à-dire
250 fr. reviendra à l'opposant, c'est lui qui en définitive
supporte les conséquences de la saisie-arrêt tardive, et il
ne peut se plaindre parce que la perte qu'il subit n'est pas
le résultat d'un privilège reconnu au profit du saisissant,
mais la suite de ce que le transport lui est opposable et
que sur lui seul doivent en rejaillir les effets préjudicia-
bles (1).

167. Nous avons supposé, pour faire entrer en scène
tous les principes de la matière, que la créance saisie-arrêtée avait été cédée en totalité, si la cession n'était que
partielle, on résoudrait les difficultés en combinant les
principes que nous avons exposés et que nous résumons
ici :

La saisie-arrêt frappe la créance qui en est l'objet d'une
indisponibilité totale et relative.

Vis-à-vis du saisissant, la cession ne vaut pas comme
telle, mais la signification vaut opposition.

La cession dûment signifiée est opposable comme telle
à l'opposant, le cessionnaire ne doit donc pas souffrir des
saisies-arrêts postérieures à la signification de son transport.

Le premier saisissant n'a aucun privilège à invoquer
contre les saisissants postérieurs.

168. Terminons ceci par la remarque suivante : Si le
transport a été signifié et la saisie-arrêt pratiquée le même

(1) M. Bufnoir à son cours. Colmet de Santerre, VII, n° 137 *bis*, XV. Garsonnet, III, p. 815. Mourlon, op. cit., n° 25, mais seulement quand la cession est
antérieure à la première saisie-arrêt.

jour, il ne faut pas par analogie appliquer l'article 2147 C. c. aux termes duquel deux hypothèques inscrites le même jour doivent venir en concours, il faut décider que l'antériorité d'une signification sur l'autre pourra être établie par tous les moyens possibles conformément à l'article 1348 C. c. (1).

B. — Paiement.

169. Nous raisonnerons sur la même espèce. Une créance de 3,000 fr. est saisie-arrêtée pour 1,500 fr., puis le tiers-saisi fait un paiement, survient ensuite une seconde saisie-arrêt pour 1,500 fr. Deux cas sont à considérer.

170. Premier cas. — Le tiers-saisi a fait un paiement total. Alors, l'opposant n'a plus aucun droit, car, pour lui, le paiement est valable et, à son égard, a fait sortir la créance du patrimoine du débiteur, sa saisie-arrêt a donc frappé dans le vide. Quant au saisissant, il se fera indemniser par le tiers-saisi du préjudice à lui causé par ce ce paiement qui n'est pas valable à son égard. Article 1242 C. c., et sur cette indemnité, il ne subira pas le concours du saisissant.

On a contesté cela et l'on a dit que la seconde saisie-arrêt, tout en ne faisant rien attribuer à l'opposant, devait restreindre les droits du premier et réduire à son égard l'indemnité due par le tiers-saisi; voici le motif qu'on donne, c'est que le saisissant ne peut diviser les effets du paiement et qu'à tous les points de vue celui-ci doit être

____

(1) Grenoble 2ᵉ, 30 décembre 1837. D. 38. 2. 49. Seine 2ᵉ, 3 mai 1887, le Droit 1887, 249.

pour lui nul et non-avenu, la seconde saisie-arrêt aura donc frappé dans les rapports du saisissant et de l'opposant (1). C'est là une erreur, le saisissant ne divise pas les effets du paiement ; il dit d'une part au tiers-saisi : le paiement qui émane de vous a été fait indûment à mon égard, vous devez donc, aux termes de l'article 1382 C. c., du préjudice qu'il me cause, et d'autre part, pour écarter le concours de l'opposant, il invoque cette idée que le paiement a éteint la créance du débiteur, et il a le droit de le faire, puisque le paiement de sa nature opère *in rem* et anéantit la créance *ergà omnes*.

Ici nous ne donnons pas la même solution que lorsqu'il s'est agi d'une cession portant sur toute la créance, c'est que, comme le dit très bien M. Garsonnet (2), au cas de paiement, l'opposant n'a droit ni sur la créance qui est éteinte, ni sur la somme attribuée au premier saisissant qui n'est pas un dividende, mais la réparation du préjudice à lui indûment causé par un paiement qui ne lui était pas opposable, au contraire, en cas de cession, la créance cédée existe toujours à l'égard du saisissant à qui la cession n'est pas opposable ; dès lors, la somme qu'il touche est un dividende sur lequel, puisqu'il n'a pas de privilège, il doit subir le concours des saisissants postérieurs (3).

171. Deuxième cas. — Le tiers-saisi a fait un paiement partiel, par exemple il a payé 1,500 francs, c'est-à-dire ce qui excédait les causes de la saisie-arrêt pratiquée entre ses mains, croyant garantir suffisamment ainsi les droits du saisissant. Mais survient une seconde saisie-

(1) Tambour, Histoire des voies d'exécution, t. II, p. 472.
(2) III, p. 816.
(3) Colmet de Santerre, VII, 137 *bis*, XVII, XVIII.

arrêt, comment se réglera le concours des saisissants et quelle responsabilité va encourir le tiers-saisi ?

Si l'on admet avec nous que l'indisponibilité produite par la saisie-arrêt est totale et relative, on raisonnera de la manière suivante : Sur la somme de 1,500 francs conservée par le tiers-saisi, le premier et le second saisissant auront le droit de concourir, car le premier saisissant n'a aucun privilège ; mais, l'indisponibilité étant totale, le tiers-saisi ne peut faire un paiement même partiel au préjudice du premier saisissant, il devra donc lui rembourser à titre d'indemnité ce que le concours du second lui fait perdre. L'indisponibilité étant relative et opposable seulement par le premier saisissant, le second n'a aucune réclamation à élever contre le tiers-saisi. Ainsi, la créance saisie-arrêtée est de 3,000 francs, elle est saisie-arrêtée pour 1,500 francs et le tiers-saisi a payé le surplus, les deux saisissants se partageront les 1,500 francs restant et toucheront chacun 750 francs. Mais s'il n'y avait pas eu de paiement, le premier saisissant eût encaissé 1,500 fr. il réclamera donc 750 francs au tiers-saisi.

Admet-on que la première saisie-arrêt a frappé la créance d'une indisponibilité absolue, c'est-à-dire invocable par l'opposant, celui-ci pourra contester avec succès la validité du paiement fait par le tiers-saisi, et la répartition se fera ainsi : les deux saisissants se partageront d'abord au marc le franc les 1,500 francs conservés par le tiers-saisi ; et puis, comme s'il n'y avait pas eu de paiement, ils eussent obtenu chacun 1,500 francs, chacun réclamera 750 francs au tiers-saisi pour parfaire sa part (1).

<hr>

(1) Bioche, Dictionnaire, V°. Saisie-arrêt, n° 232.

C. — Compensation.

172. Nous savons que la saisie-arrêt fait obstacle à la compensation aussi bien qu'au paiement ; mais, si la saisie-arrêt est faite pour une somme inférieure au montant de la créance, le tiers-saisi ne pourra-il pas opposer la compensation pour le surplus ; ne pourra-t-il pas tout à moins la faire valoir contre l'opposant?

Voici ce qu'il faut répondre : vis-à-vis du premier saisissant la compensation est nulle et non avenue, car s'il surgissait des opposants, ceux-ci venant en concours avec lui sur une somme ainsi diminuée par le fait de la compensation réduiraient son dividende, et alors la compensation lui causerait le même préjudice que le paiement. Vis-à-vis de l'opposant, la compensation ne peut pas non plus être invoquée et cela tient non pas aux principes de la saisie-arrêt, mais à ceux de la compensation : c'est que par le fait de la première saisie-arrêt, la dette du tiers-saisi est devenue non liquide et par conséquent non compensable. D'ailleurs, le tiers-saisi, comme nous l'avons vu, peut en faisant saisie-arrêt entre ses propres mains, venir prendre part à la distribution.

173. Voici un autre intérêt pratique à décider que l'indisponibilité produite par la première saisie-arrêt est relative et non pas absolue. Soit une première saisie-arrêt, puis le saisi se fait payer ou transporte l'intégralité de la créance, survient une seconde saisie-arrêt, enfin le premier saisissant donne main-levée. A notre avis, les effets du paiement et du transport paralysés par la première saisie-arrêt vont reprendre vie dès que main-levée de celle-ci est donnée et vaudront pleinement contre l'opposant. Mais si l'on admet que l'indisponibilité est absolue, la première saisie-arrêt devant profiter à l'opposant, celui-ci pourra nonobstant la main-levée réclamer au tiers-saisi ou au cessionnaire ce qu'il aurait obtenu si la première saisie-arrêt avait été maintenue (1).

APPENDICE AU CHAPITRE PREMIER

THÉORIE DE L'AFFECTATION SPÉCIALE

174. Quelque parti que l'on prenne sur cette question de l'indisponibilité totale ou partielle, absolue ou relative, il est bien certain que tout paiement fait par le tiers-saisi, même un paiement partiel peut préjudicier au saisissant et être méconnu par lui aux termes de l'article 1242 C. c. Sans doute, s'ils étaient logiques, ceux qui admettent l'indisponibilité partielle et valident la cession de l'excédant libre de la créance saisie-arrêtée devraient autoriser le tiers-saisi à payer cet excédant à son créancier, mais il est rare qu'on aille jusque-là (1). C'est qu'en effet, l'art. 1242 dispose en termes généraux et formels. Il s'explique parfaitement bien pour nous qui prenons pour point de départ l'indisponibilité totale; dans le système de l'indisponibilité partielle l'article 1242 renferme une disposition exceptionnelle, et c'est d'autant plus étrange qu'il a trait à l'intérêt pratique le plus immédiat et le plus considérable. Quoiqu'il en soit, nous le répétons, l'article 1242 C. c. fait obstacle à ce que le tiers-saisi se dessaisisse même partiellement des sommes saisies-arrêtées.

(1) Bourges, 24 novembre 1865. D. 66. 2. 117.

Mais alors, un très grave inconvénient va résulter de cette situation : c'est que, à raison d'une saisie-arrêt dont les causes sont peut-être minimes, le saisi ne peut plus toucher quoi que ce soit de sa créance peut-être très importante, elle va se trouver complètement immobilisée. Ce danger se révéla particulièrement à propos des nombreuses saisies-arrêts pratiquées aux mains du Trésor sur l'indemnité accordée aux émigrés en 1825 ; et, il n'a fait que s'accroître avec le développement de la richesse mobilière.

175. La pratique s'est ingéniée à sortir d'embarras, et elle a imaginé le procédé connu sous le nom d'*affectation spéciale*.

Voici comment les choses se passent :

Le saisi assigne le saisissant devant le Juge des référés et demande l'autorisation de toucher ce qui excède les causes de la saisie en déléguant le surplus au saisissant par affectation spéciale à la garantie de sa créance et main-levée est faite de la saisie-arrêt. La somme ainsi déléguée reste aux mains du tiers-saisi ou bien est déposée à la Caisse des Dépôts et Consignations ou entre les mains d'un séquestre.

Mais cette délégation n'est pas pure et simple, car il peut y avoir contestation entre le saisissant et le saisi sur le bien fondé ou tout au moins la quotité de la créance du premier. Elle est faite conditionnellement, et ne vaut que si la créance du saisissant est ultérieurement reconnue et dans la mesure où elle est reconnue. Et alors, le tiers-saisi peut payer sans crainte car la saisie-arrêt qui rendait indisponible la somme par lui due n'existe plus ; bien entendu il gardera par devers lui ou déposera la somme déléguée — le saisi de son côté va pouvoir utiliser les fonds non délégués au saisissant. Quant à celui-ci, il devient conditionnellement créancier du tiers-saisi, la créance du saisi contre ce dernier a passé du patrimoine du saisi dans celui du saisissant il n'a donc plus à craindre le concours des saisissants postérieurs, leurs saisies-arrêts frapperaient *super non domino*.

176. Ce procédé a été vivement critiqué. Etudions les reproches qu'on lui a adressés, en les écartant nous préciserons les conditions juridiques auxquelles en est subordonnée la légitimité :

a) L'affectation spéciale rend inutile l'instance en validité de la saisie-arrêt, elle rend illusoires les dispositions minutieuses que la loi consacre. C'est bien en vain qu'elle a soigneusement déterminé la procédure qui doit suivre la saisie-arrêt pour en assurer les résultats, qu'elle a imposé une instance et un jugement de validité, si une simple ordonnance de référé va pouvoir régler les effets de la saisie-arrêt.

Le reproche serait fondé si l'affectation spéciale était l'œuvre du juge, mais il doit tomber si l'affectation spéciale est l'œuvre des parties et si le juge ne fait que constater l'accord intervenu entre elles. Les parties pourraient conventionnellement régler la situation qui résulte pour elles de la saisie-arrêt (1) : le saisissant pourrait se désister de l'instance en validité et donner main-levée de la saisie-arrêt en même temps que le saisi lui transporterait conditionnellement et partiellement sa créance contre le tiers-saisi, la somme transportée restant aux mains du tiers-saisi ou étant déposée aux mains d'un séquestre convenu, tous droits et moyens des parties réservés. La

(1) Req. Rej., 12 janvier 1853. D. 53. 1. 123. Contrà Seine 3', 3 janvier 1882, le Droit 1882. 240.

procédure de validité tomberait alors d'elle-même, pourquoi décider autrement si au lieu d'un contrat ordinaire, il s'agit d'un contrat judiciaire? C'est le contenu du contrat et non la forme extérieure qu'il faut consulter pour en mesurer les effets.

b). Elle aboutit à constituer un véritable privilège au profit du saisissant. Ici encore nous croyons que l'objection ne porte pas. Comment les saisissants postérieurs pourraient-ils se plaindre? La créance qu'ils frappent de saisie-arrêt postérieurement à l'affectation spéciale est sortie du patrimoine de leur débiteur, elle a été transportée au premier saisissant, leur saisie-arrêt frappe donc *super non domino.*

Mais, remarquons-le, pour que ce transport leur soit opposable, il faut que l'ordonnance de Référé qui le constate soit signifiée au tiers-saisi par application de l'article de 1690 Code civil, ou bien que le tiers-saisi mis en cause devant le juge des Référés accepte le transport, sinon leur saisie-arrêt viendrait frapper utilement (1).

c). On dit encore : Sans doute si le tiers-saisi avait payé le saisissant avant que des saisissants postérieurs ne surgissent, ils n'auraient aucun grief à élever : mais, une simple consignation ou une simple retenue ne produit pas l'effet d'un paiement, l'efficacité de l'opération intervenue est beaucoup moins grande, car le saisissant ne peut pas par une simple manifestation de volonté toucher les fonds à lui délégués soit des mains du tiers-saisi, soit des mains de la caisse des Consignations, il ne le peut pas puisque la réalisation de l'affectation spéciale est subordonnée à l'issue d'un débat entre lui et le saisi.

____

(1) Paris 5°. 23 mai 1882, le Droit 1882, 252.

Ceci ne nous semble pas probant. Sans doute, le créancier ne peut pas encaisser immédiatement la somme qui lui a été déléguée, mais pourquoi? parce que l'exécution du transport dont il est bénéficiaire est subordonnée à la condition que les droits du saisissant, soient ultérieurement reconnus ; mais, dès qu'ils le sont, la condition se réalise, et comme elle a effet rétroactif, la créance est sortie du patrimoine du saisi, non pas au moment de cette reconnaissance des droits du saisissant, mais dès que le transport est devenu opposable aux tiers, c'est-à-dire aux opposants postérieurs par la signification ou l'acceptation.

La Jurisprudence a très heureusement appliqué cette idée au cas où le saisi était tombé en faillite avant l'événement de la condition, et elle a décidé à bon droit que le syndic agissant au nom de la masse ne pouvait au préjudice du saisissant prétendre droit sur la somme affectée bien que le débat sur la créance du saisissant ne fut vidé que postérieurement à la déclaration de faillite (1).

176. Nous pensons donc que l'affectation spéciale est une opération aussi légitime en droit qu'utile en fait, dès qu'on y voit un transport conditionnel constaté par un contrat judiciaire ; mais c'est à ce titre seulement, croyonsnous, que l'on doit l'accepter : le juge ne pourrait pas l'ordonner d'office, le consentement des parties en cause est impérieusement requis et notamment celui du saisissant (2).

177. On doit voir dans l'affectation spéciale, nous venons de le dire, un transport conditionnel ; mais, on pour-

___

(1) Paris, 23 juin 1841. S. 41. 2. 589. Paris 3°, 12 mars 1885, le Droit 1886, 4.

(2) Sic Paris, 16 novembre 1883, D. 84. 2. 145. Paris 3°, 15 janvier 1887. D. 87. 2. 188. Seine 3°, 31 mars 1888, le Droit 1888, 78. Contrà Seine, 4 septembre 1878, Droit 1878, 210. Pa.is 2°, 22 avril 1885, la Loi 1885, 805. Rousseau et Laisney, le Rec. périod. 1887, p. 145-165.

rait l'interpréter autrement et y voir une mise en gage conditionnelle ayant même objet que le transport (1).

Très certainement, les parties peuvent aussi bien convenir d'un gage que d'un transport ; il faudra, pour savoir si elles ont fait l'un ou l'autre rechercher leurs intentions et consulter les termes du contrat judiciaire intervenu. Mais dans les deux cas, les conditions de consentement et de signification au tiers-saisi doivent se trouver réunies, il n'y a donc pas d'intérêt pratique appréciable à distinguer. Toutefois, si l'on est en présence d'un transport, le jugement qui statue sur la créance du saisissant fera réaliser la condition auquel il était subordonné, et suffira à le vivifier. S'agit-il d'un nantissement, ce jugement outre qu'il déclarera le saisissant créancier devra lui permettre la réalisation de son gage, puisqu'aux termes de l'article 2,078 C. c. le créancier gagiste ne peut disposer de son gage sans l'autorisation de justice.

178. Il nous reste pour en finir avec cette question à nous demander quel est le juge compétent pour ordonner, constater plutôt, l'affectation spéciale.

Nous avons supposé jusqu'à présent que les parties s'étaient adressées au juge des référés, les choses se passent ainsi dans la pratique à raison de l'urgence qui caractérise ces matières. Sa compétence a cependant été contestée, sous prétexte qu'il est incompétent pour prononcer la main-levée d'une saisie-arrêt. Mais en admettant que ceci soit exact, il n'importe, le magistrat, nous le répétons encore, n'ordonne pas à proprement parler, ne décide pas *proprio motu*, mais se borne à donner acte de conventions. Il ne fait pas main-levée de la saisie-arrêt, il constate le

---

(1) Seine 2ᵉ, 10 avril 1885, le Droit 1885, 132.

consentement du créancier à cette main-levée, et en ce faisant, il n'excède certainement pas les limites de sa compétence (1).

179. Le tribunal tout entier pourrait sans aucun doute tout comme le juge des référés permettre l'affectation spéciale.

Mais, ne faut-il pas reconnaître au Tribunal un droit plus énergique et l'autoriser à permettre l'affectation spéciale, même lorsque le consentement du saisissant fait défaut ? On a soutenu (2) en alléguant qu'une saisie-arrêt ne pouvait être maintenue quand le saisi offrait son paiement au saisissant, sous la condition bien entendu de la reconnaissance de ses droits ; et, qu'en présence de la délégation faite, la main-levée devait être prononcée.

Mais alors, réapparait dans toute sa force l'objection à laquelle nous avons échappé plus haut : à quoi bon la procédure organisée par la loi ? Elle ne devrait tomber que si la créance pour sûreté de laquelle la saisie-arrêt a été formée disparaissait elle-même par un fait extinctif quelconque. Or, pourrait-on voir un fait extinctif dans la délégation qui nous occupe ? En aucune façon car cette déléguation est certainement imparfaite, elle n'entraîne pas novation, elle laisse donc subsister la créance et la saisie-arrêt destinée à en assurer le recouvrement. Dès lors que les parties ne s'accordent ni à l'amiable, ni devant les juges pour le règlement de leurs droits, la procédure légale doit suivre son cours.

180. Le magistrat en délivrant l'ordonnance qui autorise la saisie-arrêt peut-il en même temps prescrire l'affectation spéciale ? Ces ordonnances renferment d'ordinaire

(1) D. 1878. 2. 241, note i. f.
(2) Krug Basse, Revue critique 1875, p. 731.

une clause autorisant le saisi à toucher ce qui excède les causes de la saisie-arrêt à condition de laisser aux mains du tiers-saisi, ou de verser à la caisse des consignations la somme nécessaire pour garantir les droits du saisissant avec affectation spéciale à son profit.

A notre avis, cette clause est tout à fait inefficace. D'abord, nous l'avons dit, le juge qui répond une requête ne peut opposer des conditions arbitraires à l'efficacité de son ordonnance. De plus, le juge en matière d'affectation spéciale intervient pour donner acte de conventions, or, il est manifestement impossible que dans notre hypothèse il constate un accord de volontés puisqu'il statue en présence d'une seule partie (1).

Cependant, cette clause n'est pas absolument inutile : comme celle dont nous avons parlé plus haut et par laquelle le juge se réserve le droit de statuer à nouveau en référé sur l'autorisation qu'il donne, elle préviendra le saisi qu'il peut appeler devant le juge des référés le créancier saisissant et moyennant le concours de celui-ci faire rendre disponibles par l'affectation spéciale les sommes qui excèdent les causes de la saisie-arrêt.

(1) Paris 3°, 1" mars 1882, la Loi 1882, 220.

CHAPITRE II

181. Nous arrivons au second acte de la procédure à savoir la dénonciation de la saisie-arrêt avec assignation en validité. Celle-ci ouvre l'instance qui se termine par le jugement de validité ou le jugement de main-levée.

Aux termes de l'article 563 Proc., dans la huitaine de la saisie-arrêt outre les délais de distance, le saisissant est tenu de dénoncer la saisie-arrêt au saisi et de l'assigner en validité.

§ 1. — Dénonciation.

182. Sans la dénonciation, le débiteur ne connaîtrait pas la saisie-arrêt, et au moment de réclamer le paiement qui lui est dû verrait surgir des saisies-arrêts peut-être anciennes et dont il ne pourrait plus démontrer le mal fondé. Il en était ainsi sous l'ancien droit, et le législateur a voulu réformer cet abus (1).

182. Elle se fait dans la forme d'un exploit d'huissier et elle est soumise dès lors aux conditions communes à tous les exploits (2). Elle doit renfermer en outre les éléments de nature à fournir au saisi tous les renseignements nécessaires sur la saisie-arrêt pratiquée à son pré-

(1) Locré, t. 22, p. 464.
(2) Roger, 455.

judice. En pratique, la dénonciation contient copie entière
de l'exploit de saisie-arrêt ce qui évite toute difficulté,
mais ce n'est pas indispensable. Et même, au cas où la
saisie-arrêt a été pratiquée en vertu d'une ordonnance du
juge, on peut se dispenser d'en donner copie intégrale (1)
et en effet, l'article 563 Pr. n'impose pas pour la dénonciation qu'il soit donné copie de l'ordonnance comme l'article 559 Pr. l'impose pour l'exploit de saisie-arrêt ; ceci
est peu logique, connaître exactement les termes de l'ordonnance serait plus utile au saisi qu'au tiers-saisi.

183. Elle doit être signifiée dans la huitaine de la saisie-
arrêt. Cette huitaine n'est pas franche, car le délai franc
est celui qui est donné à partir de la signification à personne ou domicile pour obtempérer à cet exploit ; or, dans
notre espèce, il s'agit non pas d'obtempérer à un exploit,
mais d'en pratiquer un ; et d'autre part, la signification
initiale a été faite à une personne autre que celle contre
qui court le délai. Ce délai ne comprend pas le *dies a quo*
qui n'est pas complet, mais comprend le *dies a quem*. Si
ce *dies ad quem* est un jour férié, le délai sera prorogé au
lendemain. Article 1013 Pr. i. f.

Aux termes de l'article 563 Proc. le délai est augmenté à
raison des distances : la loi du 3 mai 1862 en modifiant
l'article 1033 Proc. a changé les chiffres que l'article 563
avait d'abord fixés. Aujourd'hui le saisissant outre le
délai de huitaine a pour dénoncer la saisie-arrêt un jour
par cinq myriamètres de distance entre son propre domicile et celui du tiers-saisi? (il a ainsi le temps de voir lui
revenir régularisé l'original de l'exploit de saisie-arrêt) et
de plus un jour par cinq myriamètres de distance entre

(1) Limoges, 4 juin 1856. D. 57. 2. 4.

son propre domicile et celui du saisi ; (il a ainsi le temps
de faire parvenir à l'huissier compétent l'exploit de dénonciation.

§ 2. — Assignation et Instance en validité.

184. Dans ce même délai, le saisissant est tenu d'assigner le saisi en validité. En pratique, la demande en
validité accompagne la dénonciation, si on la faisait par
acte séparé, cet acte serait frustratoire et ne passerait pas
en taxe (1).

185. Elle doit contenir, pour être valable, les énonciations exigées pour tous les exploits d'ajournement.
Article 61 Proc. et notamment Article 61 3°, l'objet de la
demande.

Quel sera l'objet de cette demande, en d'autres termes,
à quoi concluera le saisissant ? D'abord et en toute hypothèse à la validité de la saisie-arrêt qu'il a pratiquée et ce
jugement lui donnera un titre qu'il pourra exécuter contre le tiers-saisi. A cela se borneront ses fins et conclusions s'il est déjà muni contre le débiteur d'un titre exécutoire, mais dans le cas contraire, c'est-à-dire quand la
saisie-arrêt a été pratiquée en vertu d'un titre privé ou de
l'autorisation du juge, le saisissant concluera en outre à
la condamnation du saisi pour le montant des causes de
la saisie-arrêt ; et, il obtiendra ainsi un titre exécutoire
contre le saisi en même temps que contre le tiers-saisi.
Et en effet, il en doit être ainsi, car il serait inadmissible
de voir exécuter contre un tiers à des conditions moins

(1) Roger, 462.

rigoureuses que contre le débiteur lui-même; aussi, la validité de la saisie-arrêt suppose nécessairement et essentiellement que le saisissant a contre le débiteur un titre exécutoire privé ou qu'il a obtenu condamnation contre lui; on en a tiré les conséquences suivantes :

a) Malgré le silence des conclusions sur la demande en paiement, cette demande se trouve implicitement soumise au tribunal et il peut statuer sur elle (1).

b) Le jugement de validité a entre le saisissant et le saisi autorité de chose jugée sur l'existence et le montant de la créance pour laquelle la saisie a été faite (2).

Le saisissant déjà muni d'un titre exécutoire ne concluera pas à la condamnation du débiteur, et il a grand intérêt à ne pas le faire car, à notre sens, le tribunal serait tenu de prononcer la condamnation demandée (3) bien qu'elle soit inutile, il ne peut se refuser à statuer sur les conclusions des parties; — et cette disposition du jugement entraînerait un droit d'enregistrement.

186. En aucun cas, dispose l'artice 566, — c'est-à-dire même au cas où le saisissant concluerait non seulement à la validité de la saisie-arrêt, mais encore au paiement vis-à-vis du saisi — il ne sera nécessaire de faire précéder la demande en validité par une citation en conciliation, la demande en paiement serait-elle par elle-même de nature à être soumise au préléminaire de conciliation (4). La demande qui nous occupe est au premier chef une demande qui requiert célérité et l'article 566 Proc. à ce titre ne fait qu'appliquer l'article 49, 2°.

(1) Paris, 3 avril 1873. D. 73. 2. 199.
(2) Civ., 14 février 1854. D. 54. 1. 53.
(3) Nous avons cependant relevé des décisions en sens contraire.
(4) Req. Rej., 17 juillet 1834. D. 34. 1. 392.

187. Faute de demande en validité (et de dénonciation sous entend la loi, car ces deux actes sont indissolublement liés), dispose l'article 565 ; la saisie ou opposition sera nulle. Il faut ajouter que la demande formée après les délais prescrits serait inefficace (1) sinon la sanction serait facilement tournée par le saisissant toujours à temps pour se mettre en règle.

La dénonciation accompagnée de la demande en validité forme un élément essentiel et indispensable de la saisie-arrêt. Réduite à elle-même, celle-ci n'est pour ainsi dire qu'une pierre d'attente, elle n'a qu'une valeur conditionnelle, elle doit être complétée, vivifiée par la demande en validité.

La conséquence de cette nullité est que le tiers-saisi pourra payer ce qu'il doit au créancier saisi, et s'il est inquiété par le saisissant, il lui opposera avec succès le défaut ou le retard de la demande en validité ; il n'avait pas à tenir compte d'une saisie-arrêt dont l'efficacité s'est évanouie. Mais d'ordinaire, le tiers-saisi ne paiera pas pour cette bonne raison que la dénonciation et la demande en validité ne lui étant pas adressées, il ne peut savoir si et quand elles ont été formées, et le saisi ne pourra le contraindre au paiement qu'en lui rapportant la main-levée amiable ou judiciaire de la saisie-arrêt.

188. Mais revenons au cas où la demande en validité a été régulièrement formée : son effet essentiel est d'ouvrir l'instance en validité ; sur cette instance deux questions sont à résoudre. Quel est le juge compétent pour en connaître ; quelle procédure devra être suivie ?

----

(1) Toulouse, 22 mars 1827. D. 27. 2. 152. Garsonnet, § 622.

A. — Quel est le juge compétent ?

189. Aux termes de l'article 567 Pr., la demande en validité sera portée devant le Tribunal du domicile de la partie saisie. C'est le Tribunal d'arrondissement, lui seul est compétent à l'exclusion du Juge de paix du Tribuual de Commerce et des Juges administratifs ; car ce sont là des Juridictions d'exception ne pouvant par conséquent sans violer les règles de la compétence *ratione materiœ* connaître de l'exécution des jugements et actes ; le Tribunal d'arrondissement a seul qualité pour cela.

Ainsi le Juge de paix sera incompétent pour prononcer la validité d'une saisie-arrêt bien que le taux de la créance du saisissant rentre dans sa compétence (1), et quand même il s'agirait du juge de paix à compétence étendue (2).

De même, le Tribunal de commerce est incompétent, quoique le débat s'agite entre commerçants et à propos d'une créance commerciale (3), quoiqu'il ait seulement à apprécier cette validité d'une manière incidente (4), quoique le président du Tribunal de commerce ait autorisé la saisie-arrêt (5). Cependant, cette règle de compétence exclusive du Tribunal civil se trouve en conflit avec une autre règle de compétence non moins sévère, celle qui déclare le Tribunal de commerce seul compétent en matière de faillite. Art. 635 Com. Sans doute, si la demande en validité bien que se rattachant à la faillite avait pû se produire

(1) Rennes, 15 novembre 1851. D. 54. 5. 170.
(2) Alger, 8 février 1860. D. 60. 2. 159.
(3) Limoges, 1ᵉ, 4 juin 1856. D. 57. 2. 4. Paris, 22 février 1886. D. 87. 2. 7. Seine 7ᵉ, 28 mai 1887, le Droit 1887, 125.
(4) Paris, 26 juillet 1847. S. 47. 2. 65. Cass. Civ. 13 mai 1884. D. 85. 1 21.
(5) Aix, 29 novembre 1832. S. 34. 2. 400. Contrà, Aix, 6 janvier 1831. D. 32. 2. 173.

sans elle, aucun doute ne peut s'élever, le Tribunal civil
est seul compétent (1). C'est par exemple un propriétaire
qui saisit-arrête sur son débiteur failli pour sûreté des
loyers qu'il lui doit. Mais si le débat sur la validité a sa
cause dans la faillite et ne peut se concevoir sans elle, la
Jurisprudence tend alors à donner compétence au Tribunal de commerce (2). Ceci nous semble inexact, certainement le Tribunal de commerce est compétent pour statuer
sur les difficultés relatives à la distribution entre les
créanciers du failli, mais non pour juger si une voie d'exécution remplit les conditions de validité requises.

De même, un Tribunal administratif ne peut pas connaître de la validité d'une saisie-arrêt (3).

190. Parmi les Tribunaux d'arrondissement, le seul
compétent est celui du domicile de la partie saisie et cela
même à l'encontre d'un autre Tribunal d'arrondissement
qui serait compétent d'une manière exceptionnelle pour
prononcer sur le fond même de la créance, par exemple
un officier ministériel qui poursuit par voie de saisie-
arrêt le recouvrement de ses frais, devra former sa demande en validité non devant le Tribunal dans le ressort
duquel les frais ont été faits, mais devant celui de son
débiteur (4). La saisie-arrêt est-elle pratiquée en vertu
d'un Jugement, ce ne sera pas le Tribunal dont il émane
qui devra statuer sur la validité de la saisie-arrêt qui est
pourtant une mise à exécution du dit Jugement ; est-ce en

(1) Rouen, 8 mai 1886. D. 88. 2. 111. Cà Cᵉ, Seine, 7 janvier 1887, le Droit
1887. 18.
(2) Limoges, 29 juin 1885. D. 85. 2. 265.
(3) Conseil d'Etat, 18 septembre 1833. S. 34. 2. 569. Civ. Cass., 17 juillet 1849.
D. 50. 1. 131. S. 73. 1. 381. Conseil d'Etat 20 février 1874. S. 1876. 2. 321. V.
cependant Conseil d'Etat, 21 janvier 1847. D. 47. 3. 99.
(4) Metz, 15 janvier 1857. D. 57. 2. 116.

vertu d'un jugement du Tribunal de commerce que la saisie-arrêt est pratiquée il ne faut pas donner compétence au
Tribunal civil de l'arrondissement ou siège ce tribunal de
commerce (1).

191. Donc le Tribunal compétent pour connaître de la
validité d'une saisie-arrêt est le Tribunal civil du domicile de la partie saisie. Toutefois cette règle souffre une
exception, mais cette exception est plus apparente que
réelle. Comme nous l'avons remarqué, la demande formée
par le saisissant peut tendre à deux fins : d'abord à la validité de la saisie-arrêt par lui pratiquée, et en outre à la
condamnation du débiteur saisi, mais si le Tribunal civil
du domicile du saisi est seul compétent sur le premier
chef, il peut très bien ne pas l'être sur le second, et voici
de quels principes doit, suivant nous s'inspirer le Tribunal saisi de la demande en validité. Il devra annuler sur
le champ la saisie-arrêt si les conditions de forme nécessaires à en assurer la validité, n'ont pas été remplies (par
exemple l'autorisation du juge n'a pas été demandée, les
exploits de saisie-arrêt ou de dénonciation sont entachés
de nullité de forme) et aussi lorsqu'à son avis la contestation soulevée sur le fond enlève à la créance tout caractère de certitude, d'ores et déjà la saisie-arrêt a mal procédé puisqu'elle ne peut être formée qu'en vertu d'une
créance certaine.

Mais au contraire. s'agit-il d'une contestation ne reposant sur aucun fondement sérieux de la part du débiteur,
ou de telle nature tout au moins qu'elle permette de considérer la créance comme néanmoins certaine, le tribunal
devra maintenir provisoirement la saisie-arrêt et surseoir

(1) Riom, 10 janvier 1853. D. 55. 2. 44.

à statuer jusqu'à ce que le tribunal saisi du fond même de la contestation ait rendu sa décision. Ce tribunal sera ou le tribunal de paix (1) ou le tribunal de commerce (2), ou une Juridiction administrative. D'après la jurisprudence, l'incompétence du tribunal civil pour les affaires du juge de paix ou du tribunal de commerce est purement relative, le sursis et le renvoi devant ces juridictions doit donc être demandé par le défendeur *in limine litis*, sinon cette incompétence sera couverte (3). Mais le renvoi sera prononcé d'office si l'incompétence du tribunal civil est absolue, si c'est par exemple un tribunal administratif qui doit statuer sur le fond de la créance (4).

B. — Quelle procédure devra être suivie ?

192. La procédure de l'instance en validité est celle de toute instance suivie devant le tribunal civil, le ministère de l'avoué notamment est indispensable.

Cette procédure sera ordinaire ou sommaire suivant les distinctions établies par l'article 406 Pr. modifié par la loi du 11 avril 1838 article 1. Elle sera sommaire si la créance qui sert de base à la saisie-arrêt est inférieure à 1,500 fr., ou bien si étant supérieure à cette somme elle repose sur un titre non contesté, ou bien encore si le tribunal juge que la demande requiert célérité (5).

193. C'est entre le saisissant et le saisi que l'instance s'engage, le tiers-saisi n'y est point appelé (6), quelle atti-

---

(1) Bastia, 3 juillet 1862. D. 62. 2. 144.
(2) Douai, 2°, 18 novembre 1854. D. 55. 2. 50. Grenoble, 14 mars 1857, S. 58. 2. 583.
(3) Paris, 10 février 1862. D. 62. 2. 127.
(4) Rousseau et Laisney, Dictionnaire. V. saisie-arrêt, n° 419.
(5) Cass., 8 novembre 1857. S. 60. 1. 125.
(6) Bordeaux, 27 février 1829. D. 29. 2. 271.

tude prendrait-il donc dans ce débat où les relations personnelles entre le saisissant et le saisi sont seules en jeu ?
Le jugement de validité n'en aura pas moins toute son efficacité contre lui. Cependant, à ce point de vue, il peut y
avoir intérêt à le mettre en cause : s'il a été partie au procès, il ne pourra se soustraire à l'exécution du jugement
qu'en interjetant appel, on ne sera plus obligé de prendre
les précautions prescrites, lorsqu'il s'agit d'exécuter un
jugement contre un tiers puisqu'on l'exécute contre une
partie. Mais le tiers-saisi est libre de ne pas accepter cette
situation, soit en ne comparaissant pas, soit en demandant sa mise hors de cause, qui ne saurait lui être refusée.

194. Comme toute instance, elle est susceptible de pé-
remption, dans ce cas l'assignation en validité tombera et
par conséquent la saisie-arrêt elle-même.

§ 3. — Jugement de validité et jugement de main-levée.

195. L'instance se termine normalement par la décision du tribunal qui valide la saisie-arrêt ou en fait main-
levée en déboutant le saisissant de sa demande. Parcourons successivement chacune de ces hypothèses.

A. — *Jugement de validité.*

196. La saisie-arrêt a été pratiquée en vertu d'une
créance certaine, liquide et exigible, le créancier était
muni d'un titre ou avait obtenu l'autorisation du juge ;
aucune nullité de formes n'est d'ailleurs relevée, le tribunal alors validera la saisie-arrêt. Il nous faut étudier les
caractères et les effets de ce jugement.

1) Caractère du jugement de validité.

197. Nous avons à nous demander à cet égard quand le jugement sera susceptible d'appel, quand il ne le sera pas. Ce sont les principes du droit commun qui vont nous servir à trancher cette question. Aux termes de l'article 1 du 11 avril 1838, les tribunaux civils de première instance connaissent en dernier ressort des actions personnelles et mobilières jusqu'à la valeur de 1,500 fr. en principal ; et « le principal, dit M. Glasson (1), comprend, non seulement le capital, mais encore les intérêts, arrérages et autres accessoires échus au jour de la demande et relatifs à cette demande ».

Le taux du ressort se mesure à l'intérêt de la partie qui interjette appel, intérêt que les conclusions de cette partie ait précisé. Dans notre hypothèse, l'intérêt en jeu est celui de savoir si le saisissant verra valider la saisie-arrêt par lui pratiquée pour sûreté et avoir paiement de sa créance, c'est donc le montant de cette créance qui détermine le taux du ressort.

Les causes de la saisie-arrêt sont-elles inférieures à 1,500 fr., ce sera en premier et en dernier ressort ; sont-elles supérieures à cette somme, il sera en premier ressort seulement. On n'a pas à tenir compte du montant des sommes dues par le tiers-saisi ou de la valeur des objets par lui détenus (2) D'après la formule que nous avons donnée, il faudra au capital de la créance ajouter les intérêts et les accessoires échus au moment de la demande en validité, par exemple les dommages-intérêts que le créancier peut avoir à réclamer (3), mais non les frais de mise à exécution

(1) Boitard, Colmet-Daage et Glasson, t. II, p. 11, note.
(2) Civ. Cass., 15 mai 1839. S. 39. 1. 494. Limoges, 13 février 1869. S. 69. 2. 75.
(2) Riom, 10 décembre 1884. S. 86. 2. 215.

de la créance, les frais de saisie-arrêt et les frais d'instance (1) ; à moins cependant que ces frais ne soient pas un accessoire de la créance, et forment un chef de demande distinct (2), ni les dommages-intérêts fondés exclusivement sur la demande principale elle-même et réclamés sous forme de demande reconventionnelle (3). La loi du 11 avril 1838, article 2, i. f., quand même on soutiendrait que cette demande est dirigée contre la demande en paiement et non contre la demande en validité, ces deux demandes sont, comme nous l'avons dit, indissolublement unies (4).

198. Supposons qu'un tiers intervienne dans l'instance : c'est, par exemple, un cessionnaire à qui la créance frappée de saisie-arrêt a été transportée et cette créance par hypothèse est inférieure en principal à 1,500 fr., mais les causes de la saisie-arrêt se montent à une somme supérieure. A notre avis, le jugement intervenu sera en premier ressort pour le saisissant (5), mais en dernier ressort pour le cessionnaire.

Inversement, les causes de la saisie-arrêt sont inférieures à 1,500 fr., mais la créance saisie-arrêtée et qui a fait l'objet d'un transport est supérieure à cette somme ; alors le jugement est en dernier ressort pour le saisissant (6), mais en premier ressort pour le cessionnaire (7).

Quant au saisi, il pourra interjeter appel ou non, suivant qu'il défend à une prétention qui doit être jugée ou non en premier ressort.

---

(1) Grenoble, 12 novembre 1878. D. 71. 5. 109. Cass. Req., 29 janvier 1877. D. 78. 1. 126.

(2) Civ. Cass., 1ᵉʳ juin 1880. S. 81. 1. 63.

(3) Cass. Req., 9 janvier 1882, D. 82. 1. 59. Orléans, 17 avril 1844. D. 45. 4. 138.

(4) Civ. Cass., 6 juin 1883. D. 83. 1. 454.

(5) Contrà Civ. Rej., 2 mars 1880. D. 80. 1. 229.

(6) Civ. Cass., 23 février 1860. D. 69. 1. 196.

(7) Contrà, Angers, 19 mai 1870. D. 72. 5. 110.

Nous fondons ces distinctions sur le motif suivant, c'est que le taux du ressort se détermine suivant l'intérêt des parties engagées dans le procès. Si le débat met aux prises non pas seulement un demandeur et un défendeur, mais deux demandeurs et un défendeur, c'est l'intérêt de chacun de ces demandeurs qui doit être pris en considération et à chacun d'eux doivent être appliquées distributivement les règles relatives au taux du ressort.

199. Le jugement de validité devra ordonner l'exécution provisoire quand on est dans un des cas où la loi le prescrit, par exemple le jugement valide la saisie-arrêt pratiquée pour avoir paiement d'une pension alimentaire et en vertu d'un jugement passé en force de chose jugée (1).

2) Effets du jugement de validité.

200. L'effet essentiel du jugement de validité est d'entraîner la condamnation du saisi quand le saisissant n'était pas muni déjà d'un titre exécutoire, et, dans tous les cas, la condamnation du tiers-saisi. Le dispositif du jugement ordonne en conséquence que le tiers-saisi videra ses mains (d'où le nom de jugement de main-vidange donné quelquefois au jugement de validité) en celles du saisissant en déduction ou jusqu'à due concurrence de la créance de ce dernier, et statue que ce paiement le libérera vis-à-vis du saisi : quoi faisant, bien et valablement déchargé, suivant la formule consacrée.

Voilà pour l'hypothèse où la saisie-arrêt porte sur des sommes d'argent, porte-t-elle sur des objets mobiliers, il n'en sera plus de même, car la loi répugne à l'appropriation effective des objets qui forment le gage d'un créancier, il ne peut s'en emparer que quand ils sont vendus et con-

---

(1) Seine 1ᵉ, 5 août 1887, le Droit 1887, 182.

vertis en argent : le jugement de validité ou le jugement qui aura statué sur la déclaration affirmative ordonnera la vente des objets dont le tiers-saisi aura dû fournir un état détaillé et l'on procédera comme en matière de saisie-exécution (1).

201. Pour la garantie des condamnations prononcées, le jugement de validité emporte hypothèque judiciaire non seulement vis-à-vis du tiers-saisi contre lequel il prononce une condamnation directe, mais encore vis-à-vis du saisi quand même il y aurait eu déjà contre lui titre exécutoire, et ceci ne viole pas l'article 2123 C. c. qui n'attache l'hypothèque judiciaire qu'au jugement emportant condamnation, il y a bien en effet dans tous les cas condamnation tacite et implicite du saisi (2).

202. Les condamnations qu'il a obtenues, le saisissant va les exécuter contre le tiers-saisi (nous verrons plus loin à quelles conditions), et aussi contre le saisi. Cela ne saurait faire doute si le tiers-saisi n'a pas les mains suffisamment garnies pour assurer au créancier satisfaction intégrale. Mais il faut aller plus loin et dire que le saisissant garde contre son débiteur le même droit que s'il n'y avait pas eu de jugement de validité. En effet, en sollicitant ce jugement, le créancier a voulu augmenter ses garanties et non les diminuer et il a dû vouloir conserver le droit de poursuivre son débiteur si le tiers-saisi était ou devenait insolvable. Et même, poursuivre le tiers-saisi est pour lui une simple faculté, il peut y renoncer et se faire payer sur les autres biens de son débiteur : les voies de contrainte se cumulent dans notre Droit, et on ne peut opposer au créancier qui entame une voie d'exécution le fait d'en avoir

(1) Colmet de Santerre, V. 181 *bis*, XIV.
(2) Req. 1er août 1881. D. 82. 1. 416.

exercé d'autres, pourvu bien entendu que celles-ci n'aient pas abouti au paiement du créancier.

203. Quant au saisi, peut-il poursuivre le tiers-saisi? Certainement oui, et pour le montant de tout ce qu'il doit si le saisissant est désintéressé; le jugement de validité tombe alors lui-même avec le droit principal dont il devait procurer la satisfaction. Mais le pourrait-il si le créancier n'est pas désintéressé? Oui encore, et dans ce cas le tiers-saisi consignera pour éviter de faire un paiement au préjudice du saisissant. D'ailleurs le saisi ne pourrait poursuivre que pour ce qui excède les causes de la saisie-arrêt, augmentées des accessoires et frais, pour le surplus en effet il ferait échec aux droits du saisissant.

Cependant, si ce dernier par son imprudence risquait de laisser devenir le tiers-saisi insolvable, outre qu'il engagerait ainsi sa responsabilité vis-à-vis du saisi, on peut admettre que celui-ci, pour parer à une semblable éventualité, pourrait après sommation faite au créancier forcer le tiers-saisi à consigner le tout (1).

204. Ici se pose une question des plus graves en droit et d'un intérêt pratique très considérable. La saisie-arrêt, nous venons de le voir, aboutit à l'appropriation, directe s'il s'agit de deniers, indirecte et par l'intermédiaire de la vente s'il s'agit d'objets mobiliers, des sommes et effets qu'elle frappe. Cette appropriation préparée par l'exploit de saisie-arrêt qui met déjà les objets saisis sous la main de justice et empêche le tiers-saisi de payer son créancier, est prononcée par le jugement de validité complété s'il est besoin par le jugement statuant sur la déclaration affirmative. L'appropriation est alors consommée en droit sinon en fait. Mais quel est exactement le fait juridique

____

(1) Cass., 26 juillet 1836. D. A. V. Saisie-arrêt, 418.

qui le produit et quel est à ce point de vue l'effet précis du jugement de validité ?

Et d'abord que nous dit la loi sur ce point ? Aux termes de l'article 579 Pr. si la saisie-arrêt ou opposition est déclarée valable, il sera procédé à la vente et distribution du prix ainsi qu'il sera dit au titre de la distribution par contribution. Mais cet article vise seulement le cas où la saisie-arrêt a frappé des objets mobiliers ; et d'ailleurs même dans cette hypothèse, la loi fait simplement allusion à la procédure destinée à répartir entre tous les ayants droits les sommes frappées de saisie-arrêt ou de saisie-exécution et réglemente l'exercice du droit particulier dont nous recherchons la nature. Mais, sur ce dernier point, la loi, ni dans le titre relatif à la saisie-arrêt, ni dans le titre relatif à la distribution par contribution, ne nous donne de renseignements précis.

La question est surtout délicate lorsque la saisie-arrêt porte sur une créance de somme d'argent. D'après une opinion très répandue et que la jurisprudence a consacrée, l'appropriation des deniers saisis au créancier saisissant résulte du jugement de validité, celui-ci entraine une dépossession de la créance saisie-arrêtée qui passe du saisi au saisissant. Et voici le grand intérêt pratique de la question. Une saisie-arrêt conduite entre les mains du tiers-saisi après le moment où cette dépossession s'est opérée (moment que nous préciserons) frappera *super non domino*, elle ne pourra atteindre la créance, elle a cessé de faire partie du patrimoine du débiteur pour passer dans celui du saisissant. A l'inverse, si la créance est restée dans le patrimoine du débiteur, la saisie-arrêt a frappé, et celui qui l'a pratiquée viendra en concours avec le saisissant bénéficiaire du jugement de validité.

205. Comment arrive-t-on à attribuer au saisissant cette investiture de la créance saisie-arrêtée ? Ce n'est pas en voyant dans la saisie-arrêt la mise en œuvre de la faculté que l'article 1166 donne au créancier d'exercer les droits et actions de son débiteur (1). En exerçant le droit de son débiteur, le créancier ne s'en empare point et n'en est pas investi, et l'on est à peu près d'accord pour décider que le profit qu'il retire de son action, il ne peut pas le garder à l'exclusion de ses cocréanciers, ceux-ci ont le droit de venir en concours avec lui (2). M. Demolombe fait à cette manière de voir une objection que nous retrouverons et que nous réfuterons plus loin.

De graves auteurs (3) pensent que le jugement de validité entraîne une sorte de novation. Il faudrait pour cela que la dette du débiteur-saisi s'éteignît, et fît place à la dette du tiers-saisi vis-à-vis du saisissant, ce serait une novation par changement de débiteur ou une délégation parfaite. Or ceci est inexact, car la novation ne se présume pas, et dans notre espèce moins que dans toute autre, car enlever au saisissant son action contre le saisi, ce serait violer, nous l'avons vu, les règles générales de notre Droit sur les voies d'exécution. De plus, pour que le saisi fût ainsi libéré, il faudrait ou une déclaration ou tout au moins une clause formelle dans le jugement, puisqu'aux termes de l'article 1275 C. c., la délégation n'opère point de novation, si le créancier n'a expressément déclaré qu'il entendait décharger son débiteur. Nous sommes donc tout au

---

(1) Proud'hon, Traité des droits d'usufruit, t. V, p. 63 et 64.

(2) Proud'hon, op. cit., t. V, n° 2270, Aubry et Rau, IV, p. 122, Colmet de Santerre, V, n° 81 *bis*, VI.

(3) MM. Demolombe et Colmet de Santerre notamment, Voir aussi D. A. V. saisie-arrêt, 445.

plus en présence d'une délégation imparfaite et non d'une novation (1).

On invoque surtout l'idée suivante, à savoir que le jugement de validité entraîne au profit du saisissant transport de la créance saisie-arrêtée, et c'est en vertu de ce transport que le saisissant devient créancier du tiers-saisi aux lieu et place du débiteur saisi, le fait juridique qui produit l'appropriation du créancier, c'est le transport judiciaire opéré par le jugement de validité. C'est la théorie de la Jurisprudence (2). Elle est aujourd'hui unanime sur la question (3). Voici comment on raisonne à l'appui de cette thèse : le jugement de validité ordonne au tiers-saisi de vider ses mains dans celles du saisissant, moyennant quoi il sera bien et valablement déchargé, c'est donc que la créance saisie-arrêtée est transportée à celui-ci ; dans la conclusion du transport, l'intervention de la justice remplace le consentement des parties ; de plus, dit-on, l'efficacité de la chose jugée disparaîtrait, si le jugement de validité n'emportait au profit du saisissant attribution définitive à l'abri du concours de ses cocréanciers (4).

206. Cette opinion ne nous semble pas exacte. Observons d'abord que si le jugement de validité contient un transport de créance, c'est que la volonté du juge s'est substituée à la volonté des parties. Sans doute, il est possible que le saisissant et le saisi conviennent de donner ce caractère au jugement de validité, dans leurs conclusions, les parties demanderont respectivement acte de leur accord

(1) Toulouse, 22 janvier 1820. D. 29. 2. 168.

(2) V. aussi Boitard, Colmet-Daage et Glasson, II, n° 833.

(3) V. en dernier lieu, tribunal de Pontarlier, 26 mai 1887, Rousseau et Laisney, Réc. périod. 1887. p. 414. Cà cependant, Paris, 30 janvier 1887. D. 27 2. 59. Tribunal civil de la Flèche, 8 mars 1864, D. 64. 3. 46.

(4) Civ. Cass., 31 janvier 1842, D. 42. 1. 64.

de volontés sur ce point ; mais, s'ils ne sont pas saisis de conclusions prises en ce sens, les juges qui pouvaient donner acte aux parties d'une convention conclue par elles ne peuvent pas faire cette convention à leur place et à leur défaut. Dira-t-on que le Jugement de validité est bien obligé pour assurer la satisfaction des droits du saisissant de se substituer au saisi, et de faire à sa place ce que celui-ci n'a pas voulu consentir de plein gré. Mais cela est inadmissible, il n'est pas du tout nécessaire pour assurer efficacité au jugement, de détacher la créance saisie-arrêtée du patrimoine du saisi, pour l'attribuer au saisissant. Il suffit d'interpréter ce jugement, sinon comme une délégation imparfaite — laquelle présuppose, comme le transport, le consentement des trois intéressés, dont précisément il faut nous passer — du moins, comme une indication de paiement : faite par le débiteur, elle aurait suffi pour donner satisfaction au créancier, pourquoi donc le jugement qui en définitive ne doit faire grief au débiteur que dans l'intérêt du créancier, et dans la mesure de cet intérêt, pourquoi irait-il plus loin ? Ce principe d'économie dans les voies d'exécution est un principe de stricte justice, et la loi n'a garde de le violer ; ne voyons-nous pas qu'en matière de saisie-exécution lorsque la valeur des effets saisis-exécutés excède le montant des causes de la saisie et des oppositions, il ne doit être procédé qu'à la vente des effets suffisant à fournir somme nécessaire pour le paiement des créances et frais. Et même, ce n'est point une indication de paiement proprement dite qu'il faut voir dans le jugement de validité, celle-ci, en effet, suppose encore un lien conventionnel, un mandat entre celui qui fait l'indication et celui à qui elle s'adresse. Nous sommes en présence d'une indication de paiement *sui generis ;* le Jugement constitue simplement une créance au profit du saisissant, pour sûreté et avoir paiement de celle qu'il avait. C'est, en définitive, un expédient et un expédient auquel a loi a recours non seulement au cas de saisie-arrêt, mais aussi au cas de saisie-exécution et de saisie-immobilière. A quoi, en dernière analyse, aboutiront les droits des saisissants, comment se fait en définitive l'appropriation des biens saisis? En matière de saisie-exécution, c'est au moyen d'une créance donnée au saisissant contre l'officier public qui détient les deniers provenant de la vente. Aux termes de l'article 625 Pr. en effet, les commissaires-priseurs et huissiers sont personnellement responsables du prix des adjudications ; — en matière de saisie-immobilière, c'est au moyen d'une créance donnée au saisissant contre l'adjudicataire et constatée par le bordereau de collocation exécutoire contre lui. Art. 770 Pr. — Et dans toutes ces hypothèses, le paiement fait par le détenteur des deniers, le libérera d'autant envers le saisi, car, aux termes de l'article 1239 C. c., le paiement est valable et libératoire, s'il est fait à celui que la justice ou la loi désignent pour le recevoir (1).

207. Voici donc, suivant nous, comment se produit l'appropriation qui doit, en définitive, donner satisfaction au saisissant : c'est au moyen d'une créance que la loi lui donne, soit directement, comme au cas de saisie-exécution, soit médiatement par le jugement de validité en matière de saisie-arrêt et par le bordereau de collocation au cas de saisie-immobilière. Cette appropriation n'est consommée, en fait comme en droit, que du jour où le paiement est accompli ; jusque-là, les cocréanciers du saisissant peuvent venir le réduire par leur concours, sauf les causes légitimes de préférence.

(1) Larombière, t. III, sur l'article 1239, n° 18.

C'était déjà en ce sens que se prononçait l'ancien Droit. Denisart (1) s'exprimait ainsi : « Les deniers saisis par un créancier sur son débiteur entre les mains d'une tierce personne tombent en contribution jusqu'à ce qu'ils soient payés au saisissant, quand même il aurait été ordonné par un jugement que les deniers saisis seraient baillés et délivrés au saisissant. » Il fallait, pour qu'il en fût ainsi, que le privilège du premier saisissant ne fût pas admis, or c'est ce qui arrivait au cas de déconfiture.

208. Nous avons ainsi, pensons-noùs, établi directement l'opinion que nous croyons la meilleure. Il nous reste à montrer à quelles difficultés se heurte la théorie opposée et à réfuter un de ses arguments les plus spécieux.

On pourrait d'abord être tenté de faire à cette théorie l'objection suivante : Comment avec elle arriver logiquement à permettre au saisissant de poursuivre le saisi ? Sans doute, le jugement de validité n'entraîne pas novation, mais il opère transport, et il emporte les effets, mais seulement les effets du transport; or, le saisi qui joue le rôle de cédant ne doit garantir dans les termes du droit commun au saisissant cessionnaire que l'existence de la créance cédée et non la solvabilité du tiers-saisi. Cette considération a sa valeur sans doute, mais on peut répliquer que le saisi se libère par une *datio in solutum* et que cette *datio in solutum* voit son efficacité subordonnée au profit réel et effectif que le créancier en retire, il se retournera contre le saisi non à titre de garant, mais à titre de débiteur.

La grosse difficulté à laquelle se heurte la jurispru-

(1) V. Saisie-arrêt, n° 32.

dence, c'est que par une voie indirecte, elle arrive à attribuer au saisissant muni du jugement de validité un véritable privilège à l'encontre de ses créanciers. Mais, dit-elle, si l'on retire au saisissant le bénéfice exclusif du jugement de validité, ne viole-t-on pas la chose jugée? C'est déjà l'argument que présente M. Demolombe (1) pour refuser au créancier de celui qui agit par la voie de l'article 1166 le droit de concourir avec lui. Ceci ne doit pas nous ébranler et, en effet, on ne viole pas la chose jugée lorsqu'un droit ayant été conféré à un créancier sur les biens de son débiteur on appelle les autres créanciers à la distribution de ces biens. Le jugement en droit, conserve toute sa valeur mais en fait le principe de l'égalité entre créanciers vient en restreindre les effets, on ne fait pas grief au jugement en répartissant entre tous les créanciers le gage commun à tous.

209. Nous devons faire connaître maintenant d'une manière plus approfondie la théorie de la jurisprudence.

D'après elle, nous l'avons dit, le jugement de validité emporte saisine de la créance saisie-arrêtée au profit du saisissant et le créancier est saisi non seulement des sommes échues mais encore de celles à échoir (2), à moins que n'ayant pas même un germe d'existence au jour de la saisie-arrêt, celle-ci n'ait pas pu les frapper utilement (3). Mais à quelles conditions est subordonnée cette investiture et quels effets produit-elle ?

210 *a). Conditions.* Certains arrêts déjà anciens ne voulaient admettre cette saisine que si le jugement était rendu en présence du tiers-saisi et si la déclaration affir-

(1) T. 25, page 259.
(2) Cass., 31 janvier 1842. D. 42. 1. 65.
(3) Alger, 23 novembre 1867. S. 68. 2. 85.

mative l'avait lié envers le saisissant, sinon, disaient-ils, aucun contrat n'était formé (1). Cela n'avait pas de raison d'être ; sans doute, il faut que le tiers-saisi fasse sa déclaration affirmative, mais elle sert simplement à préciser la somme sur laquelle s'exercera le droit du créancier, elle n'est pas nécessaire à la constitution de ce droit lui-même (2).

Mais la Jurisprudence a très justement admis que ce transport comme tous les autres ne pouvait avoir de valeur vis-à-vis des tiers que s'il était signifié au tiers-saisi (3), et même que la simple connaissance du jugement de validité ne pouvait suppléer à cette signification (4). Sans doute comme il s'agit d'un jugement, nous pourrions dire que la signification est exigée moins aux termes de l'article 1690 C. c., que des articles 147 et 148 Proc. ; mais ces derniers articles exigent la signification comme préliminaire de l'exécution, l'article 1690 l'exige pour rendre le transport opposable aux tiers, dans notre hypothèse, les autres saisissants, ce sont là deux ordres d'idées distincts. Donc : première condition exigée par la Jurisprudence ; la signification au tiers-saisi du jugement de validité.

Il faut en outre que le jugement contradictoire ou par défaut qui prononce la validité soit passé en force de chose jugée, c'est-à-dire qu'on ne puisse pas faire obstacle à l'exécution. C'est que, dit la Jurisprudence, tant que l'exécution ne peut avoir lieu contre lui, le tiers-saisi n'est pas lié envers le saisissant auquel il ne peut encore rien

---

(1) Paris, 17 mars 1836. D. 36. 2. 111, Paris, 24 juin 1836. S. 36. 2. 354. D. 1842. 2. 234.

(2) Agen, 20 décembre 1853, .D 54. 2. 249. Paris, 20 mai 1858, S. 59. 2. 310.

(3) Paris, 24 juin 1836, D. 37. 2. 45.

(4) Cass. Req., 28 déc. 1880. D. 81. 2. 427.

payer, il reste débiteur du saisi et les nouvelles saisies-arrêts frapperont utilement cette créance qui est encore dans le patrimoine de leur débiteur (1). D'après la Jurisprudence, c'est seulement au jour où le jugement peut être exécuté que la saisine s'opère, elle ne remonte pas au jour même du jugement si les délais d'opposition ou d'appel sont expirés ou si une voie de recours s'étant produite, le jugement a été maintenu (2). Cela ne nous semble pas exact. Dès qu'on voit dans le jugement de validité un transport de créance, ce transport résulte du jugement lui-même, sans doute l'effet utile en est suspendu pendant les délais des voies de recours ou par l'exercice de celles-ci, mais c'est là une condition résolutoire à laquelle en est subordonnée l'efficacité, condition qui doit avoir effet rétroactif et remonter jusqu'au jour même du jugement (3).

211. *b) Effets.* Voici maintenant les effets qu'entraîne le transport judiciaire dont bénéficie le saisissant.

1) Les oppositions formées avant que le jugement de validité ait produit son effet translatif, c'est-à-dire avant qu'il ait été signifié et soit passé en force de chose jugée vont empêcher l'attribution d'un droit exclusif au profit du saisissant, tout comme si elles avaient été pratiquées avant ce jugement. Est-ce à dire que le jugement de validité aura des effets différents suivants les cas ? Non, il renferme bien toujours un transport, seulement ce transport n'est pas opposable aux tiers, aux autres saisis-

---

(1) Civ. Cass., 20 novembre 1860. 1. 478.
(2) Seine 2°, 14 janvier 1876, Gazette des tribunaux, 14 janvier 1870.
(3) Boitard, Colmet-Daage et Glasson, II, n° 833. Agen, 20 décembre 1853, D. 54. 2. 249. Angers, 30 mai 1855. S. 55. 2. 686. Paris, 20 mai 1868. S. 59. 2. 310.

sants (1). Si au mépris des nouvelles saisies-arrêts le tiers-saisi a payé le porteur du jugement de validité, il n'a aucun recours à exercer contre lui, car il n'a pas payé l'indû (2).

A l'inverse, les oppositions pratiquées aux mains du tiers-saisi après que le jugement de validité a acquis force de chose jugée et a été signifié au tiers-saisi ne sont pas opposables au saisissant bénéficiaire de ce jugement (3). Les nouveaux saisissants n'auront pas même le droit de former tierce-opposition au jugement (4).

212. 2) On sait que la faillite dessaisit le débiteur, et à certains égards a la même efficacité que la saisie-arrêt ; eh bien ! supposons que la faillite soit déclarée avant que le Jugement de validité ait pu produire son effet translatif, cet effet ne se produira pas ou du moins ne sera pas opposable à la masse (5). La faillite est-elle déclarée quand l'investiture du créancier s'est accomplie, alors il n'a pas à craindre le concours des créanciers du failli et ce encore bien que l'ouverture de la faillite ait été reportée à une époque antérieure car le dessaisissement ne peut jamais précéder l'époque du jugement déclaratif.

213. Mais ici se présente une question délicate : d'après la Jurisprudence, le Jugement de validité passé en force de chose jugée et signifié opère au profit du saisissant transport de la créance saisie-arrêtée jusqu'à concurrence

(1) Montpellier, 21 janvier 1830. S. 39. 2 383. Cass., 20 février 1865. S. 65. 1. 185. Req. Rej., 25 juillet 1871. D. 71. 1, 302. Rennes. 28 février 1879. D. 80. 2. 14. Seine 2', 15 mai 1883, le Droit 1888, 136.

(2) Civ. Rej., 11 février 1367. D. 77. 1. 377.

(3) Nimes, 8 février 1832, D. 32. 2. 73. Rennes, 1', 24 mars 1835. S. 36. 2. 264. Cass. Civ., 30 janvier 1842. D. 42. I. 65. Req. Rej., 1" août 1840. D. 49. 1 287.

(4) Req. Rej., 15 avril 1856. D. 56. 1. 252.

(5) Civ. Cass., 20 décembre, 20 novembre 1860. D. 60. 1. 478. Colmar, 10 février 1854, S. 64. 2. 122. Lyon 1', 30 novembre 1866, D. 67. 2. 89.

des causes de la saisie-arrêt ; or, l'article 446 Com. déclare nuls tous paiements de dettes échues faits autrement qu'en espèces ou effets de commerce à partir du dixième jour qui a précédé la cessation des paiements. Cet article s'applique incontestablement au paiement par transport. De plus aux termes de l'article 447 Com. peuvent être déclarés nuls tous paiements faits par le débiteur depuis la cessation des paiements, lorsque le créancier désintéressé l'a connue. Le Jugement de validité qui renferme un paiement par transport au profit du saisissant et qui sans l'intervention des articles 446 et 447 Com. eût été opposable à la masse ne va-t-il pas tomber sous le coup de ces articles et ne pourra-t-on pas l'attaquer par voie de tierce-opposition ?

Il n'y aurait pas de difficultés si le jugement de validité était purement déclaratif de droit : un droit non créé, mais simplement constaté, ayant pris naissance avant la période suspecte, aurait échappé à toute critique, mais le jugement de validité change la situation des parties, rend le saisissant créancier direct du tiers-saisi et lui attribue un droit nouveau. En général, on écarte l'application de l'article 446, car si la loi annule le paiement fait par transport, c'est parce qu'un tel paiement est présumé n'avoir été consenti qu'à la suite des sollicitations d'un créancier plus habile et plus exigeant ; mais, dans notre hypothèse, les soupçons du législateur n'ont plus de raison d'être, tout se passe d'une façon normale, le jugement de validité est la suite naturelle de la voie d'exécution poursuivie par le créancier, l'opération n'est pas ténébreuse, l'intervention de la Justice est une garantie très suffisante. L'article 446 ne s'applique donc pas au jugement de validité. Et même, nous ne croyons pas justifiée la réserve que l'on a apportée à cette

solution : si le saisi, dit-on (1), n'a pas résisté à l'instance
en validité, l'opération prend un caractère contractuel, on
est en présence d'un véritable transport auquel l'article
446 doit s'appliquer; et, il en sera ainsi notamment quand
le saisi s'en est purement et simplement rapporté à la justice
sur la demande du saisissant. Ceci nous semble inadmissible, et voici pourquoi : sans doute, il peut se faire qu'au
cours de l'instance en validité, les parties d'accord attribuent au jugement qui clôt l'instance, une portée particulière, par exemple, lui demandent acte d'une affectation
spéciale; mais alors ce n'est plus un jugement de validité,
c'est un transport judiciaire auquel s'adjoint la main-levée
de la saisie-arrêt; mais si on a affaire à un véritable jugement de validité venant consommer normalement les effets
de la saisie-arrêt, peu importe que le saisi ne résiste pas à
cette demande, l'acquiescement même anticipé ne saurait
être considéré comme changeant la nature du débat qui
n'en est pas moins la suite naturelle de la procédure. Dans
tous les cas, si le saisi s'en est rapporté à justice, il n'y
a là ni consentement ni acquiescement de sa part, celui
qui s'en rapporte à justice est un véritable contestant et
la preuve, c'est qu'il peut être condamné aux dépens.

Mais, du moins, si l'on écarte l'article 446, l'article 447
ne sera-t-il pas applicable? Oui, a-t-on dit, car si l'article
446 est inopérant dans la matière, c'est qu'il est d'une
rigueur toute particulière, élevant une présomption invin-
cible de fraude à l'encontre de certains actes déterminés;
l'article 447 est plus humain, mais il a une portée plus
générale et le Juge a un certain pouvoir d'appréciation; ne
faut-il pas lui permettre d'intervenir et de faire tomber le

(1) V. la note de M. Levillain, D. 1881. 2. 225.

Jugement de validité au cas où le créancier ayant connu
la cessation des paiements a ainsi frauduleusement rompu
à son profit l'égalité qui doit exister entre les créanciers (1).
Cette doctrine est à rejeter, car l'article 447, tout en em-
brassant une large catégorie d'actes, ne se réfère tout comme
l'article 446, qu'aux actes passés de gré à gré avec le débiteur : ces deux articles ont, à ce titre, un caractère exceptionnel et restrictif ; et, d'ailleurs, le Jugement de validité,
s'il tombait sous le coup de l'article 447, ne devait-il pas
subir aussi l'application de l'article 446, puisqu'il constitue au premier chef (dans la théorie de la Jurisprudence
tout au moins) un paiement par transport, comme l'ont
très bien fait observer MM. Lyon-Caen et Renault (2).

Il est bien entendu que le droit commun tel qu'il résulte
de l'article 1167 C. c. autoriserait la tierce-opposition.

214. 3). Quels que soient les faits qui se produisent postérieurement au jour où le transport est définitivement
acquis au créancier, ils ne peuvent en infirmer la valeur :
ainsi un tiers-saisi lié par le jugement de validité et trans-
férant son domicile à l'étranger ne peut pas obtempérer
aux injonctions de la Juridiction étrangère au préjudice
du saisissant devenu son créancier personnel par le fait
du transport judiciaire intervenu (3).

B. — Jugement de mainlevée.

215. C'est à un Jugement de validité qu'aboutit normalement la saisie-arrêt dont la régularité au point de vue du
fond et de la forme a été établie. Mais il se peut à l'in-

---

(1) Paris, 18 août 1860. D. 60. 5. 174. Bordeaux, 17 mars 1876. D. 81. 2. 225.
(2) Op. cit., II, 2783, i. f. M. Rataud à son cours. Civ. Cass., 21 décembre
1881. D. 82. 1. 198. Bourges, 14 juin 1882. D. 83. 2. 221.
(3) Cass. Req. 23 mars 1881. D. 82. 1. 420.

verse, que les conditions exigées par la loi ne soient pas remplies ou ne le soient qu'incomplètement, et alors le jugement anéantira ou restreindra les effets de la saisie-arrêt, suivant l'expression consacrée, il en fera mainlevée totale ou partielle. Toutefois un jugement de mainlevée ne sera pas nécessaire si déjà l'inexistence de la saisie-arrêt a été prononcée, la mainlevée s'en suit par le fait même (1).

Le débiteur saisi aura conclu reconventionnellement à cette mainlevée dans ses défenses à l'assignation en validité, ou bien il assignera directement le saisissant qui, incertain de son droit, aura négligé de suivre.

La demande en mainlevée peut émaner non seulement du saisi, mais du tiers-saisi (2), ou bien d'un cessionnaire de la créance saisie-arrêtée (3), et alors il n'est pas nécessaire de mettre en cause le saisi, l'article 608 Proc. qui impose cette manière de procéder en cas de saisie-exécution est en effet limitatif (4).

216. Quel est le Tribunal compétent pour statuer sur la mainlevée? L'article 567 Proc. nous le dit : c'est le Tribunal du domicile de la partie saisie, tribunal déjà compétent pour connaître de la validité, et rien n'est plus logique, car sous quelque forme qu'elle se présente, la demande en mainlevée n'est qu'une défense à la demande en validité.

Le saisi ne pourrait donc pas exciper de l'élection de domicile faite par le saisissant aux termes de l'article 559 Proc. dans le lieu où demeure le tiers-saisi pour l'assigner

---

(1) Civ. Cass., 14 novembre 1883, le Droit 1884, 65.
(2) Ref. 29 septembre 1886, le Droit 1886, 235.
(3) Paris, 28 avril 1855. S. 55. 2. 694.
(4) Paris 4°, 25 juin 1884. Gazette des Tribunaux, 1" août 1884.

devant le Tribunal du domicile de ce dernier. Cette élection de domicile concerne seulement les rapports du saisissant et du tiers-saisi ; seulement l'exploit d'assignation en mainlevée pourra être délivré à ce domicile élu.

Le saisi, toutefois, a la faculté de renoncer à la faveur qui lui est faite, il peut revenir au droit commun, et s'il n'est déjà assigné en validité assigne le saisissant devant le Tribunal du domicile de ce dernier (1).

La règle de compétence posée par l'article 567 est aussi absolue pour la demande en main-levée que pour la demande en validité, ce Tribunal civil du saisi est seul compétent, nous excluerons donc le Juge de paix et le Tribunal de commerce (2).

217. Mais éliminerons-nous aussi le Président du Tribunal civil statuant en référé ? Sous la pression des besoins pratiques il arrive tous les jours que le Juge des référés prononce la main-levée soit totale, soit partielle d'une saisie-arrêt. Ainsi à Paris, il n'est pas une audience de cette juridiction où un grand nombre de débiteurs saisis ne viennent demander notamment la réduction des effets de la saisie-arrêt pratiquée sur leurs appointements ou salaires. Cette pratique est constante, mais est-elle légale ?

Et d'abord, l'article 567 Pr. n'est certes pas assez formel pour exclure la compétence du Juge des référés. Ces expressions : « le Tribunal du domicile de la partie saisie » sont pris dans un sens large, comprenant aussi bien le Juge des référés que le Tribunal entier.

218. Mais n'allons-nous pas rencontrer un obstacle infranchissable dans les principes qui régissent la matière des référés. Voici à cet égard comment s'exprime l'article

(1) Rennes, 10 juin 1879. S. 81. 2. 124.
(2) V. toutefois, Rouen, 11 janvier 1874, D. 45. 2, 112,

806 : « Dans tous les cas d'urgence ou lorsqu'il s'agira de statuer provisoirement sur les difficultés relatives à l'exécution d'un titre exécutoire ou d'un jugement, il sera procédé ainsi qu'il va être réglé ci-après. » Et l'article 809 : « Les ordonnances sur référé ne feront aucun préjudice au principal. »

Il semble bien d'après ces textes que le Président du Tribunal statuant en référé ne puisse pas prononcer la main-levée d'une saisie-arrêt : en effet, il ne peut statuer que provisoirement, or la main-levée d'une saisie-arrêt est forcément une mesure définitive. Une main-levée provisoire ne saurait se comprendre, car de deux choses l'une : ou le tiers-saisi exécutera l'ordonnance de main-levée et il paiera, et c'est là un acte sur lequel on ne peut pas revenir, ou il ne l'exécutera pas, et alors à quoi bon obtenir la main-levée (1). De plus, cette ordonnance de main-levée fait préjudice au principal : elle soustrait au juge du fond la matière même du débat dont il devrait connaître. Sur quoi veut-on que le Tribunal statue quand la saisie-arrêt est anéantie. Et, par cela même que la main-levée est une mesure définitive, elle fait préjudice au principal, car le juge du fond ne peut revenir sur un fait accompli. Réal disait, dans son exposé des motifs, que les ordonnances de référé ne feraient aucun préjudice au principal, et par conséquent seraient essentiellement provisoires (2).

Et qu'on ne dise pas (3) que dans une demande en validité de saisie-arrêt deux questions sont en jeu, la première celle de savoir si le saisissant est créancier, question principale, et celle de savoir si la saisie-arrêt a été

____

(1) V. toutefois, Bazot, p. 163.
(2) Locré, t. 22, p. 605.
(3) Bertin, T. II, n° 153, sq.

régulièrement pratiquée, question accessoire dont le juge
des référés peut connaître puisque ce n'est pas la question
principale. Ceci est inexact : souvent en fait le saisissant
est muni d'un titre exécutoire et le débat sur la validité a
trait uniquement à la saisie-arrêt, et d'ailleurs une instance accessoire n'est pas une instance provisoire et constitue une demande au fond.

219. Ces raisons sont graves et doivent, semble-t-il, écarter la compétence du juge des référés (1). De nombreuses
décisions de Jurisprudence ont été rendues en ce sens,
elles sont intervenues le plus souvent lorsque la saisie-
arrêt avait été pratiquée en vertu d'un titre, nous savons
en effet quelles combinaisons ont été imaginées quand la
saisie-arrêt a été pratiquée en vertu de l'ordonnance du
juge. Dans l'opinion que nous avons soutenue, aucune
distinction n'est à faire.

Mais la Jurisprudence, pour soustraire au juge des référés la connaissance du débat sur la main-levée, s'est ins-
pirée à tort de motifs autres que ceux invoqués plus haut.
Le juge des référés, dit-elle, est incompétent pour donner
main-levée d'une saisie-arrêt pratiquée en vertu d'un
titre, parce que nécessairement il serait obligé d'en interpréter la valeur, — de plus, si l'instance en validité est
liée, on ne peut plus saisir le juge des référés sans trou-
bler l'ordre des juridictions et sans voir se dresser
devant soi l'exception de litis-pendance, Art. 171 Pr. (2).
Ces raisons ne sont pas probantes, il faut bien que sa

---

(1) V. Cà, Debelleyme, t. I, p. 135.
(2) D. 1867. 2. 157 et 159. D. 1878. 2. 241. Pamien, Référé, 20 août 1884, la
Loi 1884, 969. Gazette des Tribunaux, 13 janvier 1884. Paris 4°, 21 novembre
1884, le Droit 1885, 217. Paris 6°, 20 janvier 1885, le Droit 1885, 44. Paris 7°,
20 avril 1886, le Droit 1886, 222. Paris 3°, 4 juillet 1888. Gazette des Tribunaux. octobre 1888.

décision s'appuie sur quelque chose. On ne lui défend pas, dit M. Chauveau, de connaître du principal, mais d'y faire préjudice, ce qui est bien différent. Et puis, est-il vrai que, le tribunal étant saisi de la demande en validité, le juge des référés se trouve forcément dessaisi ? Nous ne le croyons pas quant à nous, l'institution des référés n'a-t-elle pas précisément pour utilité de soustraire les plaideurs aux lenteurs du rôle ; et d'ailleurs l'article 806 Pr. ne fait aucune distinction et ouvre l'accès du référé dans tous les cas d'urgence.

Quoi qu'il en soit, la Jurisprudence doit être approuvée, sinon dans sa théorie, du moins dans ses décisions, et nous devons admettre pour les raisons indiquées plus haut que le juge des referés est incompétent pour faire main-levée d'une saisie-arrêt.

220. Toutefois, ce principe n'est pas absolu, et l'on doit y apporter certaines réserves que la Jurisprudence elle-même a consacrées.

A notre sens les hypothèses où la compétence du juge des referés doit être admise appartiennent à deux ordres d'idées différents :

a) L'article 806 Proc. prévoit tous les cas d'urgence, eh bien ! la compétence du juge des référés sera admise lorsqu'il s'agira de parer à un besoin urgent du saisi, par exemple de réduire la saisie-arrêt au cinquième. Mais le juge ne viole-t-il pas l'article 809 Proc. en faisant préjudice au principal ? Non, car il ne statue pas sur le mérite au fond de la saisie-arrêt dans son intégralité, il en réduit seulement les effets : elle subsiste encore au moins en partie et il reste quelque chose à trancher en toute liberté au tribunal saisi de la demande en validité ; sans doute, un préjudice grave et peut-être irréparable aura pu être causé au saisissant, mais c'est là une pure conséquence de fait dont la possibilité ne paralyse et ne limite en rien l'exercice de la juridiction qui nous occupe (1).

On a proposé pour corroborer cette décision une formule quelque peu insidieuse et qui est de nature à produire quelque confusion. On dit : le juge qui réduit au cinquième les effets d'une saisie-arrêt respecte entièrement cette saisie-arrêt, il autorise simplement le débiteur saisi à toucher une certaine somme nonobstant la saisie, il ne fait donc pas préjudice au principal. Mais il est bien clair qu'en autorisant à toucher, le juge anéantit au moins partiellement les effets de la saisie, et pour nous, il nous est absolument impossible de voir dans cette réduction autre chose qu'une main levée partielle de la saisie-arrêt, mais justement comme elle est partielle, elle laisse au tribunal quelque chose à juger et ne fait pas préjudice au principal.

b. Le juge des référés sera compétent quand il n'y a pas de principal. Il est bien clair qu'alors il ne saurait y faire préjudice. Les auteurs ont à cet égard présenté des énumérations plus ou moins complètes, on a même essayé de donner une formule générale (2), et l'on a prétendu que la règle se dégageait de la théorie des actes existants telle qu'elle est formulée par MM. Aubry et Rau (3), et l'on a dit : le juge des référés est compétent pour prononcer la main levée d'une saisie-arrêt qui doit être considérée comme inexistante : il s'agit alors simplement pour le juge de lever un obstacle qui s'oppose à la mise à exécution des droits du saisi. Ainsi, on a permis au président statuant en

(1) Req. Rej., 17 février 1874. D. 74. 1. 445.
(2) Note Dalloz, 1878. 2. 241.
(3) T. I, p. 118.

référé de donner main levée d'une saisie-arrêt lorsque celle-ci consiste en une simple défense, ou bien elle a été pratiquée sans titre et sans permission du juge, ou elle n'a pas été suivie de dénonciation, ou elle frappe *super non domino*, ou le titre ne contient pas obligation de la part du saisi, il ne porte pas sa signature, il ne s'applique pas à lui, c'est un jugement par défaut périmé faute d'exécution dans les six mois, ou la créance alléguée n'est pas exigible, ou elle est imaginaire, ou elle émane d'un incapable, ou elle a été l'objet d'un paiement (1).

A notre avis, cette question de savoir s'il y a ou non un principal auquel préjudice ne doit pas être fait est une question de fait dont la solution doit être laissée au juge des référés. C'est à lui d'apprécier en présence des situations infiniment diverses qui peuvent se présenter, à distinguer celles qui peuvent oui ou non faire l'objet d'un débat sérieux au fond. Sinon, il sera toujours très facile à un plaideur ami des chicanes vexatoires ou trop docile aux conseils d'une habileté plus subtile que louable de faire naître des questions principales pour les besoins de la cause. Il faut laisser au magistrat le pouvoir de déjouer ces calculs et lui permettre de faire servir à la protection comme à l'intérêt des justiciables la bienfaisante juridiction des référés.

221. Le jugement de mainlevée sera en premier ou en dernier ressort suivant les distinctions que nous avons développées plus haut en ce qui concerne le jugement de validité (2).

---

(1) Ref. 18 février 1882, la Loi 1882, 283. Cass. Req., 7 janvier 1885. D. 85. 1. 192. Paris 2°, 30 juillet 1888, la Loi 1888, 187.

(2) Req. Rej., 14 décembre 1886. S. 88. 1. 64.

Il sera exécutoire contre le tiers-saisi aux mêmes conditions que le jugement de validité (1).

222. La mainlevée de la saisie-arrêt pourrait être donnée à l'amiable par le saisissant ; un acte sous-seing privé suffit pour cela, il est remis au tiers-saisi, mais le saisi pourrait réclamer du saisissant un double de la mainlevée pour vaincre au besoin la résistance du tiers-saisi au paiement qu'on lui réclame.

La capacité à requérir pour donner mainlevée est celle que nous avons exigée plus haut pour la saisie-arrêt elle-même.

(1) Paris, 22 mars 1834. S. 34. 2. 342. Rennes, 27 Septembre 1851.

CHAPITRE III.

223. Le premier acte de la Procédure a été dirigé contre
le tiers-saisi, c'est à lui qu'il fallait avant tout s'adresser
pour lui faire défense de payer le saisi, le saisissant a dû
ensuite se tourner du côté du saisi contre lequel il a à
faire juger la validité de la saisie-arrêt, quelquefois aussi
le bien-fondé de sa créance.

Mais tout n'est pas fini en ce qui concerne le tiers-saisi,
car :

1) La loi attache une si grande importance à la dénonciation de la saisie-arrêt accompagnée d'assignation en validité, elle la considère si bien comme la pièce maîtresse de
la procédure (qu'on nous passe cette expression), elle y
subordonne à un tel point le maintien, l'efficacité, l'existence même de la saisie-arrêt, qu'elle veut voir le tiers-saisi
prévenu de l'accomplissement de cette formalité et elle
exige ce qu'on appelle dans la pratique la contre-dénonciation de la saisie-arrêt.

2) Il faudra bien quand la validité de la saisie-arrêt aura
été jugée contre le saisi, exécuter contre le tiers-saisi; or,
nous le savons, celui-ci n'est pas mis en cause dans l'instance en validité. Est-il vraiment débiteur du saisi et
de combien? On ne le sait pas. Il faut donc procéder encore contre lui, pour connaître les relations qui le lient au
saisi, la loi pourvoit à cette nécessité en organisant l'instance en déclaration affirmative.

3) Enfin il faut voir à quelles conditions le jugement de validité sera exécutoire contre le tiers-saisi.

§ 1. — Contre-dénonciation de la saisie-arrêt.

224. L'article 564 Pr., dispose ainsi : « Dans un pareil délai (c'est-à-dire le délai de huitaine imparti par l'article 563, pour dénoncer la saisie-arrêt et assigner en validité) cette demande sera dénoncée à la requête du saisissant au tiers-saisi qui ne sera tenu de faire aucune déclaration avant que cette dénonciation lui ait été faite ». Cette contre-dénonciation est comme la saisie-arrêt et la dénonciation, un exploit d'huissier qui devra contenir sinon copie intégrale de la dénonciation — comme cela se fait presque toujours dans la pratique — du moins, une analyse suffisamment exacte. Quant au délai, tout ce que nous avons dit concernant la dénonciation s'applique ici (1). La fin de l'article 564 a trait à la déclaration affirmative que nous retrouverons plus loin.

225. Aux termes de l'article 565, si le défaut de demande en validité rend la saisie-arrêt nulle, il n'en est pas ainsi du défaut de contre-dénonciation, seulement les paiements faits par le tiers-saisi jusqu'à cette contre-dénonciation seront valables. Ainsi, le tiers-saisi ne pourra, sans doute, payer tant que le délai imparti pour contre-dénoncer n'est pas expiré, mais une fois ce délai expiré, il pourra payer jusqu'à ce que la contre-dénonciation intervienne ; il perd ce droit dès que la contre-dénonciation même tardive est intervenue.

S'il a payé pendant ce délai et que la contre-dénonciation n'intervienne pas en temps utile, son paiement serait-il

(1) Roger, 468-472.

valable? Nous ne le croyons pas; quant à nous, il y a de la part du tiers-saisi une grave imprudence dont il ne peut exciper pour opposer au saisissant un simple retard dans la contre-dénonciation (1).

226. Nous avons vu plus haut que, faute de dénonciation, le saisi ne pouvait forcer le tiers-saisi à payer sans lui rapporter un jugement de mainlevée; ici, au contraire, le tiers-saisi étant parfaitement en règle s'il paie avant la contre dénonciation, et la contre dénonciation venant frapper entre ses mains, il ne pourra exiger cette précaution à moins qu'il n'ait un motif légitime de le faire, par exemple il est éloigné de son domicile et a lieu de craindre que la contre dénonciation n'y soit parvenue en son absence (2).

§ 2. — Instance en déclaration affirmative.

227. Il s'agit maintenant pour le saisissant de pénétrer les relations du tiers-saisi avec le saisi, de connaître le montant et la nature de la créance ou des objets qu'il a saisis-arrêtés.

Ici la loi consacre véritablement une faveur au profit du saisissant. D'ordinaire c'est à celui qui veut exciper d'un droit à le prouver, mais ici la loi fait échec au principe. Considérant que le saisissant n'a pas en mains les éléments nécessaires pour prouver la dette du tiers-saisi et que le saisi se gardera bien de les lui fournir, elle impose au tiers saisi l'obligation de déclarer lui-même les sommes et effets dont il est débiteur, de faire ce qu'on appelle la déclaration affirmative en l'accompagnant de toutes les justifications en son pouvoir. La loi sanctionne cette obli-

(1) Cà, Roger, 485.
(2) Garsonnet, III, § 623, 1. f.

gation d'une façon très sévère, mais d'autre part elle prend
des précautions pour la rendre au tiers-saisi la moins oné-
reuse possible, elle y met de la part du saisissant un certain nombre de conditions.

228. Dans quelle forme s'introduit la demande en déclaration affirmative? Elle s'introduit par exploit d'huissier : l'assignation en déclaration affirmative. Mais cette
expression ne nous semble pas très exacte et prête à une
confusion : il semblerait que forcément un débat va s'élever entre le saisissant et le tiers-saisi, or cela n'arrivera
pas toujours.

Cette assignation sera soumise aux formes ordinaires
des exploits d'ajournement et en particulier elle devra contenir constitution d'avoué, article 61 Proc. Elle ne sera pas
précédée du préliminaire de conciliation, article 49, 70 et
570 Proc.

Le tiers-saisi (art. 570 Proc.) sera assigné devant le Tribunal qui doit statuer sur la validité de la saisie-arrêt;
n'est-ce pas là une dérogation à la règle : *actor sequitur
forum rei*? Non, car nonobstant cette assignation, il n'y a
pas encore de débat ouvert entre le tiers-saisi et le saisissant; celui-ci demande quant à présent une déclaration,
quitte à la contester ensuite. S'il y a contestation, c'est
alors seulement que le débat s'ouvrira et l'on procédera
véritablement sur et aux fins de l'exploit d'assignation en
déclaration affirmative, mais jusque-là le tiers-saisi n'est
qu'un témoin et n'est pas une partie, il n'est donc pas
illogique de ne pas l'assigner devant le Tribunal de son
domicile.

Plusieurs praticiens font précéder notre assignation
d'une simple sommation, nous croyons cette délicatesse
inutile, l'assignation par elle-même n'est en définitive

qu'une sommation jusqu'à ce que la déclaration affirmative soit contestée.

229. A quelles conditions le saisissant peut-il entamer
la procédure de déclaration affimative ? La loi n'a pas voulu
que le saisissant vint s'immiscer dans les rapports du saisi
et du tiers-saisi sans qu'il y eût de fortes présomptions
en faveur de la validité de la saisie-arrêt. Il ne pourra
donc pas agir.

1) Avant d'avoir justifié que sa demande en validité a
été bien et dûment formée, c'est-à-dire avant d'avoir contre-dénoncer la saisie-arrêt. Art. 564, i. f. Il pourra contre-dénoncer et assigner en déclaration affirmative par le
même acte s'il est comme nous l'allons voir muni d'un
d'un titre authentique.

2) Avant de pouvoir satisfaire à l'article 568 Pr. qui dispose en ces termes : « Le tiers-saisi ne pourra être assigné
en déclaration s'il n'y a titre authentique ou Jugement qui
ait déclaré la saisie-arrêt ou l'opposition valable. » Et en
effet, si ces conditions sont remplies, il y a lieu de penser
que la créance du saisissant est sérieuse. Peu importe
que le titre authentique soit antérieur ou postérieur à la
saisie-arrêt, c'est seulement l'antériorité à l'égard de la déclaration affirmative qui est réclamée (1).

230. Il n'y a pas de délai fatal pour former la demande
en déclaration affirmative, seulement la saisie-arrêt pourrait tomber sous le coup de la prescription quinquennale
dont nous parlerons plus loin. Si la validité a été prononcée par défaut, le Jugement perd toute valeur s'il n'est
pas exécuté dans les six mois et le saisissant ne peut plus
en vertu de ce jugement assigner en déclaration affirmative.

(1) Req. 14 juin 1876, D. 76. 1. 481.

231. Tournons-nous maintenant du côté du tiers-saisi et voyons comment il doit défendre à l'assignation qui lui est adressée. Et d'abord dans quel délai doit-il faire sa déclaration? Est-ce dans le délai ordinaire des ajournements. Art. 72 et 73, Proc.? Oui, en principe, cependant la loi étant muette sur ce point, on admet que ce délai n'est pas de rigueur et que l'inobservation dudit délai n'équivaut pas à un défaut de déclaration. Le saisissant obtiendra contre le tiers-saisi un Jugement contradictoire ou par défaut suivant qu'il aura constitué avoué sans faire de déclaration affirmative, ou n'aura même pas constitué avoué. Ce jugement impartira un délai au tiers-saisi pour se mettre en règle, en disposant que ledit délai passé, il sera considéré comme n'ayant pas fait de déclaration, c'est-à-dire condamné (nous le verrons plus loin) comme débiteur pur et simple des causes de la saisie-arrêt. Si le Jugement ne renfermait pas cette disposition il faudrait après le premier jugement qui donne un délai pour faire la déclaration obtenir un second jugement déclarant le tiers-saisi débiteur pur et simple (1). Mais tant que le Jugement qui le condamne comme débiteur pur et simple n'est pas passé en force de chose jugée soit par l'expiration des délais des voies de recours soit par la confirmation en appel ou sur opposition, il peut encore faire sa déclaration puisque la loi n'impose pas de délai fatal (2), pourvu que cette déclaration tardive soit régulière (3), et à charge par lui de supporter les frais occasionnés par son retard (4) au moins à titre de dommages-intérêts pour le préjudice qu'il a ainsi occasionné au saisissant.

(1) Lyon, 19 juin 1830. D. 31. 2. 165. Douai, 5 mars 1835. D. 35. 2. 148.

(2) Lyon, 3 avril 1848. D. 48. 2. 117. Cass., 7 juillet 1868. S. 69. 1. 80. Seine 7°, 30 janvier 1885, le Droit 1885, 160.

(3) Bordeaux 4°, 24 août 1841. D. 42. 2. 62.

(4) Colmar, 8 janvier 1830. D. 1830. 2. 293. Paris 7°, 14 janvier 1884, la Loi, 1884, 198.

232. Dans quelles formes la déclaration doit-elle être faite ? Où le tiers-saisi la fera-t-il ? L'article 571 Pr. nous le dit : S'il est sur les lieux, il la fera — avec l'assistance d'un avoué. — Art. 92, § 22 du Tarif civil au greffe du Tribunal devant lequel l'assignation a été délivrée ; et acte en sera dressé.

S'il n'est pas sur les lieux, il le fera devant le Juge de paix de son domicile (tout en conservant la faculté de la faire au greffe) : il lèvera une expédition de sa déclaration affirmative et de l'acte de dépôt et l'enverra non pas directement au greffe, mais à un avoué exerçant auprès du Tribunal devant lequel il a été assigné ; l'avoué la signifiera avec sa constitution dans les termes de l'article 574 Pr. Cet article impose seulement la signification de l'acte de dépôt, mais en pratique on signifie aussi la déclaration elle même.

232. Aux termes de l'article 573, la déclaration devra énoncer : « les causes et le montant de la dette », les causes, c'est-à-dire l'origine même de la dette, le titre qui la constitue, les éléments qui peuvent en modifier le caractère, n'est-elle pas annulable, n'est-elle pas l'objet d'une instance. La saisie-arrêt porte-t-elle sur des effets mobiliers, le tiers-saisi devra joindre à sa déclaration un état détaillé desdits objets. Art. 578 Pr. — Si les objets ou la créance saisis-arrêtés sont insaisissables, sans doute il peut ne pas les déclarer (1), mais ce sera à ses risques et périls, et il sera toujours de sa part très imprudent de le faire, ainsi on a jugé qu'il devait comprendre dans sa déclaration affirmative des effets souscrits par le débiteur et détenus par un tiers bien qu'en eux-mêmes ils ne pussent pas être

____

(1) St-Nazaire, 25 juillet 1885. 3. 32.

appréhendés par le créancier (1). — Le montant, c'est-à-dire la quotité de la dette et si elle n'est pas liquidée, les causes qui l'empêchent de l'être.

234. — « Les paiements à compte si anciens ont été faits. » Le paiement aura pu en effet soit diminuer la dette, soit même la supprimer s'il a été intégral. Il faut, bien entendu, pour que le tiers-saisi puisse les invoquer avec succès contre le saisissant que ces paiements soit opposables à ce dernier, c'est-à-dire qu'ils soient antérieurs à la saisie-arrêt.—Art. 1242 C. c. C'est au moyen de quittances que le tiers-saisi prouvera sa libération. C'est par la date de celles-ci qu'il prouvera que l'article 1262 C. c. n'a pas été violé. Mais le saisissant n'est-il pas un tiers en droit d'invoquer l'article 1328 C. c. et pouvant regarder comme non avenues à son égard les quittances qui n'ont pas date certaine avant la saisie-arrêt? On est d'accord pour décider que les quittances même sous seings privés font par elles-mêmes foi de leur date vis-à-vis du saisissant. Les uns motivent cette décision en déclarant que le saisissant n'est pas un tiers, mais un ayant-cause du débiteur auquel on peut opposer tous les actes opposables à celui-ci (2) ; mais ceci est inexact, le saisissant est bien un tiers, il acquiert par la saisie-arrêt un droit à l'abri désormais des actes accomplis postérieurement par le débiteur, seulement il faut faire intervenir ici un autre ordre d'idées : en appliquant à la lettre l'article 1328 C. c. il eût été nécessaire de soumettre toutes les quittances à la formalité de l'enregistrement, c'eût été là une entrave aux transactions de la vie quotidienne et aux relations d'affaires, on a donc écarté

(1) Cass., 18 janvier 1876. D. 76. 1. 74.
(2) Civ. Cass., 14 novembre 1836. D. 36. 1. 440. Req. Rej., 8 novembre 1842. D. 42. 1. 412.

pour les quittances la règle posée par l'article 1328 C. c. (1).
Il a même été jugé que le tiers-saisi pouvait valablement
opposer au saisissant une quittance portant une date
inexacte pourvu qu'on pût prouver en fait l'antériorité
du paiement à la saisie-arrêt (2). Et même si le tiers-saisi
ne représente pas de quittances le tribunal pourra, mais
avec une extrême prudence, apprécier la date des paiements
et déclarer qu'ils sont antérieurs à la saisie-arrêt. D'ailleurs le saisissant serait admis à prouver l'antidate de la
quittance que le tiers-saisi voudrait frauduleusement lui
opposer (3). Tout ce que nous venons de dire s'applique
au paiement acte normal d'extinction et en conséquence
soustrait à l'article 1328 C. c., mais il reprend son empire
si la dette a été l'objet d'une remise ou d'une novation.

235. « L'acte ou les causes de libération si le tiers-saisi
n'est plus débiteur » les causes de libération seront ou
le paiement comme nous venons de l'indiquer ; la remise
de dette antérieurc à la saisie ; la compensation bien que
l'extinction se soit produite de plein droit, le tiers-saisi a
été débiteur, il faut bien qu'il indique comment il a cessé
de l'être (4). — Si le tiers-saisi n'a jamais rien dû, il déclarera purement et simplement qu'il n'est pas débiteur,
et, naturellement, il n'aura pas d'ordinaire à justifier
cette allégation négative (5). Une déclaration dans laquelle
le tiers-saisi énonce qu'il ne sait pas s'il est débiteur devrait, sauf appréciation du juge, être considérée comme
insuffisante.

(1) Bourges, 3 février 1836. D. 37. 2. 117. S. 39. 2. 225. Toulouse 2ᵉ, 5 juin
1840. D. 40. 2. 212. Lyon, 3 juillet 1872. S. 74. 2. 226 et la note, Bonnier et
Larmande, Traité des preuves, II, 701. Aubry et Rau, VI, p. 404.
(2) Civ. Rej., 18 juin 1873. D. 73. 1. 406.
(3) Civ. Cass., 14 novembre 1836. D. 36. 1. 449.
(4) Cà, Bordeaux, 6 avril 1830, D. 30. 2. 179.
(5) Paris, 24 avril 1863. S. 63. 2. 164.

236. « Et dans tous les cas, c'est-à-dire qu'il soit débiteur ou non, les saisies-arrêts ou oppositions formées entre ses mains. » Le saisissant est ainsi prévenu qu'il n'aura droit qu'à un dividende et en outre cette notification lui permettra d'appeler ses créanciers à la procédure de distribution par contribution. Art. 659 Pr.

Pour compléter le système, l'article 575 Pr. impose au tiers-saisi de dénoncer à l'avoué du premier saisissant les saisies-arrêts postérieures par extrait contenant les noms et les élections de domicile des saisissants, et les causes des nouvelles saisies-arrêts. Aux saisies-arrêts il faut assimiler les significations de transports, car, nous l'avons dit, elles valent opposition à l'égard des saisissants antérieurs.

L'irrégularité d'une déclaration affirmative pourrait d'ailleurs être couverte en tout état de cause.

237. Aux termes de l'article 574, les pièces justificatives doivent être annexées à la déclaration et déposées au greffe. Les pièces justificatives ce sont des titres d'obligation, ou bien des quittances.

Supposons que le tiers-saisi soit un commerçant, les livres de commerce par lui tenus font preuve de la dette qui le grève envers le saisi sans qu'il y ait lieu de distinguer si ce dernier est ou non commerçant. Article 1330 C. c. (1). Mais la loi prescrit certaines règles sur l'emploi des livres de commerce employés comme moyens de preuve et de justification : elle n'a pas voulu que ces livres qui sans doute sont tenus dans un intérêt général, mais forment comme la photographie de la vie commerciale d'un individu pussent être à la merci de ses rivaux et de ses

(1) Seine 3°, 23 février 1881, la Loi 1881, 211.

concurrents : la communication des livres qui en entraîne le dessaisissement ne peut être ordonnée que dans les cas strictement déterminés par l'article 13 C. c. ; quant à la représentation qui n'impose la production du livre que dans la partie intéressant le débat, elle peut être ou offerte par la partie, ou requise par l'adversaire, ou ordonnée par le juge. Article 15 et 16 C. c. Dans notre hypothèse, le dépôt des livres de commerce au greffe est-il une communication ou une représentation ? La Jurisprudence considère comme une simple représentation le cas où le juge peut seul étudier le livre dont le commerçant s'est dessaisi (1). Mais dans notre hypothèse il y a une véritable communication, car ce n'est pas le juge, mais le saisissant qui en prendra connaissance ; on ne peut donc pas forcer le tiers-saisi à déposer ses livres au greffe, il ne peut être tenu que de les représenter. Remarquons-le d'ailleurs, le tiers-saisi pour prouver sa dette ne doit pas être dans une pire condition vis-à-vis du saisissant que vis-à-vis du saisi, pas plus à l'égard du premier qu'à l'égard du second, la représentation des livres ne s'impose d'office, mais le saisissant pourra sommer le tiers-saisi de la faire (2) et au cours des débats, le juge pourra l'ordonner (3).

Le délai pour l'annexion des pièces justificatives n'est pas plus de rigueur que celui de la déclaration, les mêmes règles s'appliquent à l'un et à l'autre cas (4).

238. Les frais de la déclaration affirmative ne doivent pas définitivement incomber au tiers-saisi, il a le droit de les réclamer au saisissant dans l'intérêt duquel il les a

---

(1) M. Rataud à son cours.
(2) Req., 9 mars 1880, D. 81. 1. 263.
(3) Req., 29 mai 1878, le Droit 1878, 132.
(4) Bordeaux, 25 mars 1831, D, 31. 2. 155. Toulouse 2°, 5 juin 1851, D. 51. 2. 207.

faits (1) ; le saisissant, d'ailleurs, les répètera à son tour contre le saisi comme frais de mise à exécution de sa créance.

289. La loi sanctionne rigoureusement l'obligation du tiers-saisi de faire la déclaration affirmative. Aux termes de l'article 577 Pr., le tiers-saisi qui ne fera pas sa déclaration ou ne l'accompagnera pas des justifications prescrites, sera déclaré débiteur pur et simple des causes de la saisie-arrêt.

Il sera tenu envers le saisissant comme le saisi lui-même, c'est-à-dire pour le même *quantum* et de la même manière, ayant à son service les exceptions dont le saisi était armé (2). Il aura, d'ailleurs, pour ce qui excède sa propre dette, recours contre le saisi ; et comme en vertu du jugement qui l'a déclaré débiteur pur et simple il était tenu avec le saisi du paiement de la dette, il pourra invoquer, à l'appui de son recours, la subrogation légale aux termes de l'article 1251 3º C. c., et utiliser toutes les garanties, hypothèques, cautions dont était muni le saisissant.

Cette sévérité s'explique, car, à défaut de déclaration affirmative, le saisissant manque de tout élément pour faire reconnaître la dette du tiers-saisi ; si la déclaration n'est pas accompagnée de pièces justificatives, il manque de tout moyen de contrôle, aussi la loi assimile-t-elle les deux omissions (3).

Les tribunaux, d'ailleurs, restreignent avec raison la pénalité édictée par l'article 577 aux termes exacts de la loi ;

---

(1) Seine 2ᵉ, 22 février 1877. D. 77. 2. 52. Seine 5ᵉ, 4 juin 1886, le Droit 1886. 152.

(2) Req., 11 juin, 1835, D. 35. 1. 320.

(3) Req., 15 juillet 1885. D. 86. 7. 248.

celle-ci ne vise que le défaut de déclaration et d'annexion de pièces justificatives, aussi ne déclarent-ils débiteur pur et simple des causes de la saisie-arrêt ni celui qui a fait une déclaration entachée d'erreur ou d'inexactitude (1), et même de fraude ou de collusion (2) ni celui qui a annexé des pièces dénuées de fondement (3). Seulement, qu'il y ait mauvaise foi ou non, il sera tenu de réparer par des dommages-intérêts le préjudice qu'il a causé au saisissant par suite du défaut de déclaration ; et ces dommages-intérêts pourront en fait égaler le montant des causes de la saisie ; mais alors il sera par application de l'article 1382 C. c., et non de l'article 577 (4).

Nous avons vu plus haut que le simple retard soit dans la déclaration, soit dans l'annexion des pièces, réparé d'ailleurs en temps utile, n'entraînait pas l'application de l'article 577 Pr., il faut donner la même solution au cas où le tiers-saisi n'a pas fait connaître les saisies-arrêts pratiquées entre ses mains, ni dénoncé celles survenues depuis la saisie-arrêt. Mais l'article 1382 C. c. reste toujours applicable.

240. La déclaration, deux hypothèses se présentent, ou elle est contestée, ou elle ne l'est pas. Dans le second cas, l'article 576 Pr. dispose qu'il ne sera fait aucune procédure ni de la part du tiers-saisi, ni contre lui, et en effet rien ne fait plus obstacle à l'exécution du jugement de validité

(1) Bordeaux, 28 juin 1854. S. 55. 2. 76. Grenoble, 27 mars 1865. S. 65. 2. 266. Req., 15 mai 1876. D. 76. 1. 436. Seine 6°, 27 novembre 1877, le Droit 1877. 284. Alger, 23 juin 1888, Gazette des Tribunaux, 24 août 1888.

(2) Civ. Cass., 1" février 1848, D. 48. 1. 65. Paris, 16 juin 1849, arrêt solennel, D. 1840, 2. 224. Civ. Cass., 7 décembre 1869. D. 79. 1. 40. Seine 5°, 25 novembre 1886, la Loi 1887, 158.

(3) Civ. Cass., 3 mai 1805. D. 65. 1. 270.

(4) Civ. Cass., 1" février 1848, D. 48. 1. 65. Seine 5°, 8 décembre 1877, le Droit 1878, 56. Civ. Rej., 10 août 1881, D. 81. 1. 307.

contre le tiers-saisi puisqu'on sait maintenant de combien il est débiteur. On a admis que le saisissant pouvait par des conclusions incidentes demander la condamnation du tiers-saisi, cette demande n'étant que le développement et la conséquence de l'instance en déclaration affirmative; nous croyons cette procédure frustratoire, le jugement de validité réforme contre le tiers-saisi un titre suffisamment énergique.

La déclaration affirmative une fois faite, le tiers-saisi, suivant nous, n'est pas indissolublement lié par elle, il peut revenir sur ce qu'il a fait, c'est là un acte unilatéral qui le lie seulement à partir du jour où le saisissant l'a accepté, et cette acceptation résultera des poursuites entamées contre le tiers-saisi pour obtenir paiement des sommes dont il s'est déclaré débiteur.

241. Il se peut à l'inverse qu'une contestation s'élève à propos de la déclaration affirmative. Ou bien celle-ci n'a pas été faite, ou n'a pas été accompagnée de pièces justificatives, alors l'assignation en déclaration aboutit à un débat et à un jugement qui condamne le tiers-saisi comme débiteur pur et simple, quitte à lui à se mettre en règle, comme nous l'avons indiqué, tant qu'une voie de recours lui reste ouverte. Au défaut de déclaration, il faut assimiler la déclaration nulle pour vices de formes ou faite devant un juge incompétent.

Ou bien c'est le fond même de la déclaration qui est contesté, le saisissant, par exemple, prétend qu'elle énonce une somme trop faible, ou que les actes libératoires invoqués ne sont pas valables, ou du moins ne lui sont pas opposables. C'est la source d'un nouveau procès qui suivra l'instance en validité ou se greffera sur elle, suivant que le saisissant aura pu assigner en même temps le saisi en validité et le tiers-saisi en déclaration ; dans ce cas, comme l'instance en validité il n'aurait pas de raison d'être si le tiers-saisi n'était pas débiteur, on a admis que les juges pouvaient surseoir à statuer sur la validité jusqu'à l'issue du débat sur la déclaration affirmative (1). Chacune des deux instances ayant un objet différent, si l'un des défendeurs fait défaut, l'article 153 Pr. qui réglemente le défaut profit-joint, ne doit pas être appliqué (2).

242. Pour établir contre le tiers-saisi l'existence et le quantum de sa dette, le saisissant pourra recourir à tous les moyens que la loi donne à celui qui n'a pas pu se procurer une preuve écrite de son droit ; nous admettrons donc sans difficultés la preuve testimoniale et les présomptions de l'homme et ces dernières plus facilement encore si on allègue un concert frauduleux entre le tiers-saisi et le saisi. Art. 1348 C. c... (3). Le tribunal qui pourrait ordonner une expertise (4).

243. Le débat s'agite entre le saisissant et le tiers-saisi et la chose jugée entre eux sur la dette de ce dernier, ne sera pas opposable au saisi ; à moins qu'il n'ait été partie au procès, c'est alors qu'il aura été mis en cause ou qu'il sera intervenu spontanément (5) et il aura intérêt à le faire pour éviter des frais et aussi l'influence de fait d'un jugement rendu sur la même question entre le saisissant et le tiers-saisi.

244. La contestation sur la déclaration affirmative s'introduira par simples conclusions si le tiers-saisi a cons-

(1) Req. Rej., 22 avril 1857, D. 57. 1. 175.
(2) Metz, 4 janvier 1858. S. 58. 2. 354 et la note de Boucher d'Argis.
(3) Cass., 14 janvier 1868. 68. 1. 292.
(4) Seine 5°, 20 août 1879, le Droit 1879, 205.
(5) Seine 5°, 17 et 21 mars 1879, le Droit 1879, 136, Seine 6°, 11 février 1888, le Droit 1888, 61.

titué avoué et dans le cas contraire par une nouvelle assignation. A partir de ce moment le tiers-saisi n'est plus un simple témoin, c'est une véritable partie, aussi revient-on à l'application de la règle : *actor sequitur forum rei,* et aux termes de l'article 570 Proc. le tiers-saisi est en droit de demander le renvoi devant son juge : ce juge c'est celui qui est compétent pour statuer sur le fond même de l'obligation du tiers-saisi, c'est-à-dire le tribunal civil, ou le tribunal de commerce (1) ou le juge de paix de son domicile.

Les principes généraux apportent d'ailleurs des dérogations à l'application rigoureuse de l'article 570 :

a) S'il y a plusieurs tiers-saisis et que les contestations soulevées contre eux aient une cause unique formant la matière d'un seul et même débat, ils seront tous assignés devant le tribunal de l'un d'eux, art. 59 al. 2 Proc. et les autres ne pourront demander leur renvoi (2).

b) Le tiers-saisi ne pourra demander son renvoi s'il a accepté le débat devant le tribunal qu'a choisi le saisissant; par exemple, mis en cause dans l'instance en validité il a conclu au fond sans demander sa mise hors de cause (3), ou il a conclu au fond dans l'acte d'appel par lui interjeté du jugement qui le condamnait comme débiteur pur et simple (4), ou il a conclu à sa mise hors de cause sans demander son renvoi, car alors il a demandé à être renvoyé complètement du litige (5).

On s'est demandé si le tiers-saisi pouvait demander son

(1) Paris, 22 juin 1865. S. 66. 2. 16.
(2) Req., 15 mai 1876. D. 76. 1. 424.
(3) Paris 1', 19 janvier 1867. D. 68. 2. 142.
(4) Toulouse 2', 29 novembre 1861, D. 62. 2. 15.
(5) Req., 20 mai 1885, D. 86. 1. 82.

renvoi quand la contestation portait non sur le fond même
du droit mais simplement sur la forme et la régularité de
la déclaration affirmative. On a jugé que non (1), parce que,
dit-on, il n'y a là qu'une question relative à la saisie-arrêt
et le tribunal saisi de la validité doit en connaître comme
de la validité elle-même ; mais l'article 570 Proc. est absolu,
dès que le tiers-saisi n'est plus un simple témoin mais une
partie, on doit lui appliquer la règle: *actor sequitur forum
rei,* surtout quand la loi le dit d'une façon formelle (2).

245. Quant aux frais faits sur l'instance en déclaration
affirmative, ils sont supportés par celui qui succombe ou
celui qui les a nécessités, ainsi le tiers saisi bien qu'il ne
succombe pas devra les payer si c'est son retard dans la
déclaration ou les justifications qui a donné lieu à l'instance (3).

Si le saisi a formé une demande en main-levée et que le
tiers-saisi se soit absolument associé à la résistance du
saisissant, ils pourront être solidairement condamnés aux
frais de cette instance à titre de dommages-intérêts (4).

246. Comment déterminer le taux du ressort du jugement qui statue sur la déclaration affirmative? On a pensé
que la demande en déclaration affirmative portant sur le
point de savoir si le tiers-saisi était débiteur ou non, était
une demande indéterminée et à ce titre toujours susceptible d'appel (5). Cette manière de voir ne nous semble pas
exacte, car en définitive une demande en paiement quelle

(1) Paris 2°, 9 août 1841, D. 41. 2. 255.
(2) Garsonnet, III, page 759. Roger, 599.
(3) Colmar, 8 janvier 1830. D. 30. 2. 293. Paris 7°, 14 janvier 1884, la Loi 1884,
198. Seine 3°, 23 juillet 1886, la Loi 1886, 1103.
(4) Req., 20 mai 1885. D. 86. 1. 82.
(5) Douai, 5 mars 1835. D. 35. 2. 148. Paris, 1°' décembre 1866. S. 67. 2. 65.
Montpellier 1°, 28 février 1876, Gazette des Tribunaux, 21 juin 1876.

qu'elle soit ne met jamais en cause que la question de savoir si le défendeur est ou n'est pas le débiteur, mais un débat sur une qualité, cesse d'être indéterminé si cette qualité se résout en un intérêt pécuniairement et numériquement appréciable.

On a dit : le jugement sera en premier ou en dernier ressort, suivant que la dette du tiers-saisi sera supérieure ou inférieure au taux de l'appel (1). Cette solution est déjà meilleure; nous croyons pourtant qu'elle doit être rejetée; suivant nous, il faut pour déterminer le taux du ressort en notre matière, examiner quel est le chiffre non de la dette du saisi, mais de la créance du saisissant, car en définitive l'intérêt engagé est celui de savoir si le saisissant sera payé oui ou non, c'est cette créance qui est la cause première et l'élément essentiel du débat (2).

§ 3. — Conditions de l'exécution du jugement de validité contre le tiers-saisi.

247. La déclaration affirmative n'a été l'objet d'aucune contestation ou bien l'instance s'est terminée par un jugement ou fixant la dette du tiers-saisi ou le condamnant comme débiteur pur et simple; le saisissant, pour faire aboutir ses poursuites, n'a plus qu'à faire exécuter le jugement de validité contre lui. La saisie-arrêt portait-elle sur des sommes d'argent, le jugement ordonne au tiers-saisi de se libérer en déduction ou jusqu'à due concurrence de la créance de celui-ci et cette condamnation, le saisissant a, pour le faire sortir à effet, les mêmes moyens et les mêmes

---

(1) Caen, 29 novembre 1844. S. 45. 2. 369. Limoges, 1er février 1882, Rousseau et Laisney, Rec. per., 1882, p. 386.
(2) Pau, 18 janvier 1838. S. 38. 2. 133. Agen, 15 juin 1857. S. 58. 2. 174.

voies d'exécution que si le jugement avait été rendu entre lui et le tiers-saisi.

La saisie-arrêt portait-elle sur des valeurs ou objets mobiliers, le jugement de validité ou le jugement statuant sur la déclaration affirmative en ordonnera la vente par les officiers publics compétents et il sera procédé comme en matière de saisie-exécution. Nous ne faisons que répéter ici ce que nous avons déjà énoncé plus haut, mais il faut ajouter ceci :

248. Bien que le jugement de validité contienne une condamnation directe au préjudice du tiers-saisi, il ne faut pas perdre de vue qu'il n'est pas rendu contre lui mais contre le saisi et dès lors certaines conditions sont exigées par la loi pour que le jugement devienne exécutoire à son égard.

Aux termes des articles 163, 164, 548, 549, 550 Pr., la loi impose à celui qui veut exécuter un jugement contre un tiers de lui représenter un certificat de non opposition ni appel délivré par le greffier du tribunal et un certificat de l'avoué faisant connaître le jour et la signification à partie. On s'est demandé si l'on pouvait lever ces certificats et exécuter avant l'expiration des délais d'opposition ou d'appel ? Oui, a-t-on dit, car c'est l'appel interjeté ou l'opposition formée qui font obstacle à l'exécution et non les délais d'opposition ou d'appel. Non, a-t-on répliqué avec raison, car cette règle ne doit pas s'appliquer, il s'agit d'un tiers, comment le forcer à exécuter quand la partie, au moyen de l'appel ou de l'opposition peut encore faire tomber les actes d'exécution entrepris ? D'ailleurs, à quoi servirait d'indiquer, dans le certificat de l'avoué, la date de la signification à domicile (1).

(1) Dalloz, 1856. 1. 336.

S'il s'agit d'un défaut contre partie, l'opposition est recevable jusqu'à l'exécution. Il faudra donc commencer par exécuter contre le saisi le jugement de validité sinon quant au principal de la dette, du moins quant aux dépens : on fera une tentative de saisie-exécution laquelle aboutira le plus souvent à un procès-verbal de carence ; ou bien le saisi donnera son acquiescement au jugement on l'exécutera en partie en versant par exemple un à-compte sur les frais. L'opposition, dès lors, n'étant plus possible, les certificats pourront être levés sans difficulté et l'exécution pourra suivre son cours contre le tiers-saisi.

249. Nous aurions terminé notre étude si les règles que nous venons d'exposer ne subissaient pas échec ou ne devaient pas être complétées dans certains cas spéciaux. En particulier, le caractère d'établissement public que peuvent revêtir les parties en cause, leur nationalité ne sont pas sans exercer une certaine influence sur notre matière et sans apporter aux principes du droit commun des dérogations que nous allons examiner.

APPENDICE I

SAISIES-ARRÊTS OÙ SONT INTÉRESSÉS DES ÉTABLISSEMENTS PUBLICS

250. Supposons d'abord que l'une des parties en cause est un établissement public. Les exceptions que nous allons rencontrer s'expliquent par l'intervention des principes propres à la comptabilité publique et par les garanties particulières que présentent les agents de l'administration qui n'ont aucun intérêt personnel à mettre en avant.

§ I. — L'établissement public est créancier.

251. Dans certains cas où le droit commun exigerait que la poursuite eût lieu par voie de saisie-arrêt, le Trésor public peut agir d'une façon plus simple.

Aux termes de la loi du 12 novembre 1808, article 2, tous les fermiers locataires, receveurs, économes, notaires, commissaires-priseurs et autres dépositaires de deniers provenant du chef des redevables et affectés au privilège du Trésor public, sont tenus sur la demande qui leur en sera faite de payer en l'acquit du redevable et sur le montant des fonds qu'ils doivent ou qui sont entre leurs mains jusqu'à concurrence de tout ou partie des contributions, dues par ce dernier (1). Donc, pour les sommes affectées au privilége du Trésor, la saisie-arrêt est inutile ; une demande simple suffit ; mais la saisie-arrêt est nécessaire s'il s'agit de sommes non privilégiées.

252. Lorsque l'Enregistrement poursuit un redevable par voie de saisie-arrêt, on a jugé qu'on devait appliquer les dispositions spéciales de l'article 65 de la loi du 22 frimaire an VII qui prescrit une procédure particulière, l'instance en validité de saisie-arrêt tombent comme toutes les autres sous le coup de cet article (1).

§ 2. — L'Établissement public est débiteur.

253. Ceux des Établissements publics dont les dettes ne peuvent être payées que conformément à des règles budgétaires spéciales ne sauraient être poursuivies par voie de saisie-arrêt. Nous appliquerons cela à :

(1) Cass., 31 décembre 1860. S. 62. 1. 204. Req. Rej., 10 août 1881. D. 82. 1. 251. Seine 1°, 8 mars 1888. Rousseau et Laisney, Rec. per., 1888, p. 341, Cà Château-Thierry, la Loi 1886, 438.

L'État. Indépendamment de textes particuliers pour certaines matières. (Art. 9, titre XII, Loi du 22 août 1791 pour la douane et art. 48 du décret du 1er germinal an XIII pour les contributions indirectes), cela résulte d'un texte général, l'article 5 de l'arrêté du 18 fructidor an VIII qui interdit à toute autorité civile ou militaire à peine d'en répondre personnellement de disposer d'aucune somme dans les caisses publiques ;

Le *Département* dont la personnalité morale a été mise hors de conteste par le décret du 9 avril 1811 ;

La *Commune.* Avis du Conseil d'État des 12 août 1807 et 11 mai 1813 ;

Aux *Hospices et aux Établissements de bienfaisance.* Arrêté du 9 ventôse an X ;

Aux *Fabriques.* Décret du 30 décembre 1809 (1).

Aux *Consistoires protestants.* Loi du 18 germinal an X.

254. Il ne faut pas assimiler aux Établissements publics les Établissements d'utilité publique dont le patrimoine n'est pas soumis aux règles de la comptabilité gouvernementale, mais est géré comme celui d'un simple particulier et des lois peuvent être poursuivis par voie de saisie-arrêt, par exemple les Caisses d'Épargne (2).

§ 3. — L'établissement public est débiteur du débiteur.

255. Si la saisie-arrêt ne peut être pratiquée sur les Établissements publics, elle peut être entre leurs mains, ils ne sauraient jouer le rôle de saisis, mais rien ne les empêche de jouer celui de tiers-saisis. (V. les articles 148, 480, 520, 547 du décret du 31 mai 1862 sur la comptabilité publique.

(1) Amiens, 29 avril 1885. D. 86. 2. 213.
(2) Caen, 18 mai 1854, S. 55. 2. 689. Civ. Rej., 5 mars 1856. D. 56. 1. 121.

256. Le décret du 18 août 1807 reproduisant et complétant les dispositions déjà prises par le Code de Procédure civile (art, 561 et 569) consacre à cet égard d'importantes dérogations au droit commun. Ce décret s'applique à toute saisie faite entre les mains de receveurs dépositaires ou administrateurs de caisses ou de deniers publics, c'est-à-dire soumis aux règles de la comptabilité publique, notamment il s'applique aussi bien aux receveurs communaux qu'aux détenteurs de deniers de l'État ; nous ne comprenons pas pourquoi le contraire a été enseigné (1).

L'article 11 de la loi du 5 juin 1835 assimile les Caisses d'Épargne aux comptables de deniers publics. »

257. Voici les principaux traits de cette législation spéciale :

L'exploit de saisie-arrêt doit contenir les noms et les qualités de la partie saisie. Cette énonciation nous semble, au moins en principe, imposée par le droit commun : sinon on serait en présence d'une défense générale de payer faite au tiers-saisi, ce qui serait évidemment sans valeur. Mais ici, on est un peu plus sévère, on exige les noms et qualités de la partie saisie et non pas seulement les énonciations suffisantes pour ne laisser aucun doute sur son identité. L'exploit doit contenir en outre la désignation de l'objet saisi : Ainsi il ne suffira pas de faire saisie-arrêt suivant la formule consacrée sur toutes sommes dues ou devant être dues au débiteur. Article 1.

Au lieu d'une simple énonciation du titre, il faudra en fournir copie ou extrait conforme. Article 2.

A défaut d'accomplissement de ces formalités, la saisie-arrêt sera regardée comme nulle et non avenue. Article 3.

____

(1) Roger, 420. Besançon, 20 mars 1837. D. 39. 2. 17.

La saisie-arrêt n'aura d'effet que jusqu'à concurrence des causes de la saisie. Article 4. — Dans ce cas particulier, la loi proclame l'indisponibilité partielle de la créance saisie-arrêtée.

Des règles spéciales sont édictées quant à la remise de l'exploit de saisie-arrêt. Aux termes de l'article 5, la saisie-arrêt ne sera pas valable si l'exploit n'est pas fait à la personne préposée pour le recevoir. Quand la saisie-arrêt est pratiquée aux mains d'une personne publique, celui qui doit être frappé par l'exploit c'est le comptable et non pas celui qui le représente au point de vue de l'administration, car celui-ci ne détient pas les deniers publics et n'est au point de vue de la comptabilité qu'un ordonnateur. Ainsi la saisie-arrêt ne sera pas valablement pratiquée entre les mains du préfet représentant l'État (1), entre les mains du maire représentant la commune.

Des lois et des règlements administratifs désignent pour chaque branche de l'administration les personnes qui, à titre de comptables ou par délégation spéciale, doivent recevoir la signification de la saisie-arrêt (2) ; ainsi, pour les sommes dues par l'État si la saisie-arrêt est pratiquée à Paris, c'est le conservateur des oppositions au ministère des finances, si la saisie-arrêt est pratiquée à un chef-lieu de département, le trésorier-payeur général, est-elle pratiquée ailleurs, le receveur particulier (loi du 9 juillet 1836, art. 13) ; — pour les sommes dues par le département, le trésorier-payeur général, — pour les sommes dues par les communes, le receveur municipal.

De plus, l'exploit ne sera pas valable s'il n'est visé par

____

(1) Cass., 11 février 1834. D. 38. 1. 374.
(2) Garsonnet, III, p. 702-704 ; Roger, 416.

la personne compétente sur l'original, ou en cas de refus par le procureur impérial près du tribunal de première instance de sa résidence. C'est l'application de l'article 1039 Pr., on a voulu éviter ainsi tout conflit entre l'affirmation de l'huissier déclarant avoir remis l'exploit et celle de l'agent administratif déclarant ne l'avoir pas reçu (1). Le défaut de visa entraînera donc la nullité de la saisie-arrêt.

Le procureur impérial doit donner de suite avis aux chefs des administrations respectives. On avait à tort pensé qu'en raison de cette disposition, lorsqu'une saisie-arrêt était faite aux mains de la caisse centrale du Trésor public à Paris, elle devait avoir effet non seulement quant aux paiements à faire par cette caisse, mais encore quant aux paiements à faire par les payeurs des départements (2), mais l'article 13 de la loi de finances du 9 juillet 1836 a décidé formellement que les saisies-arrêts devaient être pratiquées aux mains des préposés sur lesquels étaient délivrés les mandats, et a ainsi enlevé toute base légale à cette interprétation (3).

258. Pour faciliter les opérations de comptabilité, une prescription spéciale a été établie; aux termes de l'article 14 de la loi du 9 juillet 1836 que nous venons de citer les saisies-arrêts sur les sommes dues par l'Etat n'auront d'effet que pendant cinq années à compter de leurs dates, si elles n'ont pas été renouvelées dans ledit délai.

L'article 11 de la loi du 8 juillet 1837 a étendu cette disposition aux saisies-arrêts pratiquées à quelque titre que

(1) Seine 1ʳ, 2, 4, 11 décembre 1884, le Droit 1884, 299.
(2) Cass., 21 décembre 1835. S. 36. 1. 26.
(3) Civ. Cass., 14 janvier 1867. D. 67. 1. 20. Nice 1ʳ, 12 c. 19 novembre 1878. Gazette des Tribunaux, 6 et 7 janvier 1879. Riom, 13 janvier 1888. D. 80. 2. 238.

ce soit à la caisse des Dépôts et Consignations et aux mains de ses préposés.

Cette prescription est établie uniquement dans l'intérêt du tiers-saisi ; ainsi un saisissant pourra utilement renouveler sa saisie-arrêt plus de cinq ans après la date de celle-ci, si l'Etat à raison de saisies-arrêts non encore périmées ne s'est pas dessaisi. Ni le saisi, ni les autres saisissants ne pourront faire annuler la saisie (1).

259. Rien n'est changé au droit commun en ce qui concerne la nécessité de dénoncer la saisie-arrêt, les lois spéciales étant muettes sur ce point, le droit commun doit être maintenu (2).

L'article 9 du décret de 1807 interdisant tout paiement au dépositaire de deniers publics saisis-arrêtés sans le concours des parties ou l'autorisation de justice, on a pensé que la contredénonciation était inutile (3).

260. Les dépositaires de deniers publics n'ayant aucun intérêt personnel qui puisse faire suspecter leurs déclarations, on a simplifié singulièrement à leur égard la procédure dont le droit commun impose la mise en œuvre vis-à-vis du tiers-saisi. Ils ne sont point assignés en déclaration affirmative, mais à la demande du saisissant par l'intermédiaire de son avoué (art. 91, § 15, Tarif civil), un certificat constatant s'il est dû quelque chose au saisi et indiquant le montant de la somme dûe si elle est liquide, article 569 Proc., et article 6 du décret de 1807. Ce certificat fera mention des saisies-arrêts pratiquées sur la même partie et pour le même objet. Si de nouvelles sai-

(1) Roger, 421.
(2) Paris 3°, 27 janvier 1870. D. 71. 2. 100. Civ. Rej., 5 nov. 1872. D. 73. 1. 64.
(3) Req., 12 novembre 1877. D. 78, 1. 153. Seine 7°, 9 mars 1883, le Droit 1883, 275,

nouvelles saisies-arrêts surgissent, de nouveaux certificats les révèleront au saisissant, articles 7 et 8 du même décret.

Le refus de certificat n'entraînerait pas l'application de l'article 577 Pr., mais le préposé récalcitrant serait condamné à l'amende prononcée par l'article 1039 et au besoin à des dommages-intérêts.

APPENDICE II

SAISIE-ARRÊT EN DROIT INTERNATIONAL PRIVÉ

261. Jusqu'à présent, nous avons toujours supposé que les trois parties en cause étaient françaises, nous devons examiner maintenant ce qui se passe quand l'une ou plusieurs des parties sont étrangères. Des difficultés spéciales vont naître du conflit de plusieurs lois sur la même matière.

Remarquons d'abord qu'en matière de voies d'exécution, la loi à appliquer est celle de la situation des biens qui en sont l'objet, la *lex rei sitæ ;* et, en effet, si une saisie peut être pratiquée et menée à son terme, c'est par l'énergie de la loi qui seule a prise sur les biens saisis, la loi du lieu où ils se trouvent, c'est donc à elle qu'il appartient de régler les conditions de fond et de forme de la saisie.

Mais quelle est la *lex rei sitæ* en notre matière? La saisie-arrêt, nous l'avons dit, ne porte que sur des meubles ; or, les meubles n'ont pas d'assiette fixe, ils sont là où se trouve la personne qui les détient, ils ont le même siège juridique qu'elle ; et le siège juridique d'une personne, c'est son domicile, il faut donc dire que la *lex rei sitœ* en notre matière, c'est la loi du domicile du tiers-saisi (1). C'est donc cette loi qui détermine les conditions auxquelles une saisie-arrêt est utilement pratiquée.

262. Supposons donc tout d'abord que le tiers-saisi français ou étranger a son domicile en France et sur les objets par lui détenus, un étranger veut faire saisie-arrêt sur un Français.

Et d'abord le pourra-il ? On en a douté. On a fait valoir qu'il était fort rigoureux de permettre à l'étranger au préjudice du français, une mesure aussi grave que la saisie-arrêt pouvant compromettre le crédit du second et lui causer un préjudice considérable. Comment ensuite obtiendra-t-il la réparation à lui due à l'encontre d'un individu qui n'a point en France de solides attaches et pourra se soustraire à toute poursuite avec une désespérante facilité. On a répondu justement (2) que les biens d'un débiteur formaient le gage de tous ses créanciers, qu'ils fussent français ou étrangers, et que les créances n'avaient pas de nationalité. La loi ne protège-t-elle pas le saisi contre une saisie-arrêt arbitraire en exigeant certaines conditions, notamment un titre ou la permission du juge ? L'article 557 est général et donne à tout créancier, sans restrictions, le droit de saisir-arrêter, et l'article 15 C. c., permet à l'étranger d'exercer en France toutes actions judiciaires. D'ailleurs, refuser à l'étranger la possibilité d'assurer la sanction des droits qu'on lui accorde, n'est-ce pas indirectement lui refuser ces droits eux-mêmes ; or, soutiendrait-on que l'étranger ne peut acquérir une créance contre un Français ?

---

(1) Fœlix, t. I, n°° 61 et 62.

(2) Clunet, Journal de D. i. p. 1882. p. 55, sq. Paris, Ref., 2 mars 1882, la Loi 1882, 254.

Mais au moins, le juge en l'autorisant à saisir ne pourra-t-il pas imposer à l'étranger de fournir une caution ? Non, car lorsque la loi soumet à cette obligation l'exercice du droit du créancier, elle s'en exprime formellement (Article 47 de la loi du 5 juillet 1844 sur les brevets d'invention). On ne saurait étendre par analogie des dispositions restrictives de capacité. Le saisissant étranger ne devra la caution que du jour où il aura assigné en validité. Art. 16 C. c. et 166 Proc. S'il joue le rôle de saisi et s'il assigne en mainlevée il ne la devra pas car alors il est véritablement défendeur (1).

A fortiori de ce que nous venons de dire, le créancier français ou étranger peut faire saisie-arrêt en France sur un étranger. Exception doit être faite cependant quand le débiteur est un État étranger, sinon le principe de l'indépendance respective des nations serait violé (2).

263. Que la saisie-arrêt doive être pratiquée soit par un étranger sur un étranger ou un étranger sur un français, soit par un français sur un étranger, le tiers-saisi ayant son domicile en France, les conditions de fond et de formes que le saisissant aura à remplir seront celles de la loi française.

La créance devra être certaine, liquide ou provisoirement liquidée, exigible ; il devra être muni d'un titre authentique ou sous seings privés. L'acte invoqué est-il sous seings privés ? Il sera valable si l'on a observé les formes prescrites dans le pays où il a été dressé, toutefois les parties pourraient dresser l'acte conformément à leur loi personnelle. Le saisissant invoque-t-il un acte authentique ?

(1) Seine 5ᵉ, 7 août 1879, Journal de D. I. p. 1879, 541.
(2) Paris, 5 mai 1885, S. 1886. 1. 353 et note. Seine 1ʳᵉ, 5 janvier 1889, le Droit 1889, 11.

Il doit être revêtu des formes prescrites dans le pays où il a été dressé, mais il n'est pas nécessaire qu'il soit revêtu de la formule exécutoire, car à défaut de cette formule, il vaudra tout au moins comme acte sous seings privés (1). S'agit-il d'un jugement étranger ? Avec notre doctrine qui attribue à la saisie-arrêt le caractère d'une véritable voie d'exécution, il faut qu'il ait été rendu exécutoire en France avant la saisie-arrêt et même il ne suffirait pas que l'*exequatur* fût donné au jugement en même temps que la validité de la saisie-arrêt serait prononcée, c'est au moment de la saisie-arrêt que le titre doit remplir les conditions nécessaires (2). La jurisprudence la plus générale considérant la saisie-arrêt comme une simple mesure conservatoire n'impose pas cette nécessité de faire rendre le jugement étranger exécutoire en France (3), à moins pourtant que le défaut d'accomplissement de cette formalité ne compromette le recours que le tiers-saisi peut avoir à exercer contre le créancier saisi lorsqu'il a été obligé de payer le saisissant au-delà de ce qu'il devait lui-même (4).

Si le créancier n'a pas de titre, il devra se faire autoriser par le juge. Ce sera, d'après la loi française, le président du tribunal du débiteur, ou celui du tribunal du tiers-saisi (5). Quand le saisissant et le saisi sont tous deux étrangers, on a douté que le président d'un tribunal français pût autoriser la saisie-arrêt sous prétexte que, le magistrat devant apprécier le fond du droit, et les tri-

---

(1) Vincent et Pénaud, Dictionnaire de D. i. p. V. Acte authentique, n° 30.

(2) Lille 1", 4 juin 1885. Journal de D. i. p. 1885, p. 560.

(3) Vincent et Pénaud, Dictionnaire de D. i. p. V. Jugement étranger, n° 51-52.

(4) Paris, 26 mai 1875. S. 76. 2. 304. Cass. Civ., 22 août 1877, le Droit 1877, 282.

(5) Civ. Rej., 23 mars 1868, D. 68. 1. 369. Paris, 8 avril 1874, S. 76. 2. 145.

bunaux français étant incompétents entre étrangers, l'ordonnance était incompétemment rendue. Mais en admettant même que les tribunaux français soient incompétents entre étrangers, peu importe dans notre hypothèse, l'ordonnance qui nous occupe est un acte de juridiction gracieuse ne disant pas le Droit, mais régularisant seulement une situation (1). Lorsque le débiteur demeure à l'étranger, le juge étranger peut-il accorder la permission ? Nous sommes disposés à le croire, car si le jugement étranger n'a d'autorité en France que moyennant l'intervention des juges français, l'ordonnance n'ayant nullement le caractère d'un jugement, a par elle-même toute sa valeur, mais il sera d'ordinaire plus prudent et plus simple de se pourvoir devant le juge du domicile du tiers-saisi (2).

264. La saisie-arrêt est pratiquée, nous suivons toujours la loi française et il va falloir dénoncer la saisie au débiteur et l'assigner en validité.

Quant au délai imparti pour dénoncer, lorsque le saisi est domicilié à l'étranger (et dans l'opinion qui donne néanmoins compétence aux tribunaux français, nous allons le rencontrer) l'article 563 Pr. ne permet pas d'augmenter les délais à raison des distances (3), car cet article vise seulement le cas où les parties sont toutes domiciliées sur le territoire continental de la France. C'est l'article 69, 9° qu'il faut appliquer, et la signification se fera au parquet. Si, comme nous l'allons proposer, on donne compétence au tribunal étranger, nous pensons que, par analogie, le délai devra être compté conformément à l'article 73 Proc.

(1) Roger, 156.
(2) Cà, Roger, 157.
(3) Paris 3°, 27 janvier 1870, D. 71, 2. 100. Civ. Rej., 5 novembre 1872, D, 73, 1. 64,

265. Mais c'est sur la compétence que les difficultés les
plus graves se sont élevées, en supposant que le saisissant
et le saisi sont tous deux étrangers. Et, en effet, les Tribunaux français sont-ils compétents pour connaître des contestations entre étrangers ? D'éminents jurisconsultes soutiennent l'affirmative (1) en faisant observer que c'est pour
tout pays un devoir social de rendre la justice non seulement à ses nationaux, mais encore à tous ceux qui se
trouvent sur son territoire ; cependant la Jurisprudence
admet en principe l'incompétence des Tribunaux (2)
et elle en a fait l'application en notre matière, considérant la demande en validité d'une saisie-arrêt comme
une action personnelle et mobilière quelconque. Et le Tribunal, en se déclarant incompétent, a en même temps
annulé la saisie-arrêt qui, précisément à cause de cette
incompétence, n'avait pas été suivie d'une dénonciation
valable (3).

Mais les tribunaux ont fort heureusement fait fléchir le
principe et se sont reconnus compétents en se plaçant à ce
point de vue à savoir que l'instance en validité à deux objets,
d'abord la régularité de la Procédure elle-même, en second
lieu, et seulement quand le saisissant n'a pas contre le
saisi de titre exécutoire, la contestation sur le fond même
du droit. Sur le premier point, les tribunaux se sont déclarés compétents soit en faisant valoir que l'autorité seule
compétente pour statuer sur la validité d'une saisie-arrêt
était le tribunal du domicile du tiers-saisi (4), soit en alléguant que la saisie-arrêt est une simple mesure conserva-

(1) Vincent et Pénaud, op. cit. V. compétence en matière civile, nᵒ 225.
(2) Vincent et Pénaud, op. cit. V. cit. nᵒ 230.
(3) Paris, 24 avril 1841, S. 41. 2. 537, Fœlix, t. II, p. 341.
(4) Paris, 8 avril 1874. S. 76. 2. 145.

toire dont les tribunaux français peuvent connaître, même si des étrangers sont seuls intéressés (1). Mais le tribunal reste incompétent sur le fond, il maintient provisoirement la saisie-arrêt et renvoie devant le juge qui doit en connaître en fixant un délai du saisissant pour justifier des poursuites par lui intentées à cette fin (2). Puis, le Jugement étranger statuant sur le fond sera rendu exécutoire en France, et le Jugement français donnera alors sa décision sur la validité de la saisie (3). D'ailleurs, il se pourrait que sur le fond, le Tribunal français fût compétent même d'après la Jurisprudence, notamment si le saisi étranger est domicilié en France ou si l'exception d'incompétence n'a pas été soulevée *in limine litis* (4).

Quant au Tribunal français compétent pour statuer sur la régularité de la saisie-arrêt, la Jurisprudence semble désigner le Tribunal du domicile du tiers-saisi. C'est, dit-on, que le Tribunal compétent pour connaître d'une voie d'exécution doit être celui du lieu où elle est exercée ; on a proposé, mais sans écho de reconnaître compétence au Tribunal du domicile du saisissant (5). A notre avis ceci est inexact, ce n'est pas suivant nous le Tribunal du tiers-saisi qui doit connaître de la validité de la saisie-arrêt et voici pourquoi : Sans doute, en principe le Tribunal du lieu où se poursuit une saisie est compétent pour en connaître, mais le principe souffre des exceptions et juste-

(1) Civ. Rej., 23 mars 1868. D. 69. 1. 369. Seine 5°, 6 mars 1880, Journal de D. I. p. 1881, p. 60.

(2) Paris 3°, 19 janvier 1850. D. 1851. 2. 125. Paris, 28 décembre 1887, le Droit 1888, 7.

(3) Vincent et Pénaud, op. cit. V. saisie-arrêt, n°° 44, 45, 46. Paris 3°, 8 avril 1874, Gazette des Tribunaux, 8 avril 1874.

(4) Demengeat, Revue critique 1856, t. I, p. 385.

(5) Chambéry, 16 mars 1860. S. 69. 2. 331.

ment nous sommes dans un cas exceptionnel. Ne perdons pas de vue notre point de départ : la loi à laquelle est soumise une saisie et celle du lieu où se trouvent les biens saisis, dans notre hypothèse c'est la loi du domicile du tiers-saisi, or que nous dit cette loi ? elle nous dit que la demande en validité doit être portée devant le Tribunal du domicile du saisi. C'est donc ce Tribunal seul qui est compétent pour statuer sur la validité. Le même Tribunal sera d'ordinaire compétent sur le fond du droit, et à cet égard le système que nous proposons nous semble beaucoup plus simple que celui de la Jurisprudence. Nous n'avons pas non plus à nous demander si les Tribunaux français sont compétents pour statuer entre étrangers, le Tribunal français ne statuera que si l'étranger saisi est domicilié en France, or, c'est précisément un cas où l'on est d'accord pour reconnaître la compétence de ce Tribunal. En résumé, le saisi français ou étranger est-il domicilié en France, c'est le Tribunal français de ce domicile qui statuera ; est-il domicilié à l'étranger, compétence sera donnée au Tribunal étranger (1) ; et, le Tribunal étranger devra appliquer la loi du domicile du tiers-saisi. Ce jugement sera rendu exécutoire en France, puis exécuté contre le tiers-saisi conformément au droit commun.

266. Le tiers-saisi assigné en déclaration affirmative devra la faire soit devant le Tribunal saisi de la demande en validité, soit devant le Juge de paix de son domicile. Si cette déclaration est contestée, il pourra demander son renvoi devant le Tribunal de son domicile, conformément à l'article 570 (2).

(1) Genève, 22 mai 1886, Journal de D. i. p. 1887, p. 378. Bar-le-Duc, 15 novembre 1884, Journal de D. i. p. 1887, p. 108.

(2) Paris, 5 février 1848. S. 48. 2. 186. Arrêt de la Cour sup. d'Autriche, 12 décembre 1876, Journal de D. i. p. 81, p. 176.

267. Supposons maintenant que le tiers-saisi est domicilié à l'étranger, c'est la loi étrangère qui devra régler les conditions de fond et de forme de la saisie. Il se pourra que, conformément à cette législation, toutes les parties doivent être citées devant le Tribunal du domicile du tiers-saisi, sinon en ce qui concerne le fond du droit, au moins en ce qui touche la validité, et sur ce second point, le Tribunal devra surseoir à statuer jusqu'à ce que la décision au fond soit intervenue (1).

(1) Tribunal civil de Genéve, 19 août 1882, Journal de D. i. p. 1883, p. 551.

CONCLUSION.

268. Nous avons ainsi exposé le système de la loi française sur la saisie-arrêt, tel qu'il nous a semblé résulter de nos Codes, et tel qu'il a été interprété dans ses principales applications pratiques par la Jurisprudence.

Les auteurs du Code de procédure s'étaient flattés de couper court à tous les abus et à toutes les difficultés, nous avons pu nous convaincre que le résultat n'avait pas toujours été à la hauteur de l'effort et les controverses se présentées nombreuses devant nous. Trancher ces difficultes et mettre la législation en harmonie avec les besoins actuels serait pour le Parlement faire œuvre éminemment utile.

Nous désirons nous abstenir de toute catégorie et de toute discussion législative laissant à de plus autorisés le soin d'indiquer au législateur les réformes à accomplir et de l'aider dans sa tâche. Nous devons cependant faire connaître les principaux griefs élevés contre la loi naturelle et les projets reviennent présentés pour l'améliorer. Nous prendrons pour base de cette étude le rapport présenté à la Chambre des députés le 12 novembre 1883 du nom de la Commission chargée d'examiner un projet de loi de M. Remoiville sur notre matière (1).

269. « A la différence des lois purement civiles, dit le rapporteur, qui régissent les principes fondamentaux sur lesquels repose notre Constitution sociale, lois auxquelles

(1) Journal Officiel, Chambre des députés, session ordinaire de 1884, documents parlementaires, Annexe, 2366, p. 2032.

il ne faut que très discrètement toucher les lois de procédure réglant seulement les questions de forme et d'exécution peuvent et doivent être modifiées dès qu'une pratique
sérieuse a démontré l'utilité d'une réforme ou d'une amélioration. »

L'état économique de la France a singulièrement changé
depuis la confection du C. de procédure, les créances mobilières ont pris un développement et une importance des
plus considérables, les conséquences du milieu dans lequel
le système était appelé à fonctionner ont été profondément
modifiées, de là, de si nombreuses imperfections, s'ajou-
tant à celles qui sont inhérentes à toute œuvre humaine.

270. Le projet concerve au titre de la saisie-arrêt, sa
physionomie générale, il ne s'explique pas sur la question
de savoir si la saisie-arrêt est une mesure conservatrice ou
une mesure d'exécution, à notre avis, c'est ce second caractère qui doit être reconnu à la saisie-arrêt même en présence des textes actuels, et au point de vue législatif, nous
pensons que les mêmes conditions devraient être exigées
pour cette voie d'exécution que pour toutes les autres, la
saisie-arrêt n'est-elle pas une mesure au moins aussi grave
que la saisie-exécution. Cela couperait court, d'ailleurs, aux
difficultés que nous avons rencontrées, mais ce projet ne
va pas aussi loin.

271. La saisie-arrêt continuera donc a être possible, en
vertu d'un titre privé ou de l'autorisation du Juge. Mais
les difficultés auxquelles a donné lieu cette ordonnance
sont tranchées.

D'abord le projet rompt à cet égard avec cette idée qui
défend aux juges d'exception, objets d'une défiance un peu
surannée de présider aux actes d'exécution : le juge de
paix et le président du Tribunal de commerce concurrem-

ment avec le président du Tribunal civil peuvent autoriser la saisie-arrêt dans les matiéres de leur compétence. Puis, on indique comment le saisi pourra recourir contre l'ordonnance du juge : La partie saisie pourra à partir de la saisie-arrêt et au plus tard dans la huitaine de sa dénonciation, assigner le saisissant en référé devant le juge qui a donné la permission, et celui-ci, pourra la modifier ou la rapporter. Dans ce second cas, la saisie-arrêt sera considérée comme nulle et non avenue. Cette décision du juge ne sera susceptible ni d'opposition ni d'appel. C'est la consécration du système imaginé par M. Debelleyme, et la reconnaissance du caractère gracieux de la seconde ordonnance, cela ne fait donc pas échec aux principes qui donnent en matière de référé contentieux compétence exclusive au président du Tribunal civil.

Le projet ajoute : Dans tous les cas, le juge pourra autoriser la partie saisie (on a voulu dire le tiers-saisi à se libérer des sommes excédant les causes de la saisie-arrêt. Cette disposition ne nous semble pas heureuse, on abandonne ainsi à la discrétion du juge, l'effet d'un acte de procédure, ce qui nous semble un peu téméraire. Et puis, quel sera le résultat de cette autorisation ? Fera-t-telle échec aux droits du saisissant, de telle sorte que ses cocréanciers puissent concourir avec lui. Si l'autorisation n'est pas donnée, l'affectation spéciale reste-t-elle possible.

272. Le projet impose avec raison aussi bien dans la dénonciation que dans la saisie-arrêt copie entière du titre ou copie de la requête et de l'ordonnance. On pense innover en imposant copie de la requête; mais dans la pratique, la requête et l'ordonnance sont considérées comme un tout indivisible, ou donne copie « de l'ordonnance du président mise au bas d'une requête à lui présentée le même jour ».

273. Quant à l'instance en validité de graves modifications sont proposées à la loi existante :

1º La demande en validité sera portée devant le juge compétent pour statuer sur la demande en paiement des causes de la saisie-arrêt, le juge de paix, le tribunal de commerce et même le tribunal administratif pourront donc valider la saisie-arrêt ;

2º On a considéré avec raison que si le saisissant était muni d'un titre exécutoire contre le saisi, acte notarié ou jugement il était inutile d'assigner en validité. Sans doute on ne peut exécuter contre un tiers ni s'immiscer dans ses affaires si l'on n'est muni d'un titre ne laissant aucun doute sur son droit, mais le respect des intérêts du saisi à ce point de vue est suffisamment sauvegardé en exigeant de la part du saisissant un titre exécutoire contre le saisi ; or s'il l'a déjà pourquoi le forcer a en requérir un second.

La demande en validité est donc maintenue seulement au cas où la saisie-arrêt est faite en vertu d'un titre sous seings privés ou de l'ordonnance du jugement.

Si la saisie-arrêt est faite en vertu d'un titre exécutoire, la dénonciation contiendra commandement ou saisi de se libérer ; s'il entend contester la saisie-arrêt, il formera sa demande dans la huitaine et il la notifiera au tiers-saisi sans le mettre en cause. En pratique, il sera bien rare que le saisi ne soulève pas de contestations, mais alors le juge des référés ne pourra-t-il pas ordonner la continuation des poursuites s'il juge la contestation purement dilatoire.

274. Le projet maintient la contre-dénonciation au tiers-saisi, cependant elle est, avec raison, considérée comme inutile (1). Le législateur l'a exigée pour que faute de de-

____

(1) Garsonnet, III, § 608, i. f.

mande en validité le tiers-saisi et le saisi puissent immédiatement exciper de la nullité de la saisie, le premier en payant, le second en se faisant payer. Mais, est-il vraisemblable que cette formalité essentielle soit omise par le saisissant, ou du moins par son avoué ou son huissier, et les prescriptions de la loi ne doivent-elles pas toujours être présumées accomplies, surtout quand la loi y attache une sanction aussi rigoureuse qu'en notre matière. Quand même la contre-dénonciation ne serait pas faite, il sera bien difficile de faire payer le tiers-saisi, il aura, le plus souvent et très légitimement lieu de craindre que la contre-dénonciation ne l'ait pas touché.

Le projet déclare valables les paiements faits quand les délais de dénonciation et de contre-dénonciation sont expirés.

275. La commission a été frappée surtout des inconvénients, des lenteurs et des frais venant de ce que, dans la loi en vigueur, le saisissant est d'ordinaire obligé d'attendre le jugement de la validité avant d'entamer la procédure de déclaration affirmative ; or, si le tiers-saisi ne doit rien, on aura fait des frais inutiles, et puis, outre l'instance en validité et l'instance en déclaration, on aura souvent recours au troisième débat devant un autre tribunal, si la déclaration affirmative est contestée. Article 170 Proc.

Et alors la contre-dénonciation contiendra sommation au tiers-saisi de faire sa déclaration et de l'affirmer dans un délai de quinzaine ; mais on veut sanctionner plus ou moins rigoureusement l'obligation du tiers-saisi suivant que les droits du saisissant sont plus ou moins certains ; si la saisie-arrêt est faite en vertu d'un titre exécutoire, le tiers-saisi récalcitrant sera condamné comme débiteur pur et simple ; dans le cas contraire, il sera tenu des frais

qu'aurait occasionnés son défaut de déclaration et des intérêts de la somme dont il se reconnaîtrait ou serait reconnu débiteur. Cette seconde sanction est bien étrange,
la saisie-arrêt empêcherait-elle donc les intérêts de la
créance saisie-arrêtée de courir? On pourrait appliquer
l'article 577 aux deux cas, le tiers-saisi ne court pas grand
risque d'être condamné comme débiteur pur et simple si
le créancier a fait une saisie-arrêt sans fondement; mais
une fois le jugement de validité obtenu, il pourra être
contraint de faire sa déclaration affirmative sous la sanction de l'article 577.

L'instance en déclaration affirmative sera portée immédiatement devant le tribunal du domicile du tiers-saisi, et
c'est au greffe de ce Tribunal que se fera la déclaration.
— S'il y a contestation, le tiers-saisi n'aura plus à demander son renvoi, c'est une simplification.

Un délai de vingt jours à partir de la notification de la
déclaration est importé pour la contester.

Si la déclaration n'est pas contestée, elle vaudra titre
exécutoire contre le tiers-saisi. Il se formera dit le rapporteur, par le fait de la déclaration un véritable contrat
judiciaire entre le saisissant et le tiers-saisi. Le saisissant
pourra ainsi agir contre ce tiers-saisi sans avoir besoin
d'un jugement de validité. Cette innovation nous semble
bizarre et inutile : bizarre, car la déclaration du tiers-saisi
va lier d'une manière aussi étroite que le ferait un contrat,
ne lui laissant aucun moyen de revenu sur une déclaration erronnée ; inutile, car ou le Jugement de validité ou
le titre exécutoire qui a servi de base à la saisie-arrêt sont
des armes suffisantes vis-à-vis du tiers-saisi dès que le
quantum de sa dette est fixé par la déclaration. Les auteurs
du projet le reconnaissent d'ailleurs au cas où le tiers-

saisi ne fait pas de déclaration, ou le poursuivre comme débiteur pur et simple ou en vertu du Jugement de validité, ou en vertu du titre exécutoire dont était muni le saisissant.

276. Quant au résultat définitif de la saisie-arrêt, c'est d'après le projet la vente des objets mobiliers, valeurs et créances par les officiers publics compétents. Si la saisie-arrêt porte sur une créance, elle sera donc vendue? Le texte semble bien imposer cette conséquence que si elle était admise serait aussi préjudiciable au saisi qu'au saisissant.

277. Le projet permet aux parties de s'entendre devant le Juge des référés pour convertir en argent les objets saisis afin d'en éviter le dépérissement au cours de la Procédure.

278. Enfin on complète l'article 581 Pr. en déclarant insaisissables les salaires des employés, commis, ouvriers et gens de service jusqu'à concurrence des trois quarts de leur quotité.

279. Malgré les critiques que nous lui avons faite, ce projet de loi nous semble bien conçu, il s'inspire heureusement des modifications dont la pratique a révélé les bons résultats. Nous avons toutefois encore un reproche à lui adresser c'est de multiplier peut être à l'excès les délais de forclusion. La Procédure est déjà hérissée de difficultés et malgré l'esprit délié et attentif des praticiens, il est facile de s'égarer dans les chemins qu'elle trace, il ne faut pas les rendre trop féconds en surprise, on reviendrait ainsi à un dangereux formalisme.

280. Il nous reste à mentionner un projet de loi relatif à l'insaisissabilité des traitements et salaires (1). Il repose sur trois idées :

1° Insaisissabilité de la portion du salaire et du traitement indispensables à l'existence matérielle du débiteur et de sa famille ;

2° Régime de la saisie-arrêt établit sur une base fixe de la retenue d'un cinquième ;

3° Application aux appointés, et salariés de tout ordre militaires, civiles, ecclésiastiques.

Ce projet assure au débiteur une protection trop grande qui pourra dans certains cas porter atteinte à son crédit.

(1) Journal officiel, Chambre des députés, session ordinaire de 1887, documents parlementaires, Annexes 1733, p. 716 et 1843, p. 903.

POSITIONS

1° POSITIONS PRISES DANS LA THÈSE

DROIT ROMAIN

1. — La délégation ne doit pas être confondue avec la novation *mutato debitore*.

2. — Lorsque le délégué s'est engagé par erreur, la *condictio indebiti* sera suivant les cas, intentée contre le délégant ou contre le délégataire.

3. — En principe, ce n'est pas sur le mari délégataire à titre de dot que retombe l'insolvabilité du délégué.

4. — On ne peut pas expliquer les effets de la délégation par l'intervention d'un double mandat.

DROIT FRANÇAIS

1. — La saisie-arrêt est une mesure d'exécution.

2. — L'ordonnance du juge autorisant une saisie-arrêt n'est susceptible d'aucune voie de recours.

3. — La saisie-arrêt frappant la part du débiteur dans une créance successorale doit être maintenue bien que la créance soit à la suite de la liquidation attribuée à un autre héritier que le débiteur saisi.

4. — L'indisponibilité qui frappe une créance saisie-arrêtée est totale et relative.

5. — Le jugement de validité même passé en force de chose jugée et signifié n'opère pas transport de la créance saisie-arrêtée au profit du saisissant.

2° POSITIONS PRISES EN DEHORS DE LA THÈSE

DROIT ROMAIN

1. — Le testament *calatis comitiis* n'était pas une véritable loi.

2. — Les fiançailles dans l'ancien droit romain pouvaient donner lieu à une action.

3. — Un fonds étant indivis, une servitude ne peut lui être acquise ou imposée qu'avec le consentement de tous les copropriétaires.

4. — Le fgt. 46 pr. et § 1 Dig. (46. 3) est inconciliable avec le fgt. 24 pr. Dig. (13. 7)

DROIT CIVIL FRANÇAIS

1. — La qualité de prêtre catholique est un empêchement dirimant au mariage.

2. — Les membres d'une congrégation religieuse non reconnue sont recevables à exercer dans les termes du droit commun les droits résultant d'actes par eux faits en leur nom personnel.

3. — Le tiers bénéficiaire d'une stipulation pour autrui suivant l'article 1121 C. c. peut en accepter le bénéfice après la mort du stipulant.

4. — L'article 1449 C. c. qui permet à la femme judiciairement séparée de biens d'aliéner seule son mobilier peut se concilier avec l'article 217 C. c. qui lui refuse le droit d'aliéner sans le consentement de son mari.

MATIÈRES DIVERSES

1. — L'incompétence des tribunaux civils en matière commerciale est purement relative.

2. — On peut concilier entre eux l'article 83 Proc. et l'article 1549 C. c.

3. — L'article 64 Code de Com. qui établit une prescription quinquennale au profit de l'associé non liquidateur peut être invoquée par l'associé liquidateur s'il est poursuivi en qualité de simple associé.

4. — L'article 445 Code de Com. qui maintient à l'encontre de la faillite le cours des intérêts des créances garanties par un nantissement ou une hypothèque, mais ne permet de réclamer ces intérêts que sur les biens affectés en garantie, déroge à l'article 1254 C. c. sur l'imputation des paiements.

Vu par le Président,   *Vu par le Doyen,*
GLASSON.   COLMET DE SANTERRE,

VU
et permis d'imprimer,
Le Vice-Recteur
de l'Académie de Paris,
GRÉARD

TABLE DES MATIÈRES

DROIT ROMAIN

DE LA DÉLÉGATION

DROIT FRANÇAIS

DE LA SAISIE-ARRÊT

PREMIÈRE PARTIE

CONDITIONS DE VALIDITÉ DE LA SAISIE-ARRÊT

DEUXIÈME PARTIE

PROCÉDURE ET EFFETS DE LA SAISIE-ARRÊT

ANNIVERSAIRE

DE LA FONDATION

DE LA RÉPUBLIQUE

FRANÇAISE

1.er *Vendémiaire An douze.*

AU PUY,

De l'Imprimerie J. B. LA COMBE, Imprimeur
de la Préfecture de la Haute-Loire. ⟹ An XII.

ANNIVERSAIRE

DE LA FONDATION

DE LA RÉPUBLIQUE

FRANÇAISE.

Du 1.ᵉʳ Vendémiaire, an XII.

La loi du 3 nivôse an 8, avait consacré par une fête solennelle, le jour commémoratif de la fondation de la République.

Les souvenirs glorieux et récens qui se rattachaient à ce douzième anniversaire, ajoutaient un nouvel intérêt au retour de cette fête.

Un heureux accord de circonstances, de pouvoirs et de zèle, y avait marié la prestation publique du serment des Braves du département, destinés à faire partie de la légion d'honneur.

Dès l'aube du jour du premier vendé-miaire, des salves répétées d'artillerie saluent la nouvelle année ; la générale bat, la garnison prend les armes ; les campagnes accourent, tous les Citoyens s'empressent de prendre part à la solennité.

A dix heures, la force armée et tous les fonctionnaires civils et militaires en grande tenue, sont réunis à la Préfecture.

Un détachement de gendarmerie, ouvre la marche d'un cortège nombreux et bril-lant, qui, aux sons d'une musique militaire, se rend au palais de justice, où il est reçu par les tribunaux réunis.

Des symphonies de la plus belle exécution, ouvrent cette première séance. Le Commis-saire du Gouvernement près le tribunal criminel, le Président de ce tribunal, le Commandant du département, sont enten-dus avec le plus vif intérêt. La prestation du serment des Braves légionnaires, est reçue au milieu des acclamations générales, en l'honneur du Gouvernement et de son auguste Chef. Le cortège se forme de nouveau dans le plus bel ordre, pour se rendre dans la salle des exercices littéraires de l'école centrale, destinée aux grandes réunions publiques.

Les talens et le goût avaient présidé à la décoration de cette salle. Des trophées militaires, des guirlandes de fleurs et de chêne, des faisceaux de laurier et de mirthe, des colonnes triomphales présentent les divers attributs de la République, et soutiennent le buste de son Héros. Diverses inscriptions y rappellent les faits les plus glorieux du Gouvernement consulaire.

Une assemblée nombreuse et brillante était déjà réunie. Les fonctionnaires se rangent sur un vaste amphithéâtre, disposé sous un dôme de verdure ; des places d'honneur, au milieu d'eux, sont reservées aux braves Légionnaires. Une symphonie à grand caractère, exécutée par les artistes lyriques, ouvre la séance : on chante, et le Chœur répète ce beau morceau du *Major Palmer* :

A LA GLOIRE TOUJOURS FIDÈLE,
Le Français brave le trépas.

Amis, une palme nouvelle
Vous attend au sein des combats.
Soumis à la voix qui vous guide,
Braves amis, armez vos bras;
C'est à votre ardeur intrépide
A fixer le sort des États.
Que l'ennemi, par sa défaite,
Apprenne à vous connaître enfin,
Et que de l'Europe inquiète,
La France fixe le destin.

La France fixe le destin.

(*On répète en chœur :*)

A la Gloire toujours fidèle, etc.

Des acclamations répétées accueillent ce chant patriotique, et témoignent aux artistes le plaisir et l'intérêt qu'inspirent leurs talens et leur présence.

Le Préfet prend la parole, et dans un discours souvent interrompu par les applaudissemens les plus vifs, il parcourt rapidement les grands événemens politiques qui ont précédé le Consulat de Bonaparte, et en esquisse à grands traits, les causes, la marche, les résultats. Il fait voir, l'*envoyé particulier de la Providence*, dans l'homme extraordinaire, devenu le chef du Gouvernement Français, et rappelle avec le plus riche détail, tous les bienfaits de ce Gouvernement, et les droits qu'il a acquis à notre amour et à notre reconnaissance. Il offre des palmes triomphales aux Braves du département qui ont mérité de faire partie de la légion d'honneur; et retraçant, dans un tableau rapide, les grandes actions de nos armées, la gloire de leurs chefs, la paix glorieuse qu'elles avaient conquise; cette paix rompue par la perfidie d'une nation jalouse. Le mouvement généreux qui, d'un bout de la France à l'autre, organise une légitime défense, et prépare une attaque terrible, la garantie du succès que donnent la présence du premier Consul et l'attachement de tous les Français à sa personne : il pénètre toute l'assemblée de ce sublime sentiment d'honneur national, d'amour de la patrie, de dévouement à son Héros, dont il est si profondément pénétré lui-même. (N.º 1.er)

La musique y mêle ses accords et ses charmes : on chante, et le Chœur répète ce serment solennel :

Nous braverons pour lui les plus sanglans hasards :

Qu'il guide nos braves cohortes,   (*bis.*)
Londres nous ouvrira ses portes,
Ou le dernier de nous, mourra sous ses remparts.

Volons, la Gloire nous appèle,
L'Anglais va tomber sous nos coups.
Pour un peuple, à l'honneur fidèle,
La Gloire est le bien le plus doux.

La lecture de l'Ode nationale de *Lebrun* (N.º 2.), augmente encore les sentimens d'indignation et de vengeance contre un orgueilleux et perfide ennemi.

La séance est levée au milieu des acclamations générales, et au chant de cette strophe :

Allons, sans tarder davantage,   (*bis.*)
Du plus grand des ennemis
Volons délivrer ce pays.
Il suffit pour vaincre sa rage,
Aujourd'hui de notre courage,   (*bis.*)
Que l'Angleterre soit le prix
Volons, sans tarder, délivrer ce pays.

Les exercices publics *du Tir de l'Oïseau, de l'Escrime, du Mat de Cocagne* et autres jeux, réunissent dans la soirée un peuple immense. Des fusils, des pistolets, des sabres de la fabrique de Saint-Etienne, tous de la plus grande beauté, sont les prix des vainqueurs. Le Préfet les décerne solennellement en présence de toutes les autorités et du peuple.

Le soir, on répète au théâtre les chants de gloire exécutés le matin pendant la cérémonie, et les applaudissemens les plus vifs les accueillent encore.

Des places d'honneur avaient été reservées aux braves Légionnaires et aux vainqueurs des jeux.

Une illumination générale termine cette intéressante journée.

DISCOURS

DU PRÉFET.

CITOYENS,

En se reportant par la pensée au berceau de la République française , en se rappelant la déclaration qui fût faite au début de la convention nationale , d'une institution aussi singulière, après quatorze siècles d'une monarchie héréditaire, on conçoit aisément qu'on pouvait alors sans pusillanimité s'en allarmer. Les premiers développemens de ce faible enfant devaient laisser des doutes pénibles sur ses futures destinées. Comment soupçonner, en effet, dans ces premiers germes, dans ces essais informes , le type d'un Gouvernement régulier , d'un colosse politique devenu si rassurant par sa masse et ses belles proportions pour les peuples placés sous sa protection , et nullement effrayant pour les puissances qui ne regardent pas comme une chimère l'équilibre de l'Europe ; qui professent des principes libéraux , et qui par

leur situation doivent désirer que les nations continentales participent au bénéfice du commerce,
suivant la diversité des productions de leur sol et
de leur industrie.

Si l'origine et la première adolescence de notre République, peuvent expliquer les défiances
et faire excuser les craintes d'une partie de la
nation, il est bien difficile d'attribuer dans ces
commencemens, l'enthousiasme d'une autre partie, à la justesse de ses apperçus, et à une prévoyance peu commune. Il n'était certainement
pas donné à l'humaine nature d'assigner des résultats satisfaisans à des maximes arbitraires, à
une conduite violente, à des agitations révolutionnaires, à des scènes de fureur et de dé-
solation. Qui pouvait soupçonner, en effet, qu'une
République déifiée sous des formes, tantôt
grotesques, et tantôt menaçantes ; qu'une
Bellone armée de faux, entourée de tables de
proscription, pourrait être transformée en une
Minerve bienfaisante ? Non, Citoyens, il faut
oser le penser et le dire : le cours ordinaire des
événemens naturels ne saurait opérer des chan-
gemens aussi prodigieux et aussi salutaires. Dieu
seul avait pu les disposer dans les décrets de son
admirable providence : c'est ainsi que les plus
noirs orages préparent le calme et la sérénité des
plus beaux jours ; c'est ainsi que la fécondation

de la nature jaillit en traits de feu du sein des plus horribles tempêtes , de l'embrasement et du choc épouvantable des tonnerres.

Les tempêtes politiques produites par l'effervescence et par l'explosion des passions humaines , si elles ne sont pas aussi fréquentes que les chocs électriques , et la détonnation des gaz inflammables, sont bien autrement effrayantes par leur durée , et souvent funestes par leurs résultats. Peut-être sont elles également disposées dans l'immensité des siècles, pour signaler les malheurs des peuples , et punir effroyablement les fautes des gouvernans. Tout est coordonné avec une sagessse infinie dans les chefs-d'œuvre de la création ; tout dérive des lois immuables , tout se rattache à un ordre éternel. En tout temps , en tous lieux l'indolence, la faiblesse, l'oisiveté déshonorent les particuliers , dégradent les familles , et font évanouir les fortunes les plus considérables ; de même parmi les Princes , l'abatardissement de leur race, l'abaissement de leur dynastie sont les résultats progressifs , mais infaillibles de l'incurie , de l'imprévoyance , de la molesse : de même enfin parmi les nations , les exagérations d'opinions allument toutes les ambitions , font naître et entretiennent tous les désordres , amènent les bouleversemens et la chûte des États.

Les monumens de notre histoire offrent les preuves les plus frappantes de cette grande et importante vérité : n'est-ce pas la l'apathie et la fainéantise des *Mérovingiens* qui avait laissé morceler et dégrader la France au point de la rendre méconnaissable ? N'est-ce pas elle qui accrût la puissance des maires du Palais ? n'est-ce pas elle qui fit désirer de voir succéder un pouvoir repressif et protecteur à un pouvoir dégénéré, qui ne pouvait plus comprimer les désordres intérieurs, ni préserver la France de l'invasion des Sarrasins ? *Pepin*, *Charles - Martel*, *Charlemagne*, furent alors les libérateurs de leur pays, et méritèrent de commander la Nation qu'ils avaient sauvée du joug des étrangers.

On pourrait étendre ces observations de race en race jusqu'à nos jours : je les livre à la sagacité de mes auditeurs. L'orateur qui a quelque sentiment des bienséances, doit jetter un voile officieux sur des temps trop rapprochés, pour ne pas laisser suspecter son impartialité ; l'homme sensible peut sans faiblesse s'apitoyer sur des catastrophes encore récentes ; mais en donnant des larmes au malheur, il ne faut pas perdre de vue la conservation des États, et le salut des peuples.

Ici, j'oserai en appeler aux lumières et à la bonne foi de mon auditoire. Pensez-vous, Citoyens, que dans la situation déplorable de la France, au penchant de l'abîme , creusé par soixante-quinze ans de corruption et par douze de révolution , elle put attendre son salut de quelques énergumènes qui s'imaginaient régénérer leur nation , et créer la liberté publique , parce qu'ils s'agitaient dans la licence ; qui croyaient revivifier les colonies par l'affranchissement de négres; le commerce par la taxe des marchandises ; le crédit des assignats , par la loi du maximum ; combler le vide des recettes par des emprunts forcés ; pourvoir à la subsistance du peuple et des armées, par la confiscation et l'emmagasinement de tous les produits de l'agriculture, préparant ainsi, sans s'en douter, la plus dure servitude par les plus horribles excès.

Dans cet état de crise, vraiment effrayant, pouvait-on encore attendre le salut de la France de ces insensés , qui , pour quelques vaines prétentions , quelques misérables priviléges avaient abjuré la patrie qui protégea leur naissance et leur existence ? de ces émigrés qui, tout en déclamant contre tout régime réprésentatif, toute proclamation d'une égalité des droits , allaient se revêtir de la livrée des princes, courber un front humilié devant le fantôme royal ; supporter les caprices , essuyer les dédains de quelques chefs insolens et avides; se livrer à la merci des étrangers , se faire leurs stispendiaires, permettre qu'on trafiquat de leur sang ; se confier à la foi punique des anglais, et se faire mitrailler, pour eux et par eux, à *Toulon* et à *Quiberon* ?

Pouvait - on enfin attendre le salut de la France, soit de ces puissances étrangères qui s'étaient armées contr'elle, et qui dans leur enivrante ambition ne conspiraient que son démembrement et sa ruine, pour en accroître leur empire et leur domination ; soit de ces ci-devant princes français qui ne méditaient que le retour de l'antique féodalité et du plus honteux servage ; de ces princes assez vils pour consentir à laisser dégrader la nation française et dépécer son territoire, assez coupables pour espérer d'être appelés au partage de ses dépouilles sanglantes, pour désirer de régner comme ducs ou roitelets sous le bon plaisir de l'Allemagne et de l'Angleterre, sur les débris pulvérulens, sur les ruines encore fumantes de quelques petites provinces intérieures ?

Il doit donc demeurer démontré pour tout homme de bon sens, pour tout homme impartial, que les *démagogues modernes* et les *anciens royalistes* n'avaient les uns et les autres, ni l'intention, ni les moyens de procurer la restauration de la commune patrie ; d'une part proscrire et dominer, et de l'autre se venger et détruire, formaient à-peu-près tout le code politique de ces deux partis extrêmes. La classe la plus nombreuse de la société, la classe des modérés et des gens de bien voyaient les maux de la France, présageaient peut-être sa destruction sans pouvoir ou sans savoir y rémedier, faute d'ensemble et de moyens militaires. Ils levaient au ciel des mains impuissantes, et n'osaient pas espérer un libérateur.

Pour faire cesser les longs malheurs et la longue captivité d'Israël, il fallait que Dieu daignât susciter un moderne *Cyrus* : il fallait détruire l'ancienne *Babylone* : il fallait réformer la nouvelle *Lacédémone* : il fallait un autre *Charlemagne* à la France désolée, déchirée par une partie de ses enfans, menacée, battue et presque subjuguée par les étrangers.

Mais des circonstances plus difficiles que celles où s'étaient trouvés placés *Cyrus* et *Charlemagne*, indiquaient assez que la plus héroïque valeur et la tactique militaire la plus savante, ne suffisaient pas pour éteindre les dissentions civiles, pour préserver à-la-fois la France, et des fureurs de ses enfans, et du joug des puissances rivales : il fallait sans doute, un homme déjà bien cher à la nation par des services distingués, déjà fort illustré par d'éclatantes victoires et par les expéditions les plus hardies ; mais ce qui est plus rare, il fallait

que

que ce même homme fut à-la-fois un grand général et un grand homme d'Etat : il fallait qu'il fut assez magnanime pour déposer tout ressentiment personnel, pour ne céder à aucune suggestion de vengeance; mais en même temps il devait être assez ferme pour en imposer aux rébelles les plus obstinés, assez prévoyant pour pénétrer tous leurs moyens, assez habile pour déconcerter toutes leurs machinations.

En triomphant de tous les partis, il fallait savoir d'autre part enchaîner la victoire par la politique, borner les conquêtes pour les rendre durables, dissiper les ennemis et honorer leur valeur, reporter la France à ses anciennes limites et procurer en compensation quelques avantages aux puissances belligérantes. Enfin, il fallait savoir concilier les choses les plus opposées, faire résulter au dedans l'ordre de l'ancien cahos, et au dehors un nouvel équilibre de l'Europe, de l'agrandissement même de la France.

Si ces hauts faits d'armes et de politique, de constance et de sagesse, consignés dans de vieilles chroniques, avaient échappé à la rouille des âges, aux ravages de la barbarie, de quelle admiration ne serions-nous pas transportés pour l'auteur de tant de merveilles ! Ces prodiges se sont opérés et s'opèrent tous les jours parmi nous. Léguerons-nous froidement à notre postérité le soin d'exal-

B

ter le héros auquel nous en sommes redevables, et d'acquitter à sa mémoire le tribut de notre reconnaissance ?

Les éloges des contemporains, je le sais, sont rarement exacts et indépendans. L'adulation est prodiguée à tous les hommes puissans, par la plupart de ceux qui fondent sur eux leur avancement ; mais ces adages assez justes dans les cas ordinaires, et à l'égard de ces chefs des gouvernemens, que le hasard de la naissance a revêtus du pouvoir suprême, ne sauraient être applicables aux circonstances si rares qui reproduisent des hommes extraordinaires pour le salut des peuples et pour l'honneur du genre humain.

Oui, Citoyens, c'est un acte de justice autant que de gratitude dans cette commémoration solennelle de l'anniversaire de notre République, de proclamer son véritable restaurateur, qui sut la rendre attrayante et honorable pour les nationaux et respectable pour tous les autres peuples. C'est dans la contemplation de la France aggrandie, couverte de trophées de gloire, assurant sagement et graduellement la perfection de l'ordre social ; c'est dans le spectacle d'un bien être général ; c'est dans un sentiment universel de satisfaction, que les hommes les plus circonspects peuvent avec bienséance puiser l'éloge et retracer les signes caractéristiques d'un bon Gouvernement ; c'est alors que la plume suit les inspirations du sentiment, que la bouche devient l'écho du cœur, et que la voix publique aime à se mêler à celle de l'orateur, pour célébrer la sagesse et l'habileté du pilote, qui, saisissant le gouvernail au fort des tempêtes, sut diriger au port le vaisseau de l'État, au commandement duquel il a depuis été maintenu par les suffrages unanimes du peuple.

Pourrais-je craindre, d'ailleurs, Citoyens, d'être taxé d'exagération dans ce que je sens et dans ce que j'exprime pour BONAPARTE, lorsque je considère ce qui s'est passé dans son voyage de la Belgique; lorsque je vois les peuples de cette contrée si connus par leur esprit d'indépendance, accourir par-tout en foule sur son passage et faire retentir les airs de leurs bénédictions; lorsqu'un respectable prélat, dans la chaire de vérité, n'hésite pas à le proclamer l'envoyé de Dieu, pour la conservation de son peuple et pour le rétablissement de la religion.

Ces acclamations des peuples, ces inspirations prophétiques des ministres de l'Evangile, ne sauraient être l'effet du prestige ou de l'erreur. Une nation entière ne se méprend point sur ses véritables intérêts et sur son bienfaiteur; un corps respectable de pontifes et de prêtres éprouvés par la persécution, ne prostitue pas la louange et l'encens aux puissans de la terre, par cela seul qu'ils sont puissans; mais il les reserve, sans doute, au petit nombre de ceux qui, sachant allier de grands talens militaires et politiques au respect le plus sincère pour les choses saintes, fondant la moralité des peuples sur des idées religieuses, tempèrent l'autorité par une douce popularité, consacrent tous leurs soins à l'amélioration des hommes et à la prospérité de leur pays.

Il est tellement important dans ma manière de voir, qu'un même instinct de justice et de reconnaissance rallie enfin tous les Français au Gouvernement consulaire, que je crois devoir descendre dans quelques discussions de détail, pour achever de porter la conviction dans tous les esprits et un dévouement vraiment patriotique dans tous les cœurs.

Si par-tout les agens du Gouvernement s'attachent ainsi à communiquer franchement leurs pensées et leurs sentimens à son égard, les factions intérieures sur lesquelles semblent compter nos ennemis, n'oseront jamais se reproduire; alors nous pourrons perfectionner paisiblement, insensiblement notre régime politique, nos lois civiles, nos manufactures, notre agriculture. Présentant par-tout de grands motifs de sécurité et d'alliance aux peuples voisins, nous pourrons espérer qu'ils s'élèveront avec nous contre les ambitieux insulaires qui croient posséder le trident de Neptune, et pouvoir par lui soulever toutes les tempêtes de l'océan et produire tous les bouleversemens politiques.

Je réclame donc encore, Citoyens, votre indulgence et votre attention dans ce qui me reste à vous exposer pour remplir la tâche honorable que je me suis prescrite. Je crois suivre en cela les intentions honorables d'un Gouvernement libéral qui ne veut pas violenter les suffrages, mais qui s'attache à les mériter ; qui sait qu'on ne commande pas l'attachement des citoyens, mais qu'on gagne infailliblement les cœurs par une constante sollicitude pour le bonheur d'un grand peuple ; et qu'une nation généreuse qui a de puissans motifs pour affectionner son Gouvernement, s'empresse à le seconder de tous ses moyens, dans ce qu'il entreprend pour affermir l'ordre social dans l'intérieur, ou pour repousser au dehors d'injustes agressions.

Une expérience de près de quatre années, a dû prouver aux esprits les plus prévenus, que depuis le 18 brumaire, le Gouvernement qui a succédé au directoire, s'est montré équitable et vigilant ; qu'il s'est appliqué à mettre un terme aux discordes civiles ; qu'il a le premier proposé une pacification générale ; et qu'au milieu des campagnes les plus heureuses, au milieu des trophées de la victoire, bornant lui-même ses succès et ses conquêtes, il s'est prêté à des armistices, à des négociations, et enfin à des conditions de paix honorables et avantageuses pour les vainqueurs, sans être ni humiliantes ni onéreuses pour les vaincus.

Ces premiers traits nous offrent déjà l'esquisse d'un excellent Gouvernement ; mais continuons de dessiner ce grand tableau.

Prendre les rênes de l'Etat lorsque tout semble subverti au dedans par les factions, lorsque l'ennemi a sur plusieurs points dépassé la frontière, lorsque la ligue la mieux ourdie et la plus formidable, précédée de la terreur et de la victoire, s'apprête à faire descendre la France au dernier rang des dernières puissances ; c'est déjà annoncer un rare courage et un dévouement sublime. Dans l'ancienne Rome, ce trait seul eût valu la couronne civique au Consul, qui, dans de telles conjonctures n'aurait pas désespéré du salut de la patrie. Mais un esprit de vertige égarait alors la France et sur-tout une partie des conseils nationaux. Ceux qui n'aguères voyaient si bien le danger de la patrie, ceux qui proposaient de le déclarer, ceux-là même osèrent délibérer de proscrire le général, qui sollicitait leurs libres suffrages pour se mettre à la tête des affaires et à la tête des armées. On ne peut sans effroi penser au sort de la France, si cette délibération impie eût pu recevoir son exécution. Au même instant les militaires qui avaient secondé BONAPARTE, la partie généreuse de l'assemblée nationale qui avait adopté sa proposition, étaient massacrés et jettés comme des immondices dans la Seine. La loi des ôtages enveloppait tous les propriétaires, la proscription s'étendait de proche en proche, comme un incendie allumé d'espace en espace dans une vaste forêt de pins maritimes, l'a bientôt entièrement consumée. C'était une conflagration générale, toutes les classes élevées, toutes les classes moyennes de la société devenaient nécessairement les victimes de cet immense et horrible auto-da-fé. Une emphytéose générale, fesant cesser toute propriété individuelle, aurait arrenté toutes les terres au profit de l'Etat, c'est-à-dire au profit de quelques dominateurs féroces qui auraient fini par se défier de leurs sicaires, par se jalouser entr'eux et par se dévorer. Le peuple devenait serf de glèbe : ses enfans frappés d'une réquisition générale, depuis 18 ans jusqu'à 50, lui étaient arrachés pour être traînés indistinctement sur les frontières.

Ces forfaits politiques, grâces à la divine Providence, ne purent s'accomplir ; elle veillait sur les destinées de la France, et sur l'envoyé qui devait dans ses décrets réédifier la nouvelle Jérusalem.

Après avoir triomphé d'une faction homicide, un homme ordinaire aurait cru ne céder qu'à une juste et indispensable sévérité, en livrant au glaive des lois ceux qui avaient projetté de l'assassiner, et de faire de la France un vaste cimetière. BONAPARTE supérieur aux petites passions, ne désespérant pas plus de la résipiscence des factieux, que du salut de la patrie, préféra de les laisser vivre, de les livrer à leurs réflexions, de les ramener par l'effet du temps et par le spectacle d'une sage administration et d'une prospérité nationale toujours croissante.

Dans ce même temps, et par l'influence de l'Angleterre, les nombreux et intéressans départemens de l'Ouest, formés des anciennes provinces de l'Anjou, du Poitou, de la Brétagne, de la Normandie, avaient vu se ressuciter et s'accroître la chouannerie, véritable brigandage organisé au profit de nos rivaux, sous le fallacieux prétexte de relever le trône et les autels abattus. La clémence est le premier sentiment des ames généreuses. Un héros Français repugne naturellement à verser le sang Français ; mais la clémence est prise pour faiblesse quand elle n'est pas appuyée de la force. On fait donc à-la-fois des dispositions pour combattre et des propositions pour pacifier. Dans quelques endroits, quelques chefs bien nés, acceptent la branche d'olivier, gage sincère d'une réconciliation durable : dans le plus grand nombre des localités, les suggestions des Anglais prévalent; des chefs de la plus basse extraction qui leur étaient vendus, entretiennent l'égarement et la révolte. On combat, on triomphe, et on pardonne par-tout où le pardon ne peut devenir une imprudence funeste. Par les deux moyens de force et de clémence sagement combinés, la chouannerie, qui avait fait le désespoir du directoire exécutif, est dissipée et éteinte dans moins de trois mois.

Il ne semblait pas aussi facile de réorganiser les armées et de ramener la victoire sur nos frontières menacées, pressées par des cohortes étrangères : on se croyait assuré de nous subjuguer, on repoussait avec dédain les ouvertures de paix présentées par le Gouvernement Français. Toutes les négociations ne furent cependant pas infructueuses. La Russie revenue de ses préventions, avait des reproches graves à faire à ses alliés : le premier Consul profita habilement de cette circonstance pour l'éclairer sur ses vrais intérêts, et pour la détacher de la coalition.

Les préparatifs militaires marchaient de front avec les négociations. L'hiver qui paralysait la marche des ennemis, fut utilement employé à remplir les cadres presque vides des brigades de toutes armes, à rassembler des approvisionnemens pour la campagne, à dresser des plans pour reporter la guerre en Italie et en Allemagne, à trouver et à disposer des fonds pour en assurer désormais la paye des soldats et le traitement des officiers, qui étaient considérablement arriérés.

Dans ces grands besoins de l'État, les finances en désordre ne lui offraient aucunes ressources. Les anticipations avaient absorbé celle du premier semestre de l'an 8 ; les caisses étaient vides ; partie de quelques faibles recettes se versait directement aux armées par des transports ruineux, ce qui rendait impraticable toute comptabilité régulière : enfin, les perceptions n'étaient pas même ordonnancées dans le plus grand nombre des départemens.

Tant et de si grands obstacles étaient bien décourageans ; mais les difficultés n'effrayent pas l'homme de génie, résolu à se dévouer pour sa nation : toutes les plaies du corps politique avaient été sondées, tous les appareils étaient prêts pour les fermer insensiblement.

Au moment où l'Angleterre retranchée dans son île ou dans ses vaissaux, souriait à nos malheurs et calculait impitoyablement la suite de nos désastres, elle apprit avec étonnement ce que peut l'honneur national chez les Français, lorsqu'ils sont ramenés à la confiance par les bienfaits et à la victoire par le génie. Tout-à-coup l'armée sur le Rhin se montra forte de plus de quatre-vingt mille hommes, sous le commandement d'un général également célèbre par ses retraites et ses succès, et cher aux soldats par ses soins paternels. Une autre armée s'était formée dans l'intérieur sous la direction immédiate du premier Consul. Pendant qu'on doutait de son existence, qu'on regardait comme une jonglerie politique, les avis répandus à ce sujet dans les journaux; guidée par le chef de l'État, elle traversait les Alpes pour dégager la division bloquée dans Gênes, et prendre à revers les ennemis qui avaient poussé l'autre division jusqu'au de-là du Var.

Il était trop tard pour l'Autriche, pour parer à des combinaisons aussi savantes et aussi hardies. Ses généraux, ses soldats, fiers des succès de la précédente campagne, ne s'étaient pas attendus à nous voir repasser le Rhin et franchir les Alpes. Le nombre de leurs combattans était peut-être supérieur au nôtre, le courage et la constance pouvaient être égaux des deux côtés, mais ils n'avaient pas fait entrer dans leurs calculs la confiance et l'enthousiasme des troupes, et les rares talens des chefs qui en réglaient les mouvemens. Cependant la résistance fut terrible dans les plaines de Marengo : quatre fois nous avons été repoussés, écrivait le premier Consul : quatre fois nous nous sommes reportés en avant. Enfans, disait-il aux soldats, vous savez que je couche toujours sur-le champ de bataille; et les soldats foudroyés par l'artillerie ennemie, ne reculaient que pour aller se rallier sur les derrières. En même temps, il donnait froidement ses ordres pour former en triangle une colonne formidable , sous les ordres de l'immortel Désaix. Les ennemis paraissaient avoir tout l'avantage de la journée; ils avaient débordé nos ailes, la victoire n'était plus douteuse à leurs yeux, mais le premier Consul et le général Désaix avaient jugé leur faute et marqué leurs revers. Leur centre dégarni , est tout-à-coup attaqué, enfoncé, et ils sont divisés, battus, obligés de capituler.

Je ne suivrai pas plus en avant la marche triomphale de nos armées. J'ai promis d'esquisser le tableau des opérations du Gouvernement; son digne chef fait succéder si rapidement les méditations du cabinet et les soins administratifs aux fatigues de la guerre, qu'il faut bien rentrer avec lui dans l'intérieur, pour voir l'usage qu'il va faire de sa victoire, et les effets qu'elle doit produire sur l'administration et la législation.

Dans le cours orageux des assemblées et des gouvernemens qui s'étaient succédés jusqu'en l'an 8, on avait embrassé une foule d'objets très-importans ; on avait fait de fort beaux discours : mais à peine sur les principales matières, avait-on fixé quelques idées principales, dans une foule de lois diverses et de règlemens incohérens. Trois constitutions s'étaient succédées , sans pouvoir

satisfaire aucun parti, ni établir l'ordre social.
Celle même de l'an 8, n'avait pu qu'être ébauchée
dans des conférences rapides et dans des conjonctures périlleuses.

Le code civil avait été proposé, mais à peine
avait-on détaché du plan quelques parties de
détail, qu'on n'avait pas même bien raccordées à
nos usages et à nos mœurs.

L'instruction publique, malgré l'établissement
des écoles primaires et des écoles centrales, lan-
guissait par-tout; de la part des administrés, faute
de confiance, et de la part des précédens Gouvernemens, faute de l'avoir suffisamment graduée,
distribuée et dirigée.

On n'avait cessé de publier d'année en année,
que le régime républicain bien réglé, serait plus
favorable au commerce et à l'industrie, que le
régime monarchique. Cependant les routes étaient
effondrées, les manufactures en stagnation, et le
peu qui subsistait d'échanges et de spéculations
commerciales, semblait diminuer d'année en année
par la rareté du numéraire, par l'extinction du
crédit, par le taux usuraire des intérêts.

Un milliard de biens fonds avait été promis aux
soldats qui auraient fait toutes les campagnes de
la révolution, sans qu'on se fût mis en peine
d'examiner si cette promesse inconsidérée dans
son énonciation, n'était pas des plus difficiles et

des plus dangereuses dans l'exécution littérale.
Elle pouvait allarmer la propriété : elle rappelait
le partage des terres et la loi agraire. D'ailleurs ,
les dotations pécuniaires ou foncières peuvent
bien satisfaire les besoins, mais non électriser les
ames : or, sans l'enthousiasme les armées ne sont
que de grandes mécaniques qui peuvent exécuter
très-ponctuellement des évolutions très-régulières,
sans être jamais capables de ce beau dévouement
qui brave les périls, de ces inspirations lumineuses
qui décident les succès.

Ainsi donc , soit dans l'ordre politique , soit
dans l'ordre civil , soit dans l'ordre administratif,
des parties essentielles étaient, les unes à revoir ,
les autres à modifier , les autres à réfondre. C'eût
été avant le 18 brumaire un champ infini d'in-
terminables discussions ; ç'a été sous le nouveau
Gouvernement l'affaire de deux ans de méditations
et de lois successivement présentées et sanc-
tionnées.

Les analyser toutes, serait au-dessus de mes
moyens et hors de mon sujet. Mais il n'est personne un peu au courant des affaires publiques et
de la marche du Gouvernement, qui ne sache que
les principales lacunes qui avaient été remarquées
dans les premières et dans la dernière constitution, ont été comblées , ou par le suffrage unanime
du peuple , ou par les sages dispositions du

Senatus-consulte, du 16 thermidor an 10. Il était souverainement inconvenant que le gouvernail de l'Etat, pût être périodiquement remis à des mains inexpérimentées. La déclaration du Consulat à vie par la nation, obvie à ce grave inconvénient : elle imprime à toutes les opérations, dignité et stabilité, et par-là elle autorise une légitime confiance.

Le développement des attributions du Sénat, remet enfin en des mains sures le dépôt du pacte social. Cette grande charte, cette sainte arche d'alliance entre les divers membres du corps politique, ne pourra plus être violée dans la chaleur des débats, par des orateurs inconsidérés. Quiconque la toucherait, ne sera pas, comme chez les Hébreux, frappé de mort, mais de nullité. La dénonciation des violations de la constitution, était inconvenante de la part d'une partie de la législation : son titre et son institution indiquaient assez qu'elle devait se borner à l'examen des projets de lois. Le Sénat et le Gouvernment pourront seuls à l'avenir examiner et déterminer les modifications successives que nécessiteront les circonstances dans notre organisation politique : par-là on s'est enfin rapproché de cette salutaire maxime, appuyée sur l'expérience des siècles, que toute constitution doit être éprouvée par le temps.

Telle qu'elle est actuellement, notre constitution peut paraître rassurante aux bons esprits, quoiqu'elle ne satisfasse peut-être pas les démocrates et les royalistes. Cependant, s'ils voulaient se guider par l'expérience et se déterminer par des raisonnemens, en écartant toute prévention, je ne craindrais pas d'entrer en lice avec eux.

Je dirais aux premiers, il n'a jamais existé, il ne peut pas exister de véritable démocratie. La multitude dans toutes les nations a toujours été incapable de participer au Gouvernement : il faut par-tout en revenir à un système représentatif, pour éviter le cahos. La législation même dans des assemblées très-nombreuses, flotte au gré des passions et des divisions des partis. Il faut les régulariser, les contenir ces assemblées pour les rendre utiles. C'est ce qui fesait dire très-judicieusement à Thomas Hobbes, que la démocratie n'est que la tyrannie de quelques orateurs. Ainsi, les hommes même qui répugnent le plus à centraliser le pouvoir et la représentation, se rattachent, sans s'en douter, à l'empire de quelques hommes plus remarquables par leur audace et par la force de leurs poumons, que par la pureté de leurs intentions et la sagesse de leurs projets. Ce ne sont pas seulement les hommes qui ont une similitude d'opinion, qui se laissent influencer par la véhémence d'un orateur : n'avons-nous pas

vu

vu les hommes les plus opposés de partis et d'avis, être subjugués malgré eux, moins par les raisons que par les menaces et les secrètes machinations de quelques hommes féroces en possession de dominer les assemblées. Or , certes dans l'alternative d'une domination de ce genre et d'une domination légitime, prévue par la constitution, sanctionnée par le suffrage du peuple, il me semble que le choix ne saurait être douteux.

Dira-t-on que l'égalité n'a pas été suffisamment énoncée, consacrée dans la nouvelle charte constitutionnelle. Si l'on veut parler de ce niveau de fer que l'on promenait sur toutes les têtes, pour abattre celles qui dépassaient les autres ; si l'on veut parler de cette chimère de bonheur commun , de partage des terres , de confusion des rangs, j'avouerai sans peine que la constitution, loin d'avoir songé à conserver toutes ces belles choses, les a jugées pernicieuses. Vouloir introduire ce genre d'égalité dans les sociétés humaines , c'est vouloir détruire toutes les nuances, toutes les gradations que la nature elle - même laisse appercevoir dans toutes ses productions. Nous fait elle naître égaux en couleur, en taille, en force, en intelligence ? L'aigle plane au - dessus de la gazouilleuse alouette, l'éléphant apperçoit à peine la fourmi qui circule à ses pieds, le chêne altier protège l'humble gazon, et la république des

C

abeilles n'admet qu'une seule reine, un petit nombre de bourdons et une immense quantité d'ou-
vrières. Cette sage distribution des emplois et du
travail, entretient l'harmonie, favorise un utile
travail parmi ces insectes ; et on vient sérieusement nous proposer de tout confondre parmi les
hommes. L'hypocrisie peut bien tenir ce langage
à l'imbécillité, mais le commun des hommes est
doué d'une assez bonne dose de sens commun,
pour démasquer les charlatans politiques, et plaindre les sots qui en sont les dupes.

Mais, si revenant à des idées plus saines,
vous ne vous inquiétez que de l'égalité des droits,
la seule possible et la seule utile, je vous dirai :
ouvrez les yeux et voyez s'il est quelque loi
pénale, quelque loi fiscale, quelques lois rému-
nératrices ou bienfaisantes qui n'embrassent toutes
les classes de la société. Les emplois, les dignités,
sont accessibles à tous ceux qui sont capables de
les bien remplir. Combien de fils d'artisans, de
cultivateurs, occupent des places éminentes dans
les tribunaux, dans les administrations, dans les
armées. Plus de privilèges en matière d'impôt,
plus d'exemption de service militaire, par le
seul fait de la naissance, de la fortune ou de la
profession. Si vous ne reconnaissez pas à tous ces
caractères une parfaite égalité de droits, vous
m'autoriserez à penser, ou que vous n'entendez

pas bien la question, ou que vous n'êtes que l'écho des malveillans.

On peut combattre avec autant d'avantage le système qui tend à consacrer la monarchie comme le seul bon Gouvernement, le seul qui puisse garantir le maintien de l'ordre social. Peut-être même ici, ne faut-il que définir de part et d'autre les termes de la question pour la résoudre : il faut donc avant tout éclaircir ce que nous entendons respectivement par monarchie et par république.

Si dans votre manière de penser, la monarchie ne se compose pas seulement de l'unité et de l'hérédité du Gouvernement; si vous en faites un pouvoir monstrueux, qui réunit et confond l'administration et la législation, dont la volonté est l'unique règle, qui puisse distribuer exclusivement les emplois à une seule classe de la société, qui consacre les exemptions ou les modérations d'impôt en faveur de cette classe privilégiée, qui puisse à sa guise étendre et multiplier les contributions, sans justifier des besoins de l'Etat et de l'emploi des sommes levées sur les peuples; je vous l'avouerai, je ne vois aucune nuance entre votre système de Gouvernement et le despotisme absolu; je n'y vois aucune maxime libérale, mais bien un avilissement révoltant des sociétés humaines, pour le plaisir et l'avantage d'un seul homme, et d'un petit nombre de courtisans qui sont tous par la faveur du maître et rien par leur mérite, qui, superbes, riches dominateurs pendant quelques instans, pourront un jour, par l'effet d'un caprice, encourir une disgrâce subite, et être précipités pour jamais dans l'infortune.

Un tel Gouvernement ne saurait convenir à personne; pas même à vous qui le prônez sans vous rendre compte de sa nature et sans prévoir ses terribles effets. Par-tout, en effet, où un seul homme peut tout ce qu'il veut, qui vous garantira que sa volonté sera toujours en harmonie avec l'intérêt social et avec votre intérêt particulier? Visir aujourd'hui, vous pouvez demain recevoir le fatal cordon.

Je prévois ce que vous allez me répondre, et je me hâte de vous prévenir pour vous éviter de faux raisonnemens. Ce n'est pas le despotisme que vous voulez, c'est une monarchie tempérée : fort bien. Mais quel est le moyen, je vous prie, de modérer un pouvoir qui, par son essence ne connaît pas de limites, qui ne doit et ne rend compte à personne, ni de ses déterminations, ni du mode de leur exécution? Si par la force de l'usage, par l'apparent équilibre de quelques corps intermédiaires, votre Gouvernement ne se porte pas d'abord à des excès, attendez, observez, et bientôt vous le verrez renverser avec éclat, ou miner sourdement ces usages et ces intermédiaires qui lui font obstacle. N'est - ce pas ainsi qu'en France la cour en était venue à exiler et proscrire les magistrats courageux, qui se permettaient humblement quelques observations sur les édits émanés du seul bon plaisir du roi ? N'est-ce pas ainsi que sa noblesse même se voyait souvent préférér d'insolens parvenus ? n'est - ce pas ainsi que de vieux officiers , pleins de mérite et d'honneur, voyaient leurs services oubliés, et subissaient l'humiliation d'être commandés par des jeunes gens qui ne devaient leur élévation subite qu'à l'intrigue ou à des services de ruelle ? N'est-ce pas ainsi qu'un déficit de douze cents millions en capitaux et de cinquante-cinq millions d'intérêts annuels, s'était formé dans peu de temps et s'accroissait d'année en année? N'est-ce pas ainsi que la France avait perdu tout esprit militaire, tout sentiment d'honneur national, toute considération politique ?

Cependant ses derniers princes n'étaient pas des tyrans, mais ils étaient faibles, imprévoyans ; et dans une forme de Gouvernement où la volonté d'un incapable est aussi respectée, aussi absolue que celle d'un prince éclairé et bienveillant, la faiblesse est voisine de la tyrannie , elle n'empêche pas le mal, elle ne songe guères à procurer le bien. Les peuples sont ballottés de règne en règne, suivant le caractère du maître, les passions des ministres, l'injustice et l'avidité des courtisans.

Il faut toujours rapporter ces funestes effets à une cause vicieuse, à la maxime que la volonté royale peut seule faire loi ; et je ne connaîs point de tempéramens aux conséquences d'un tel principe.

Pour nous résumer, convenons donc d'une part, que la république mal organisée, livrée à la fougue des orateurs, aux caprices de la multitude, n'enfante qu'anarchie et désordre. Mais avouons en contre-partie, que la monarchie qui repose sur la volonté absolue du prince, dégrade l'espèce humaine, ne présente aucune garantie de bonheur, et conduit infailliblement au despotisme, lequel, après avoir comblé la misère des peuples, la dévastation des provinces, s'annéantit à son tour dans d'horribles convulsions, avec ses Visirs, ses Pachas, ses Janissaires.

Ces considérations puissantes n'avaient point échappé au grand homme que les circonstances ont fait appeler à la direction du Gouvernement, et que la reconnaissance du peuple y a maintenu. Il avait prévu dès long-temps les malheurs de la France, d'après les maximes démagogiques, professées dans les assemblées : il s'était rendu suspect aux gouvernans, pour n'avoir pas approuvé une république sauvage, où tout était disposé pour reproduire l'arnachie, et rien pour conserver l'ordre social et l'empire des lois. Le Gouvernement représentatif, leur disait-il, deviendra le Gouvernement de l'Europe, quand il sera bien gradué, quand il sera devenu rassurant.

Cette idée seule démontre bien le caractère franc et libéral d'un grand homme, et d'un ami de l'humanité : bien méditée elle peut conduire à des résultats également satisfaisans pour tous les partis. Nous ne voulons assurement les uns et les autres, ni le despotisme, ni l'anarchie : l'un cependant dérive nécessairement de la cumulation des pouvoirs législatif et de Gouvernement sur la tête d'un seul homme, du faux principe qu'il tient ses pouvoirs de Dieu seul, et de la funeste conséquence que sa seule volonté est toute-puissante.

L'anarchie à son tour est inséparable de tout ordre de choses, où la multitude est appelée aux délibérations, où les pouvoirs législatif et constitutionnel sont commis à une seule et nombreuse assemblée, sans initiative et sans moyen d'opposition de la part du Gouvernement, où le Gouvernement confié également à plusieurs hommes, sans aucune gradation, se renouvelle périodiquement par des suffrages populaires.

Des ces Gouvernemens extrêmes, mal conçus et toujours inquiétans, ne peut-on donc faire ressortir un Gouvernement mixte, qui prenne de chacun des deux autres ce qu'ils ont d'avantageux, en mettant à l'écart ce qu'ils ont de dangereux.

Mais si nous étions déjà sur la voie de cet amalgame politique, de ces heureux tempéramens qui garantissent la stabilité des constitutions, la sagesse de la législation, la modération du Gouvernement, ne devrions-nous pas, oubliant nos erreurs et nos discordes passées, affectionner un ordre de choses aussi consolant, assister de tous nos moyens le héros qui, dans les camps et au milieu des horreurs de la guerre, avait conçu ce beau plan de conciliation; ce plan qui, si nous voulons enfin nous réunir et nous entendre, doit élever la France au plus haut degré de splendeur et de prospérité? Ne craignons pas que dans cette élévation nous puissions devenir un objet d'inquiétude pour les nations et les autres Gouvernemens. Quand ils nous verront tranquilles, heureux et modérés, ils ne concevront point d'ombrage d'un état de choses qui sera le résultat de la sagesse et non de l'ambition. Les qualités morales, les vertus sociales, les bons principes de Gouvernemens, aussi féconds que la lumière qui se divise et se communique sans s'affaiblir, ne sont point des objets d'envie, mais d'une vive émulation et d'une louable imitation.

Les bonnes constitutions mettent sagement en réserve les moyens de se modifier et de se perfectionner avec le temps. Elles sont donc au présent et au futur, le principe de toutes sortes de biens. L'eau qui dérive d'une source empoisonnée, porte dans tout son cours le desséchement, la stérilité et la contagion. Mais l'eau fournie par une source bien pure, répand dans tous les lieux où elle se promène, la fraîcheur, la riante verdure, l'abondance, la santé et la vie; de même, les mauvais ou les bons Gouvernemens, rendent les hommes vicieux ou vertueux, et les institutions secondaires sont toujours assorties à l'organisation fondamentale, à l'organisation politique.

En fesant l'application de ce principe lumineux nous devons en retrouver parmi nous les heureux résultats, si véritablement notre constitution s'est éloignée et d'une fausse popularité et de l'arbitraire d'un pouvoir unique et absolu. Nous pouvons dès-lors conjecturer d'avance que toutes les mesures du Gouvernement portent l'empreinte de la modération et de la bonté, toutes les lois, l'empreinte de la réflexion et de la sagesse, tous les établissemens, l'empreinte de la plus grande utilité publique.

C'est ici véritablement que les exemples les plus nombreux, les plus frappans, viennent confirmer en point de fait, les maximes et les conséquences qu'avait fournies le raisonnement.

Et d'abord, en ce qui concerne le Gouvernement consulaire, au lieu de se traîner sur les traces sanglantes ou fangeuses de ses devanciers, au lieu d'opposer sans cesse les partis les uns aux autres, véritable moyen de fomenter toutes les divisions ; au lieu de se livrer aux recherches inquisitoriales, aux proscriptions, aux vengeances, vous le voyez pardonner dès son début à ceux même qui tentèrent l'étouffer à son berceau. -- Vous le voyez annoncer l'espoir et présenter les moyens d'une réconciliation honorable aux révoltés. -- Vous le voyez alléger le sort des prêtres catholiques renfermés sous le directoire. -- Vous le voyez fesant cesser les viles délations, les clandestines dénonciations. -- Vous le voyez cherchant à démêler dans tous les partis les hommes de mérite pour les placer chacun suivant leur capacité, et les forcer par des relations de places à se mieux juger, et à s'estimer réciproquement. -- Vous le voyez brisant les tables de proscription accumulées sous le règne des assemblées populaires, des clubs désordonnés, des comités révolutionnaires, graduer sa clémence et sa justice, sur sa force et sur ses succès. Une foule d'hommes insensés ou coupables dans le principe, mais probablement éclairés par le malheur, gémissaient, délaissés, avilis sur des plages étrangères. Des lois terribles, et en apparence irréfragables, les condamnaient à ne jamais revoir une terre natale et long-temps hospitalière. Ces

lois sont interprétées , modifiées ; et par la bienfaisante intervention du Gouvernement, une am-
nistie est accordée par la mère patrie à tous ses
enfans égarés , dans l'idée qu'un grand bienfait
excitera en eux une reconnaissace durable. -- Enfin , les idées religieuses s'étaient affaiblies dans
le désordre des agitations populaires ; les tem-
ples avaient été fermés, les autels renversés,
leurs ministres proscrits. BONAPARTE qui pense
avec raison, que la morale et les opinions religieuses sont inséparables, qu'il n'apartient point
aux Gouvernemens de régenter la conscience des
citoyens, et moins encore d'abolir la croyance la
plus générale, négocie loyalement avec le saint-
Siège, et reproduit par un heureux accord de
l'Église et de l'État, cette religion cousolante dont
le Divin fondateur avait le premier préché l'é-
galité des droits, l'amour du prochain , la
charité compatissante qui soulage les misères
humaines. En même-temps par une politique
admirable dérivée de ce grand principe que
Dieu est seul juge des croyances et des réli-
gions diverses, il consacre pour toutes et chacune, des principes et des mesures de protection de la part de l'État, et des motifs de to-
lérance entr'elles. Par - là toutes les sectes du
christianisme doivent naturellement chercher
à se rapprocher ; par-là, sont remises en vi-

gueur et en pratique, ces maximes sublimes d'un Dieu de paix, qui, pouvant confondre ses ennemis dans sa toute-puissance, voulut souffrir les affronts, les humiliations, la mort même; qui chercha pendant toute sa vie passagère et humaine, à ramener les hommes par la persuasion; ne légua à ses disciples que le don de la parole, et fonda uniquement la propagation de la foi sur des moyens persuasifs et consolateurs.

La douceur et la libéralité des actes du Gouvernement, font aisément présumer que la législation à laquelle il participe par la proposition des lois, présentera les mêmes caractères : essayons d'en analyser rapidement quelques parties.

Nos nouvelles lois sur les finances tendent évidemment à procurer une plus égale répartition, une plus facile et moins dispendieuse perception des impôts ; à ne pas laisser dans les caisses des fonds oisifs, à réduire les dépenses, à augmenter les recettes, à faire circuler le numéraire, à ramener la confiance et le crédit, par une comptabilité sévère, par une balance qui mette chaque instant à jour toutes les opérations, par la création d'une caisse d'amortissement pour diminuer progressivement les intérêts qui pèsent sur l'État, et par l'établissement d'une banque nationale, qui, escomptant, à un taux modéré, les effets des capitalistes, des maisons de commerce, des spéculateurs agricoles et industriels, fasse baisser sans secousse l'intérêt des placemens, et détruise à la longue, l'usure, qui, paralysant la main - d'œuvre, ruinant le commerce et les manufactures, échappe aux lois prohibitives, et cède malgré elle aux lois d'ordre et aux mésures de prévoyance.

Les lois qui réglent l'État, les dispositions et les engagemens des citoyens, n'avaient été qu'esquissées. Elles sont aujourd'hui presque complètes.

L'état des personnes, le soin des mineurs, les donations, les testamens, les mariages, la puissance paternelle, ont été réglés, après des discussions approfondies, à la satisfaction générale. On a compulsé tous les recueils, on a provoqué toutes les lumières pour en résumer tout ce qu'il y avait d'utile, et pour faire cesser la disparité choquante des coutumes locales et des droits diversement établis, adoptés, interprétés dans chaque ancienne province. L'institution du divorce qui avait donné lieu à tant de dissertations contraires et peut-être à tant de désordres secrets, a été modifiée avec beaucoup d'art et de sagesse ; la séparation de corps a été remise en usage pour les personnes ti-morées, qui croient qu'il n'appartient pas aux hommes de dissoudre un mariage, d'après la maxime que l'homme ne doit point séparer ce que Dieu avait assemblé et uni. Par cette double précaution, toutes les consciences sont en repos, tous les ménages ont intérêt à l'union ; le sort des femmes qui font le charme de la vie domestique et l'ornement de la société, se trouve dans tous les cas suffisamment protégé.

Leur bonne conduite, leur décence, qui ont une si grande influence sur le bonheur des familles, sur les mœurs des particuliers et des nations, sont également assurées par les dispositions législatives qui règlent le sort des enfans ; qui n'admettent plus la simple incompatibilité d'humeurs pour motifs de divorce ; qui veulent que la séparation des époux, ou la dissolution du mariage soient environnées des plus humiliantes et des plus lentes formalités, qu'elles soient basées sur des sévices, des violences, des excès répétés et dégénérés en habitudes vicieuses et punissables.

La partie de la législation qui a trait à l'agriculture, à l'industrie et au commerce, n'a pas moins attiré l'attention du Gouvernement, et elle dépose également de ses intentions bienfaisantes, de ses soins paternels. Par-tout les so-

ciétés qui s'occupent de l'économie rurale ont
été rétablies ou encouragées, les jardins de bo-
tanique, les pépinières favorisées par des en-
vois de graines, par des dispositions de fonds.
Les sèmis, les plantations ont été indiqués,
encouragés. Tous les moyens de communication
qui, par la facilité et le bas prix des transports des denrées et des marchandises, mul-
tiplient les moyens d'échange et de consommation, ont fixé l'attention du Gouvernement.
Indépendamment des produits des droits de
passe montant à quinze millions, on a destiné
cette année, un fonds extraordinaire presque
double pour des perfectionnemens, ou de nouvelles percées de route, pour ouvrir des canaux,
pour édifier ou compléter des ouvrages d'art.

Dans les vastes projets du premier Consul, si
dignement secondé par le Ministre et le Con-
seiller d'État préposés à cette partie d'Administration, toutes les mers qui ceignent la France,
toutes les rivières qui la traversent doivent se
lier, se communiquer par des canaux. On pourra
ainsi faire circuler à peu de frais, les plus lourds
fardeaux; on pourra alimenter les manufactures
et les arsenaux, du nord au midi, du levant au
couchant, du centre aux principaux aboutissans
de la vaste circonférence de la France. -- Nos
ports de commerce, nos ports de guerre et de

construction, si long-temps inutiles, dégradés, encombrés, vont tous être successivement réparés. Il nous en manquait de cette dernière espèce sur la Manche et sur la mer du Nord. La nature nous les avait refusés ; les prodiges des arts vont triompher de la nature. Anvers et Cherbourg, par une suite de travaux presqu'inconcevables, vont recevoir cette grande et utile destination. Les plus riches navires du commerce, les plus grands vaisseaux de guerre y trouveront en tout temps sureté, protection, réparation. Ils présenteront à-la-fois, et les débouchés les plus intéressans pendant la paix, et les boulevards les plus formidables en cas de guerre.

Tout s'anime, tout marche pour ainsi dire de concert, par la volonté des Gouvernemens fermes et éclairés. Les arts mécaniques et toutes les manufactures n'a guères languissans, paralysés, ont reçu depuis deux ans la plus fructueuse impulsion. Dès long-temps, l'Europe était notre tributaire, pour quelques-uns de nos produits agricoles, tels que nos vins et nos eaux-de-vie. La culture des vignes s'est étendue, les bonnes méthodes pour parvenir à faire de bons vins, des bonnes eaux-de-vie, ont été fixées et publiées par les soins et les lumières du Ministre de l'Intérieur, honorable émule de Sully pour l'agriculture, de Colbert pour les fabriques, la France lui est extrêmement

redevable

redevable sous ces deux rapports, par son ouvrage sur les vins et par de nouveaux procédés pour le blanchiment des toiles de fil et de coton, procédés plus économiques et plus prompts que tous ceux jusqu'alors usités.

Sous les rapports industriels, nous ne connaissions guères de concurence depuis long-temps pour nos draps fins, à raison de leur bonté et de leur souplesse; pour nos soieries à raison de leur qualité, de leurs brochés, de leurs dessins; pour nos linons à raison de leur blancheur, de leur éclat, de leur finesse; pour nos dentelles, à raison de leur contexture et de leur solidité; pour notre orfévrerie, à raison de ses belles proportions et de son fini précieux; pour nos modes enfin, à raison de leur mobilité, de leur légereté aërienne, de leur grâce inimitable. Mais nous étions restés au-dessous de plusieurs de nos voisins, pour certaine partie du travail des cuirs, pour les aciers, les limes, la taillanderie, la clincaillerie, les filatures de coton, les basins, les piqués, les mousselinettes, les casimirs. L'incorporation à la France, de la Belgique, des départemens situés le long du Rhin, et du Piémont, nous a mis en communication de la bonne fabrication d'une partie de ces articles. La plus active industrie poursuit ce qui nous manque, et plusieurs de nos artistes et de nos fabricans ont déjà fait en ce

D

genre, des conquêtes qui les enrichissent et qui honorent la nation.

Ne nous étonnons plus dès-lors, si l'Angleterre violant la foi des traités les plus solennels, n'a pu voir, sans une infernale jalousie, cette impulsion du Gouvernement et ce concours de tous les artistes, de tous les commerçans vers des objets d'une si grande utilité. Dans la position où elle s'est placée, dans l'état de ses finances, dans les principes de son Gouvernement ; elle doit s'allarmer davantage des conquêtes de l'industrie et de la restauration de la marine des autres nations, et sur-tout de la France, que de l'extension de leur territoire sur le continent. Elle est donc réduite à provoquer la guerre, quand elle appréhende de voir déchoir son monopole si long-temps toléré par la faiblesse ou l'imprévoyance.

Ce n'était pas assez pour le Gouvernement de nous rappeler, par sa modération et sa bienfaisance, à notre ancienne urbanité, à notre primitive amabilité, à ces mœurs accueillantes et hospitalières qui nous attiraient un si grand concours de riches étrangers ; il a voulu aussi faire succéder à la frivolité qui déparait nos autres qualités, le goût des lettres, des sciences, des arts. La formation ou l'accroissement du jardin des plantes, du musée d'histoire naturelle, du musée des arts, de l'institut national, de la bibliothèque

nationale, attestent sa munificence, et font aujour-
d'hui de la capitale de la France, le plus riche
dépôt qui ait jamais existé dans aucun siècle, et
dans aucune région de la terre, des productions
de la nature, des collections d'art, des chefs-
d'œuvre de l'esprit humain.

Pour conserver tant d'avantages, pour mettre
en valeur tant de bienfaits, deux choses sont
indispensables dans l'état actuel de l'Europe, dans
la position respective des grandes puissances ;
savoir : l'instruction publique qui soustrait les
hommes à l'ignorance, à la barbarie, qui déve-
loppe toutes les facultés intellectuelles, qui conduit à toutes les professions élevées et utiles, et
qui contribue tant à former un grand caractère
national ; et l'organisation militaire qui entretient
la vigueur des corps et des ames, qui façonne les
hommes à l'ordre sans minutie, à la subordination
sans bassesse ; qui fait naître l'héroïsme et le
dévouement à la patrie ; qui fait enfin respecter
les nations, les force à des égards, à des principes de droit public, les unes à l'égard des
autres, et les met en garde contre leur réciproque
ambition. Voyons ce qu'a fait le premier Consul
pour procurer ces deux importans objets.

L'iustruction dans l'ancien régime avait probablement servi plus que toute autre cause à tem-
pérer les abus d'une autorité absolue ; on ne

peut pas nier qu'elle ne fut très répandue et passablement dirigée ; mais on peut douter si elle ne favorisait pas trop exclusivement l'étude des langues anciennes, au détriment des sciences exactes, de l'étude de l'histoire, de la géographie, de la physique et des beaux-arts. On peut soupçonner aussi qu'elle n'était pas bien en harmonie avec nos mœurs et avec la nature du Gouvernement.

L'assemblée constituante entendit sur cet objet des rapports pleins d'excellentes vues, mais elle n'en tira aucun résultat ; elle ne régla rien sur l'éducation publique. Lorsque cet objet fut repris après la mort des décemvirs, les passions étaient encore trop effervescentes, les idées trop exaltées, l'incohérence, l'insubordination, étaient pour ainsi dire posées en principe et réduites en pratique ; de fausses maximes d'égalité, de liberté, altéraient jusque dans le sein des familles, l'autorité légitime des pères et des maîtres. L'instruction publique dût s'en ressentir encore davantage, le plan dût-être manqué ; conséquence assez démontrée par les résultats.

Éclairé par les précédentes discussions et par une expérience de plusieurs années, on a mis à profit ce qu'avaient de bon les anciens établissemens d'éducation, sous la monarchie, et les plus récens depuis l'érection de la république. Dans les lycées, substitués aux anciens collèges et aux écoles centrales, l'enseignement participe des deux méthodes. Les élèves sont pliés par des châtimens bien assortis, bien gradués et peu avilissans, à cette docilité, à cette dépendance sans laquelle la fougue et l'inconsidération de la jeunesse rendent son instruction et sa moralité presqu'impossibles à procurer ou à espérer. Les professeurs jusqu'alors livrés à eux-mêmes, affranchis de toute surveillance, de toute régularité, sont placés sous l'autorité tutélaire d'un proviseur, d'un censeur, d'un inspecteur des études. Pour développer la plus active émulation, chaque année un concours est ouvert entre les élèves des lycées et ceux des écoles secondaires. Pour assurer la bonne tenue des établissemens, l'uniformité des études, des inspecteurs généraux, choisis dans le sein de l'Institut national, visitent, examinent et les jeunes gens et les professeurs, et les officiers de chaque maison. Il doit en résulter une louable conduite, une grande décence, d'excellentes leçons et de salutaires exemples de la part des supérieurs; et comme l'honnêteté, la moralité, les soins des maîtres ont la plus grande influence sur l'esprit et le cœur des jeunes gens; on sent assez qu'avec de tels moyens, le but d'une semblable institution est bien assuré.

Mais il est quelques particularités qui distinguent éminemment le plan d'éducation récemment adopté par le Gouvernement.

La première de ces particularités, c'est la tenue militaire des élèves ; elle procure l'avantage des développemens physiques, en même temps que le plan des études pourvoit au développement intellectuel ; elle assure le maintien des élèves ; elle leur fait perdre cet air gauche qu'ont des enfans timides, et leur donne un air d'assurance sans fatuité ; elle les accoutume de plus en plus à une utile subordination : elle fait succéder à des peines honteuses, des peines d'opinion qui, bien entendues, bien ménagées, sont bien autrement puissantes que les corrections manuelles.

La seconde particularité qui doit frapper d'admiration les nationaux et les étrangers, c'est la sollicitude paternelle du Gouvernement, pour étendre les bienfaits de l'éducation publique, aux enfans des familles les plus indigentes, sans distinction de naissance ou d'état, et par la seule considération des dispositions des élèves et des services des parens. La libéralité du Gouvernement a dépassé à cet égard toute espérance et tout ce qu'avait jamais fait aucune république, aucune monarchie. Six mille élèves seront reçus, formés et entretenus dans les lycées, sur les fonds du trésor public ; quelle source d'instruction ! quelle pépinière d'excellens sujets ! ils seront bien véritablement les enfans de l'État. Pourraient-ils n'en pas être les zélateurs et les soutiens ?

Les bons maîtres et les bons ouvriers, dans les arts mécaniques, sont bien aussi intéressans que les savans, dans une grande nation. Le premier Consul qui prévoit tout, qui saisit tout ce qui est utile, veut que l'établissement de Compiègne soit consacré aux enfans robustes, et donne l'apprentissage gratuit ou peu cher, de la charpente, de la forge, de toutes les mécaniques.

La médecine, la pharmacie, la jurisprudence, fixent aussi son attention ; livrés long-temps à la routine, à l'ignorance, à l'inexpérience, toutes ces professions utiles qui ont tant d'influence dans la société, vont rejetter de leur sein tous les intrus, tous les incapables qui en avaient profané l'exercice, au détriment de l'humanité.

L'organisation militaire ne pouvait être indifférente à un général qui avait cueilli tant de lauriers, qui avait érigé à la patrie tant de trophées de gloire. Il savait que la faiblesse, la déconsidération, et peut-être la chûte de l'ancien Gouvernement, provenaient de ce qu'il avait négligé l'armée, de ce qu'il avait laissé dissoudre les plus beaux corps, de ce qu'il n'avait porté aucun soin à discerner, à honorer le mérite, de ce qu'il avait borné l'admission dans les emplois militaires à une caste privilégiée ; de ce que parmi ces nobles officiers, les plus jeunes, les mieux faits, les plus insinuans auprès des femmes de la cour, passaient, comme on dit militairement, sur le corps des plus vieux, des plus intelligens, des plus recommandables par leurs services ; incurie, négligence fatale qui avait découragé, désorganisé l'armée, qui devait éteindre tout esprit militaire, abaisser la France dans l'opinion de tous les Gouvernemens, et lui faire retirer toute participation, toute influence dans les entreprises de ses voisins, dans la balance politique de l'Europe.

Voir les vices d'une institution et saisir promptement les plus surs et les meilleurs moyens de l'améliorer, c'est un des talens caractéristiques du premier Consul ; c'est surtout au Héros, qui s'est mesuré à la tête des troupes de sa nation, avec les armées de toutes les puissances de l'Europe, avec les milices brutales et insubordonnées des Ottomans, avec les hordes sauvages et belliqueuses des tribus Arabes, avec l'impétueuse cavalerie des Mameluks, qu'il convenait, qu'il appartenait, de concevoir et d'exécuter les institutions militaires les mieux assorties aux connaissances de son siècle, au climat, à la position politique, à l'esprit de sa nation : aussi, d'après toutes les traditions orales, sommes-nous fondés à croire que Bonaparte a combiné et produit de lui-même, tous les règlemens relatifs à l'éducation et à l'instruction militaire, aux récompenses d'opinion, aux distinctions honorifiques.

C'est de lui sans doute, qu'est venu l'idée d'introduire, même dans les lycées, une tenue, une subordination et des exercices militaires : par ce moyen, tous les jeunes français prendront de bonne heure le goût des armes et commenceront à s'intéresser, dès la plus tendre adolescence, au sort des guerriers, au sort de la patrie. Ces premières impressions doivent ne s'effacer jamais et fructifier sans cesse, s'il est vrai, comme l'a dit Paschal, que le caractère de chaque homme soit le produit de ses habitudes. L'esprit militaire allié avec des idées libérales et des idées politiques, est nécessaire à une grande nation, entourée de voisins puissans. Malheur aux Gouvernans qui laissent éteindre ce feu sacré !

Cette première éducation appliquée à tous les citoyens, a donc toutes sortes d'avantages, dans un Gouvernement modéré et représentatif ; mais elle ne suffirait cependant point à former de bons soldats ou de bons officiers : on sent assez qu'il faut une institution plus précisément adaptée à cet objet. Ce fut autrefois le but des écoles militaires : mais, par suite de ce mauvais esprit qui présidait, dans un Gouvernement débile et illimité, aux établissemens les plus utiles, on avait fait la faute capitale d'avilir la masse de la nation, de l'exclure des grades militaires, pour en doter quelques milliers de famille ; comme si la nature avait reservé la vigueur, l'intelligence et la constance qui doivent être les principaux caractères des guerriers, aux jeunes gens les plus énervés par la molesse, par le luxe, et les moins bien constitués, d'après la vie désordonnée à laquelle étaient presque condamnés les gens de cour ou les gens du grand monde, par l'effet de leurs relations sociales, et par l'exaltation de leurs passions.

Élevé dans l'une de ces anciennes écoles militaires, le Consul en connaissait les avantages et les vices : parvenu au pouvoir suprême, il dût naturellement conserver les uns et bannir les autres dans la nouvelle organisation : une seule école militaire, a été par lui érigée ; ce qui donne peut-être le moyen d'y réunir un plus grand nombre d'élèves, de les mieux former à la vie des camps et aux grandes évolutions, de leur donner un plus grand nombre de maîtres et les mieux choisir.

Cette école placée à la campagne, assez loin de Paris, pour éviter aux élèves la contagion morale et physique des grandes villes, et assez près pour que l'auteur de cette belle conception, puisse à l'improviste visiter son établissement, cette école, disons-nous, recevra douze cents élèves, six cents aux frais du Gouvernement, et sixcents autres, comme pensionnaires : c'est-là que la richesse et la médiocrité réunies appprendront aux jeunes militaires à priser peu la fortune et beaucoup le mérite : c'est là que seront placés par l'État, les enfans des officiers morts au service de leur patrie, ou qui ont bien mérité d'elle par leur conduite ; les enfans des fonctionnaires civils qui auraient fait preuve de désintéressement, et qui auraient ambitionné, par-dessus tout, la considération publique dans l'exercice de leurs fonctions : c'est là que cette amalgame des enfans de militaires et des enfans d'autres citoyens, leur démontrera à tout instant que toutes les professions sont utiles, que toutes peuvent être rendues honorables, que l'on peut se destiner aux unes ou aux autres, suivant ses goûts, mais que toutes se doivent égard et assistance.

Cette école sera un camp stationnaire et quelquefois une colonne en marche, d'autrefois une petite armée aux prises et en action. Les mets les plus simples, les exercices les plus

durs, les privations, les fatigues, seront souvent
à l'usage des élèves : toutes les connaissances
de théorie, toutes les applications de pratique
dans toutes les armes et dans toute espèce de
tactique, seront mises à leur portée : ils seront gradés à proportion de leur aptitude,
de leur subordination, de leurs dispositions.
Pouvait-on rien imaginer de plus capable d'é-
lever l'ame, d'endurcir le corps, et préparer toutes sortes de bons officiers aux armées françaises ?

Mais chez une nation vive, sensible, susceptible d'enthousiasme et d'honneur, il ne
suffisait pas sans doute de songer à l'instruction de
la jeunesse guerrière, il importait aussi d'assurer le
sort des militaires composant l'armée active, que
des blessures graves ou de longs services for-
çaient à prendre leur retraite : il importait d'entretenir l'enthousiasme, d'honorer, de consacrer, pour ainsi dire l'héroïsme et le dévouement
des braves qui se seraient signalés par des actions d'éclat. L'ancien Gouvernement avait créé
à cet effet, un ordre militaire avec une décoration extérieure et une faible pension; les
assemblées et le directoire n'avaient su parler que de leur milliard, ridicule chimère ou
dangereuse réalité : les héros seuls savent dignement honorer leurs compagnons d'armes. Le
premier Consul, dans une inspiration de génie,

conçoit l'idée sublime d'une légion d'honneur, de la consistance d'environ six mille hommes, répartis en quinze cohortes et placés dans différens départemens. Le fonds de cette légion se compose de tous ceux qui ont eu la gloire insigne d'obtenir des armes d'honneur. Dans une armée toute composée de braves, il faut avoir fait preuve d'un héroïque valeur pour obtenir d'être démélé dans la foule, d'être particulièrement honoré, revêtu d'armes choisies et proposé pour modèle à tous ses frères. Plusieurs militaires de la Haute-Loire, ont su mériter cette grande et honorable distinction : ils assistent à la scéance et je vous les présente, au nom du Gouvernement, avec le sentiment d'un orgueil national bien légitime, puisqu'ils ont honoré leur pays, et avec un égal sentiment de gratitude, puisqu'ils ont si éminemment contribué à notre défense, et à nos conquêtes. Les fonctions de ces braves légionaires d'honneur, seront désormais de protéger les institutions libérales du régime représentatif, du Gouvernement consulaire, d'empêcher le retour de la féodalité, et de se dévouer pour la patrie, si elle avait encore besoin d'invoquer le secours de leurs bras. Oh ! admirable Légion d'honneur ! tu donneras le spectacle d'un noblesse personnelle, qui aura tous les avantages et aucun des inconvéniens de la noblesse héréditaire : l'une suppose un grand mérite, l'autre n'était due qu'au hasard de la naissance ; l'une est propre à entretenir dans toutes les classes, le goût des hauts faits d'armes, le feu sacré de l'enthousiasme militaire ; l'autre, dispensant de tout mérite et de tout service, n'était propre qu'à l'affaiblir ou à le faire évanouir. Cette légion sera au besoin, le bataillon sacré des Thébains, l'élite des Spartiates, qui va garder les thermopyles, la colonne granitique des plaines de Marengo, qui brave l'artillerie ennemie, qu'on peut bien foudroyer, mais qu'on ne peut ni enfoncer ni ébranler, tant qu'il reste un homme vivant.

Et c'est avec un tel Gouvernement, avec des lois si sages, avec des institutions si libérales, avec une légion d'honneur, que la délirante Albion ose nous ménacer de vomir sur nos côtes, une armée royale, pour asservir la France et rétablir le pouvoir absolu......

Vils spéculateurs ! qui marchandez chez toutes les puissances l'assistance des armées étrangères par le sentiment de l'insuffisance de vos forces et de la nullité de vos armes : vainement vous croyez intéresser l'Europe à vos parjures : peut-on avoir oublié avec qu'elle lâcheté vous abandonniez en Hollande les colonnes russes à leurs propres forces et à leur aveugle courage ; avec qu'elle déloyauté, vous avez ensuite refusé d'acquitter leur solde : et nos ci-devans émigrés, aujourd'hui revenus de leurs erreurs, rentrés dans leurs foyers, recueillis par la mère patrie, ne se souviennent-ils plus que vous leur refusâtes à Toulon un asile sur vos vaisseaux, et que vous les immolâtes à Quiberon par la mitraille et les boulets? Vous avez tellement le sentiment de notre supériorité que vous êtes obligés, de prendre à service et de pensionner deux généraux transfuges qui ont trahi la France, comme si ces deux traitres pouvaient étonner et effrayer la nation qui les a rejettés de son sein. . . . . . Vous parlez de venir à nous, tandis que l'Irlande agite ses chaînes, aiguise, faute d'armes, le soc des charruës, pour en armer les bras robustes de ses cultivateurs et de ses artisans, contre votre insupportable domination. Vous voulez venir à nous, et vous entassez autour de Londres même les fortifications et les batteries; et vous paralysez toutes vos fabriques pour composer une milice des hommes de 15 à 60 ans. Vous avez peur, et vous croyez nous effrayer. Tremblez, tremblez enfin, la vengeance de la grande nation s'apprête! Les élémens nous deviendront propices, quand ils vous seront contraires, l'élite de l'armée Romaine abordera sur des milliers de vaisseaux la seconde Carthage ; et si dans le droit actuel des nations, votre existence politique n'est pas effacée, du moins elle sera remise dans ses justes proportions, et vous ne serez plus un objet de scandale, un modèle de déloyauté, un arsenal d'infernales machinations, une forteresse dominatrice des mers, un comptoir exclusif des bénéfices du commerce.

ODE NATIONALE,
PAR LEBRUN.

Discite justitiam. . . . . Virg. Æn. lib. VI.

TANDIS que la Tamise, en ses mornes rivages,
Dans son perfide sein méditant les ravages,
Roule une onde infidelle et jalouse des lis,
La Seine aux bords riants, nymphe tranquille et pure,
Porte son doux crystal, ennemi du parjure,
      à l'immense Téthis.

Téthis voit accourir à son humide trône
Le Tibre, l'Eridan, et le Tage, et le Rhône,
Le Méandre incertain, le rapide Eurotas,
Et le Volga pressant son onde hyperborée,
Le Danube au longs cours, le Rhin, l'Elbe et la Sprée
      Amante des combats.

Là, sous des bois vermeils inconnus aux dryades,
Erraient de toutes parts de bruyantes nayades :
Tous les fleuves du monde y roulent leurs destins :
Tous, ceints d'algue et de joncs, s'inclinant sur leur urne,
Près du fils orageux de l'antique Saturne
      Partagent ses festins.

La Tamise elle seule, ivre de sa fortune,
Et dédaignant l'honneur des banquets de Neptune,

             E

Entraînait aux combats ses perfides vaisseaux;
aux bords américains déjà soufflant la guerre,
Son orgueil affectait l'empire de la terre,
    Et le sceptre des eaux.

Sous les mers cependant les jeunes néréides
Ont prodigué les fruits nés de leurs champs humides;
Les coupes du nectar animent leurs banquets ;
Et l'ambroisie exhale une nue odorante
Qui parfume à longs flots la voûte transparante
    Des liquides palais.

De l'Oyo (1) tout-à-coup la nayade lointaine
Les frappe de ses cris, pâle, et fuyant à peine
A travers l'Océan de barbares vainqueurs:
Ses regards éperdus, sa tête échevelée,
De roseaux teints de sang horriblement voilée,
    Attestent ses malheurs.

Vengeance ! criait-elle : ô Neptune ! vengeance !
Quel forfait de mes bords a souillé l'innocence !
J'ai vu la paix trahie abjurer nos climats.
Et toi, Seine, frémis à mes accens funèbres!
La Tamise triomphe; et ses exploits célèbres
    Sont des assassinats.

Crédule à cette paix que l'infidelle atteste,
Hélas ! je reposais dans un calme funeste:
Un cœur pur de soupçons est rarement armé.
Mes fils, sans crainte errans, dans leurs concerts sauvages,
Chaque jour éveillaient l'écho de mes rivages
    Au nom d'un peuple aimé.

---

(1) Les bords de l'Oyo furent le théâtre des hostilités des anglais
en pleine paix.

Quand l'affreux ravisseur de la triste Acadie (2),
L'anglais que sur mes bords guidé la Perfidie,
Fondé et voue un rempart à la Nécessité (3) ;
De là , son glaive impie et ses feux sacrilèges
Chassent les dieux, la paix, et de nos privilèges
      Bravent la sainteté.

Le français se reveille au bruit de cette audace ;
Il sait du noir rempart l'insolente menace,
Et son courroux vengeur suspend encor ses traits :
Avant de foudroyer le crime et son asile,
La sainte Humanité confie à Jumonville (4)
      Le rameau de la paix.

Il part : quinze guerriers, compagnons de son zéle,
Le suivent jusqu'aux bords de l'enceinte infidéle :
Il parlait ; il offrait l'olive à ces pervers.
O crime ! il tombe aux pieds de l'assassin farouche :
Le doux nom de la paix expire sur sa bouche ;
      Sa troupe est dans les fers.

Dieu des mers, tu l'entends ! dit la Seine éperdue ;
On égorge mes fils ; leur sang coule à ta vue ;
Et ce sang généreux ne serait pas vengé !
Ne suis-je plus ta fille ? ô Neptune ! et toi-même

---

(2) Presqu'isle de l'Amérique septentrionale , sur les frontières
orientales du Canada , que les anglais envahirent par une violation
des traités.

(3) Les anglais appelèrent de ce nom le fort qu'ils bâtirent sur un
terrain usurpé , justifiant ainsi un attentat par une injure.

(4) Jeune officier français plein de talent et de vertus. Député
vers les anglais par M. de Crevecœur, commandant le corps de
troupes posté sur les bords de l'Oyo , il fut assassiné lâchement, au
mépris des lois de l'humanité et des droits des nations.

N'es-tu plus souverain de ce trident suprême
      Par l'anglais outragé ?

Voilà cette Albion, ce peuple magnanime
Que le savoir éclaire et que l'honneur anime !
C'est lui qui lâchement ensanglante la paix :
De la terre et des mers déprédateur avare,
Au huron qu'il dédaigne et qu'il nomme barbare
      Il apprend les forfaits.

Tu voulus que tes flots unissent les deux mondes;
Et du libre Océan il enchaîne les ondes !
Le cris des nations redemande les mers (5).
Purge tes flots sacrés de ses voiles parjures;
Venge le sang français, mes larmes, mes injures,
      Toi-même et l'univers.

Elle dit; et ses sœurs autour d'elle gémissent :
Attendris, indignés, tous les fleuves frémissent;
Tous craignent d'enrichir l'insulaire odieux :
La nymphe au lit d'argent, l'Orellane en frissonne;
L'or du Tage pâlit; et le Gange emprisonne
      Ses crystaux radieux.

Fleuves, rassurez-vous, dit l'époux d'Amphitrite :
Au livre des Destins la vengeance est écrite;
Albion expiera les maux de l'univers.
Avant que la Tamise ait compté quelques lustres,

---

(5) Ce vers, qui, par le privilège attaché aux beaux vers, a l'avantage de pouvoir voler de bouche en bouche, et de rester gravé dans la mémoire; ce vers, qui né de l'enthousiasme l'enfentera à son tour, me paraît le plus éloquent et le plus laconique des manifestes.

A ce titre ne devrait-il pas obtenir l'honneur de former la devise tracée sur les pavillons et les drapeaux de l'armée destinée à venger la cause de toutes les puissances continentales ?

Elle aura vu changer ses triomphes illustres
  En sinistres revers.

Vainement l'insolente, à sa noble rivale,
Croit opposer des flots l'orageux intervale;
La perfide s'épuise en efforts superflus.
Tremble, nouvelle Tyr ! un nouvel Alexandre
Sur l'onde, où tu régnais, va disperser ta cendre;
  Ton nom même n'est plus.

Le présent procès - verval, rédigé par nous Secrétaire de la Préfecture, et sur la demande des Autorités et du peuple, imprimé pour être distribué aux Fonctionnaires ; envoyé aux Mairies, et lu au peuple au jour de ses réunions les plus nombreuses.

Fait et arrêté au Puy, en l'Hôtel de la Préfecture, les jour mois et an susdits.

Le Préfet de la Haute-Loire,

L A M O T H E.

Par le Préfet :

Le Secrétaire général,

B A R R È S.

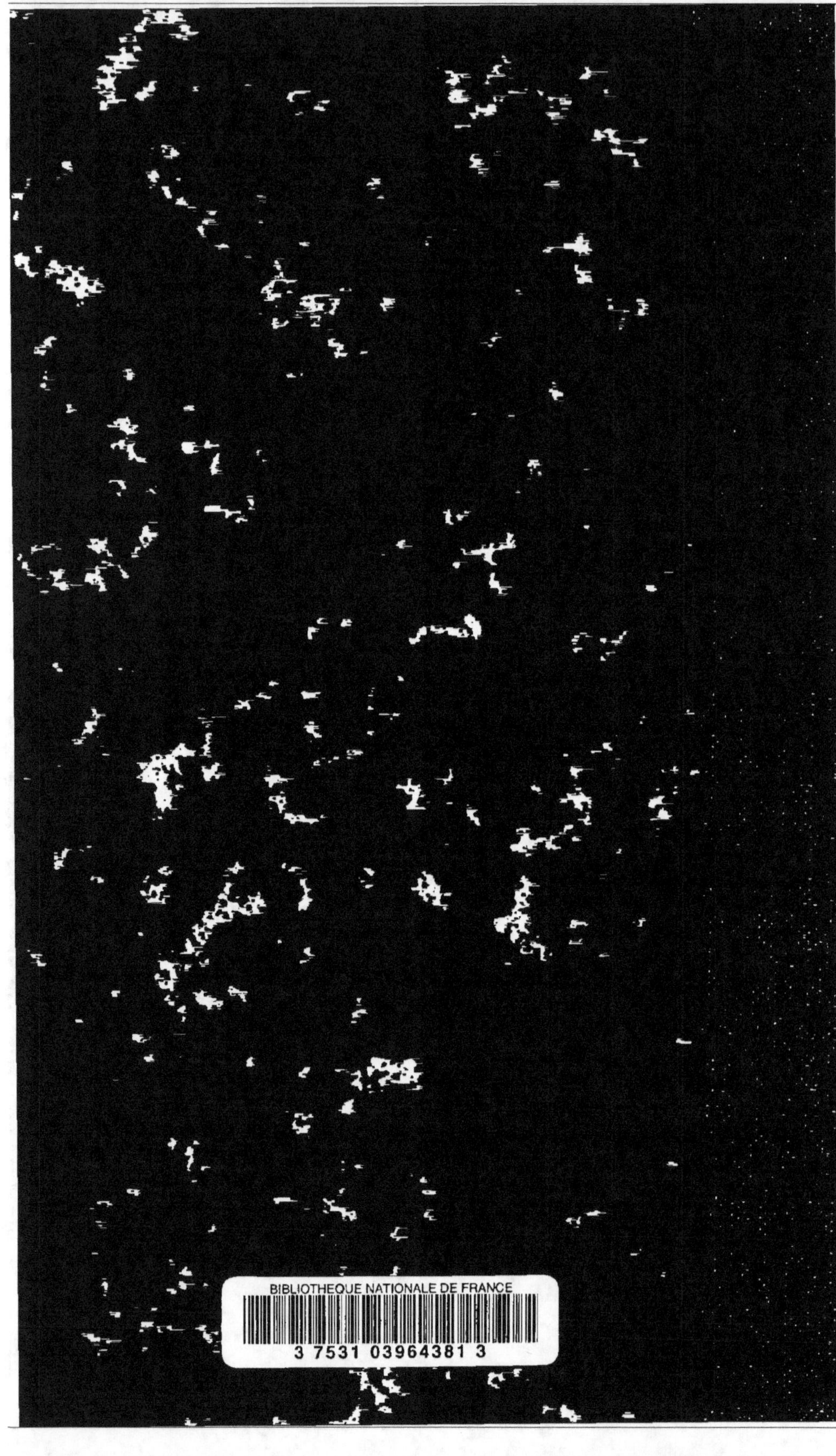

BIBLIOTHEQUE NATIONALE DE FRANCE
3 7531 03964381 3

9 782013 663830